学校评价：优质学习场域的构建路径

陈惠英　著

中原出版传媒集团
中原传媒股份公司
大象出版社
·郑州·

图书在版编目(CIP)数据

学校评价：优质学习场域的构建路径／陈惠英著.— 郑州：大象出版社，2019. 10
ISBN 978-7-5347-9926-6

Ⅰ.①学… Ⅱ.①陈… Ⅲ.①中小学—教育评估—研究 Ⅳ.①G632. 0

中国版本图书馆 CIP 数据核字(2018)第 197918 号

学校评价：优质学习场域的构建路径
陈惠英 著

出 版 人 王刘纯
责任编辑 阮志鹏 张 欣 张 阳
责任校对 牛志远 裴红燕
装帧设计 付锬锬

出版发行 大象出版社(郑州市郑东新区祥盛街 27 号 邮政编码 450016)
发行科 0371-63863551 总编室 0371-65597936
网 址 www.daxiang.cn
印 刷 新乡市豫北印务有限公司
经 销 各地新华书店经销
开 本 720mm×1020mm 1/16
印 张 16.25
字 数 239 千字
版 次 2019 年 10 月第 1 版 2019 年 10 月第 1 次印刷
定 价 39.00 元
若发现印、装质量问题，影响阅读，请与承印厂联系调换。
印厂地址 新乡县翟坡镇兴宁村
邮政编码 453000 电话 0373-5635065

本书系北京市教育科学规划2017年度重点课题

“北京市中小学学校自我评价制度建立的动力机制研究”

（课题编号:CACA17073）研究成果

序　言

在这里，我想说说我为什么要写这本书。

2009年，我从区县教科所调至北京教科院工作，研究领域也从基础教育教学实践转向教育评价。工作方向的转变于我而言是一个很大的挑战。我在做了学校评价研究之后，觉得有很多东西需要学习；在学习的过程中也有很多困惑，例如查阅学校文献的时候，发现关于学校自我评价和学校外部评价的文献虽然有，但是很不系统，缺乏对学校评价流派的系统论述，翻译的文献也以英国、美国、法国、日本等国家的文献为主。当时我就有一个想法：能否把已有的文献做一次梳理，将学校评价中关于自我评价和外部评价的起源、发展趋势、二者之间的关系梳理清楚，为做此项研究的同人提供一些参考和借鉴。基于这样的考虑，我开始收集与学校自我评价和外部评价相关的文献，并细细品读、梳理，历时三年，终于形成了目前的结构体系。在整理书稿的过程中我发现很多问题，例如有些文献仅仅提出了概念，但是并没有深入展开论述。循着这条线我继续做了很多研究，有些问题找到了结果，有些还需要今后细细探寻。

2011年，我开始担任北京市教委委托专项——北京市基础教育阶段学校评价与数据库建设项目的负责人。在我们研究团队的指导下，学校总结了许多宝贵的实践经验，学校自我评价在促进学校自我改进方面发挥了重要作用。同时，我们也发现学校自我评价在实施的过程中会遇到瓶颈——动力不足，为此我在2017年申报了北京市重点课题"北京市中小学学校自我评价制度建立的动力机制研究"，希望通过此项研究找到解决学校自我评价动力不足的方法，为学校自我评价的深入开展提供经验。本书也融入了学校自我评价的研究成果，希望能够对学校自我评价提供更多的参考依据。

学校评价是需要动力支持的，因为动力是评价活动取得成效的重要因素。目前学校自我评价的动力来源主要分为两类：一类来自政府，政府希望指导学校开展自我评价，并将评价结果作为外部评价的依据，同时公开自我评价的结果，将之作为家长择校的依据；另一类来自学校，学校将自我评价作为诊断自身问题、促进学校改进的重要依据，将之纳入学校的管理制度。本书还将进一步探讨如何调动学校评价的动力以及平衡两种动力之间的关系。

本书共十章：第一章主要介绍了学校评价的由来；第二章到第四章介绍了学校外部评价的概念界定、外部评价的历史回顾、外部评价的要素分析；第五章到第七章介绍了学校自我评价的概念界定、自我评价的历史回顾、自我评价的要素分析；第八章和第九章论述了学校外部评价与学校自我评价的关系以及二者之间的互动；第十章对全书进行了总结。

限于个人能力和水平，本书难免会有疏漏，也存在需要进一步研究和讨论之处，恳请读者批评指正，以使本书更加完善，能够成为研究学校自我评价和外部评价的一个优秀范例。

陈惠英

2018 年 8 月

目 录

第一章　学校评价的由来

学校评价是在教育评价发展的大背景下产生的,因此在讨论学校评价时先要从教育评价谈起。

一、我国教育评价的起源及发展

我国的教育评价活动在古代一直与选士制度关系密切。纵观我国教育评价活动的发展,大致可分为四个阶段:一是古典教育评价萌生期(606 年以前),包括先秦至魏晋南北朝时期的选士测评活动。在我国奴隶制社会和封建社会时期,社会成员在最高统治者之下分为三大部分,第一部分是贵族,第二部分是官吏,第三部分是平民。平民中学识丰富的群体被称为“士”,接受过良好的教育、具有较高的文化素养并精通“修齐治平”之道的“士”,是当时的官僚政府吏员的后备军。国家通过测评选拔,不断地从“士”中遴选新官员进入官场,叫作“选士”或“取士”。育士与选士关系紧密,形成了一整套包括教育、考试、选才在内的严密完整的制度,这是中国教育评价活动的源头。因此,育士和选士制度的演化,是我国古典教育评价进展的主线。二是科举时期(606—1905 年),自隋唐以来至清末古典教育评价活动的发展。中国古典教育评价特指以科举考试为主要手段,以封建礼教为基本标准,对个人的学识、品德、能力进行测评判断,从而为选拔人才进入仕途或升学深造提供依据的活动。它与现代教育评价的主要区别,不仅在内容、方法和标准上有明显的差异，在范围上，古典教育评价也只注重教育结果，而不注重教育过程和其他要素。三是近代教育评价期（1905—1949 年），在这一时期，教育评价与教育测量相结合，呈现出了多元化的格局。在清末“新政”的驱动下，“新教育”中的教育测评活动逐步开展，并建立了教育督导制度。五四运动后，教育测评活动蓬勃发展，教育界翻译引进国外测验量表，修改并自编量表，建立学术组织，开设测量课程，出版测量方面的专著。新民主主义革命时期，解放区教育进行了富有开创性的教育测评活动。国民政府沿袭了清末建立起来的督导制度，并实行了毕业会考制度。四是现代教育评价发展期（1949 年以后），特别是 1978 年以来，我国现代教育评价得到了空前的发展。这一方面已有专著从历史的角度对此进行了深入的研究。①

20 世纪 80 年代以前，由于历史的原因，中国没有开展系统的教育评价学研究工作。但在此之后，教育界相继开展了教育评价理论研究。我国的教育评价理论研究是建立在泰勒教育评价理论的基础上，在引进和吸收西方各流派教育评价理论的前提下，结合我国的历史和社会现状发展起来的。近 20 年来，我国的教育评价研究者对教育评价的本质、目的、对象、性质、基本原则、基本过程、主要类型及其功能与特点、指标体系和评价标准、组织与制度、方法等各方面进行了较为深入的研究。其间也取得了比较突出的进展，例如：第一，关于教育评价主体的认识及其进展——从一元走向多元。第二，关于教育评价目的问题的认识与进展——从鉴定走向发展。第三，关于教育评价中介机构问题研究的进展——从否认走向实际建立。第四，关于再评价问题的研究进展——从“总结性再评价”走向“形成性再评价”和“总结性再评价”相结合。第五，关于教育质量保障问题的研究进展——从承诺认同走向追求教育质量的不断完善。同时，我国的教育评价研究者也出版了许多教育评价译著、专著和专集，初步形成了具有中国特色的教育评价思想和理论。②

---

① 刘尧：《中国教育评价发展现状与趋势评论》，《中国地质大学学报》（社会科学版），2003 年第 5 期。

② 陈玉琨，李如海：《我国教育评价发展的世纪回顾与未来展望》，《华东师范大学学报》（教育科学版），2000 年第 1 期。

20 世纪 80 年代以来，各种类型、各种层次的教育评价活动逐步开展。结合教育发展实际，各种具体的评价方案在研究过程中均取得了较大进展，如学校评价、校长评价、教师评价、学生评价、教学评价、德育评价、课程评价、体育评价、能力评价、学力评价、区域教育评价、高等教育评价、中小学素质教育评价、教育质量评价、教学管理评价等。可以说，凡需要进行评价的教育教学活动，均有了相应的评价方案。教育评价作为教育管理的重要手段之一，在我国已得到了广泛的应用。值得一提的是 1988 年洪宝书先生结合当时中国社会主义教育的特点，依据马克思主义关于人的全面发展学说和我国的教育方针，提出了关于建设教育目标体系的构想。2000 年戚业国、陈玉琨先生结合知识经济和我国的国情，依据布卢姆的教育目标分类学说和马克思主义关于人的全面发展学说，提出了建设素质教育目标体系的构想。① 这些有益的探索极大地丰富了具有中国特色的教育评价理论。

中国的教育评价在恢复和兴起初期，主要是针对学生学习的。自 20 世纪 80 年代中期以来，教育评价的范围扩大到了对教师工作、管理工作、学科专业和学校办学水平等各个方面。由此我国的学校评价正式步入历史舞台，并伴随着教育评价的发展而不断发展。

十八届三中全会以来，国家对教育的改革与发展提出了更多的要求，其中特别强调要扩大学校的办学自主权，实行管、办、评分离，这为学校评价和学校治理的进一步实施提出了新的课题与挑战，学校教育质量评价、学校管理水平评价、学生学业质量评价等也因此越来越受到重视。同时，教育评价也从关注局部走向关注整体，从关注一所学校的教育质量到关注一个区域的教育质量。

二、什么是学校评价

为什么要评价学校？许多学者会从学校评价的意义、目的、功能等方面作

① 戚业国，陈玉琨：《论素质教育目标体系框架的构建》，《教育研究》，2000 年第 1 期。

综合性的归纳与阐述,然而麦克巴斯(MacBath)及麦格林(McGlynn)认为答案很简单,因为我们毫无选择。从有学校开始,就在做评价,因为每位家长都希望自己的孩子接受"好教育",希望把孩子送到"好学校",因此评价学校的品质,不再只是研究者的职责,也成为人们关注的焦点。但是,由于我们没有做好学校评价或没有将学校评价系统化,导致公众对学校教育品质的评判落入直观的、非正式的、带有主观意识的误区中。

桑德斯(Sanders)等人将学校评价定义为:系统化地探究学校的优点与价值。其中优点指将所测得的内涵与成就标准相比较来作判断,价值则是指将所测得的内涵与学校和社会需求相比较所作出的判断。同时,学校评价也是依据学校的教育目标,采取科学的方法收集资料,透过事实性与价值性的综合研判,衡量教育目标与实际措施的差距,并提供给教育人员及判定决策者参考,借以实现教育目的的一种系统化过程。

日本学者木冈一明认为,所谓学校评价,是指这样一系列活动:从学校在多大程度上、通过什么样的体制与方法实现了其目标和职能这一观点出发,对学校的构成要素和各项条件进行测量、评价和诊断,依据其结果,发现整个学校的问题,并制定改善的对策。由于学校的活动包括教育、经营及行政等各个方面,所以学校评价应当是具有综合性、结构性的。同时,学校评价本身也是以日常性、持续性的评价实践为基础,为了保障更好的教育,从而有目的、有计划地进行的。①

日本学者幸田三郎在《学校评价》一书中为学校评价所下的定义是:以学校整体为对象,按照基于教育目的所制定的标准,全面地且尽量客观地去判定作为一个组织体的学校在多大程度上实现了其本来的职能,目的在于根据判定的结果,从综合的、有机的观点出发,确立学校所进行的各项活动的改善方针与对策。②

---

① 张德伟:《日本的教育督导制度与学校评价》,《哈尔滨工业大学学报》(社会科学版),2006年第2期。

② 同上。

日本的两位学者总结出学校评价的共性特点是：从内容上均强调是对学校整体及其职能的评价；在评价方法上采用测量、评价和诊断的方式，以此发现学校存在的问题；在结果应用上强调学校的改进。

《中国成人教育百科全书 心理·教育》将学校评价定义为：以学校为对象，以培养目标为依据，系统地收集评价信息，对学校的办学条件、教育过程和教育效果给予总体上的价值判断。①

《教育评价辞典》将学校教育评价定义为：以学校教育为对象进行价值判断的过程，是教育评价的重要组成部分。以一定的教育价值观为指导，按照国家的教育方针、政策、法规以及事先确定的质量标准，运用各种科学手段，对学校教育系统的状态进行有目的、有计划的信息收集和加工处理，对实现教育目标的程度及其制约因素进行价值判断，并提供全面、客观、准确、有效的信息反馈，以此促进教育管理部门和学校进一步地端正教育思想、优化教育方式和教育行为。②

综上所述，不同的学者对学校评价的界定虽不完全相同，但是也具有某些共性，即学校评价是以学校为评价对象，依据教育目标制定相应的评价标准，通过多种方式收集学校的相关信息，将学校的实际情况与评价标准进行比较，找到差距，以此促进学校改进的过程。

三、学校评价的要素结构

学校评价作为一个系统，有着自己独特的要素结构组成，正是其特定的要素结构组成决定了学校评价对学校发展的重要价值。学校评价的要素结构组成包括学校评价的目的、学校评价的内容、学校评价的主体、学校评价的方法、学校评价的组织实施和学校评价的结果使用等。后文将分别对外部评价和自

① 李春生：《中国成人教育百科全书 心理·教育》，南海出版公司，1994年。
② 陶西平：《教育评价辞典》，北京师范大学出版社，1998年。

我评价的要素结构组成进行具体阐释，下面就各要素作简要阐述。

（一）学校评价的目的

学校评价的目的是学校评价理论中最主要的问题，它对如何评价学校、从哪些方面评价、评价什么等方面都有着相当重要的作用。学校评价的目的包括诊断、决策、证明、管理与绩效责任、改进与发展等功能。具体阐释如下：

诊断包括诊断学校发展的困难与问题，诊断学校教育的缺失，评估学校教育的成果与发展。

决策包括定位学校发展的方向，建立并界定学校教育目标，制定达成学校教育目标的策略，为学校教育的可持续发展、拓展、完善、认证等决策提供依据。

证明包括获取支持或反对学校发展的证据，教师、学校管理者或教育机构的信誉，能够证明学生在学校的成就感或经过学校教育所取得的成就。

管理与绩效责任包括维持学校的教育水平，监督学校常规的运作，提高学校的教育绩效，确保学校教育的绩效责任。

改进与发展包括：第一，通过不断地自我研究与再规划，促进学校发展与改进教学计划。第二，提供咨询与协助，改善学校的教学设施。第三，鼓励学校发展特色教育，并完成其独特的任务。第四，借助评估学校效能的标准与指导原则，促进学校教育的精致化。第五，增加学校完成自定目标的信心。

由于学校评价的目的与功能具有多元化的特点，因此很难在一次评价中达成所有的目的。如果将所有可能的评价目的集中在一次评价中，那么在做法与判断标准上，可能会出现相互矛盾与质疑。因此在评价之前要确定评价的目的是什么，这将直接决定评价标准的制定和方法的选择。

（二）学校评价的内容

学校评价的内容包括广义和狭义两个方面：广义的学校评价，涉及学校的全部领域，评价内容包括办学水平、领导管理、师资队伍、课程教学、德育工作、体育卫生、设备条件、经费队伍等；狭义的学校评价，指学校教育质量，即学生质量评价，其内容包括思想道德品质、知识能力、体质健康、审美意识、劳动技能、个性发展水平以及社会适应、职业适应能力等方面的评价。

具体而言，学校评价主要包含三大方面内容：第一，行政管理与各项工作开展的情况。具体指干部队伍建设、教师队伍建设、教育教学工作与研究、校本课程开发、行政后勤管理、办学特色等方面的内容。具体可分解为办学理念、管理思想、领导干部的领导力和执行力、教师师德、教师专业发展规划与实施、校本课程编制及实施、体育卫生、学校环境等指标。第二，学生培养状况。主要指思想品德、知识水平、能力状况、身心健康、社会评价等方面。可以进一步分为品德表现、学业成绩、体育运动技能、个性发展、健康达标率、家长评价、高一级学校评价等。第三，办学条件状况。指校舍情况、教学设施、教育资源、教育投资、社会支持等。也有一些学者认为学校评价可以分为教学工作评价和学校综合评价。① 这种分法实际是后者包括前者，分为了专项评价和综合评价。

不同的组织和机构在设计学校评价内容时，依据不同的评价目的所设计的内容会有所不同，如经济合作与发展组织（OECD）下属机构国际教育研究与创新中心提出的教育（学校）评价体系，其评价指标多达 43 项，并给出了详细的解释。后续章节我们将对不同国家和组织的评价指标体系进行介绍。

（三）学校评价的主体

学校评价的主体主要包括：对教育管理具有行政监督权者，如教育督导机构；对办学具有宏观决策权者，如各级教育行政部门；对学校教育具有微观管理权者，如校长；对教育对象具有直接评价权者，如教师；对教育教学活动的效果具有亲身体验者，如学生。

以教育督导评价为例，评价主体必须是具备一定资格条件的专业人员，一般为上面所提到的前两类人员，此类评价主体事实上属于“专业团体”。

以自我评价为例，评价主体包括与学校发展利益相关者，如校长、教师、学

① 葛大汇：《学校评价的主要内容与含义》，《素质教育大参考》，2004 年第 6 期。

生、家长、社区人员等。

我们一般也将评价主体作为划分学校外部评价和内部评价的依据。外部评价的主体资质是有严格的评价标准且要经过一定的程序选拔出来；内部评价人员主要来自学校内部，相对外部评价来说，内部评价人员没有严格的评价标准，参与人员相对较多。

（四）学校评价的方法

学校评价的方法较多，在实际运用中，依据不同的评价目的可采用不同的评价方法。目前在学校评价中运用较多的评价方法包括观察法、访谈法、问卷法、资料查阅法等。

1.观察法

评价者按照一定的评价目的和计划，在自然条件下，对评价对象进行系统的、连续的观察，并作出准确、具体和详尽的记录，以便全面而准确地掌握评价对象的情况。①

观察法的一般步骤是：(1)事先做好准备，制订观察计划和量表。即先对要观察的对象做一般了解，然后根据观察任务和观察对象的特点，确定观察的目的、内容和重点，最后制订观察计划，并确定进行观察过程的步骤、次数、时间、记录用纸、表格以及所用的仪器等。(2)按计划进行实际观察。在进行观察的过程中，一般要严格按计划进行，必要时也可随机应变。观察时要选择最适宜的位置，集中注意力观察并及时做好记录。(3)及时整理材料，对大量分散材料进行汇总加工，删去错误材料，然后对典型材料进行分析。如有遗漏，及时纠正，对特殊情况的材料另作处理。

在学校评价中，观察法一般会用于校园观察、课堂观察、师生精神状态观察等方面信息的收集，并针对不同的观察内容制定相应的观察记录要点，而后进行记录分析。

校园观察：校园观察包括对静态环境的观察、师生行为的观察和管理秩序

① 周德昌：《简明教育辞典》，广东高等教育出版社，1992年。

的观察。从进校开始,我们可以看到学校的校训、学风、办学目标等,也可以看到学校墙壁的装饰,了解学校的文化及管理特点,还可以到学校的实验室、图书馆、食堂、洗手间、操场等场所观察,了解学校的设施设备、卫生情况、环境布置等情况。

课堂观察:课堂观察可以看到教师的教学行为、教学方法以及师生关系等。一般课堂观察要设计课堂观察表,详细记录课堂教学的整体情况。有些外部评价在实施课堂观察时还会对课堂教学进行考核评分或等级评定。为客观反映学校的整体教学情况,在实施课堂观察时要尽可能地覆盖学校的所有学科和不同层次的教师,以便了解教师的教学情况和课程开设的情况。

师生精神状态观察:包括对教师和学生在学校教育教学行为中的表现进行观察。其中主要观察教师的教学行为、教育行为、敬业行为(工作状态、主动性、集体活动时的精神状态等)、团队行为等;观察学生的课堂行为、礼貌行为、守纪行为、参加活动时的精神风貌等。

2.访谈法

通过研究者与被访者面对面谈话的途径获取研究资料的方法。访谈法依其对变项的控制程度,可分为结构型访谈法和非结构型访谈法。结构型访谈法又称标准化访谈法,运用这种方法首先要把问题标准化,制成问卷,然后由被访者回答,所有被访者都回答同一结构的问题。使用结构型访谈,通常是为了验证一种假设或理论,而不考虑与此无关的因素。非结构型访谈法事先不制定表格、问卷或定向的标准程序,而是由研究者和被访者就某些问题自由交谈。这种方法不易控制变项,不适宜验证理论,但可用于探索性研究。非结构型访谈由于具体方式不同,又可分为重点集中法、客观陈述法、深度访问法、团体访问法等。访谈法的优点是比较灵活,可以在访谈过程中获得更多的资料;缺点是不适宜做大规模调查,访谈资料难以量化,不宜推论全体。

学校评价中访谈法较多用于集体访谈和个别访谈,可以了解学校的一般情况、验证某些事实、探寻学校发展中的问题和原因、比较不同主体对同一问题的不同观点的真伪。一般个别访谈更容易获取更多真实的信息,但是如果时间不充足可能无法收集到更多的信息。

访谈时要选择好访谈对象、访谈地点、访谈时间，并做好访谈记录，访谈后要对信息进行分析处理。

3.问卷法

问卷法即问卷调查法，一种使用问卷收集信息的调查方法。一般说来，问卷法要求调查对象自填答案，故多用于文化程度较高的调查对象。但是，从广义上来说，问卷法包括使用问卷进行调查的各种方法。例如：(1)个别面谈调查法：调查者直接约见调查对象，调查对象现场填写问卷的调查法。(2)分发阅卷调查法：将问卷分发给调查对象，并由他们填写作答的调查法。(3)集中调查法：集中调查对象，并将问卷分发给他们，然后随着调查者的说明，由调查对象填写作答的调查法。(4)邮寄调查法：通过邮寄问卷，由调查对象填写作答后寄回的调查法。(5)电话调查法：用电话提问问卷内容的调查法。问卷法是在社会调查中常用的调查方法，尤其为社会学调查所偏爱。它具有能够对某些问题进行大范围调查、节省时间和经费、获得标准化答案、便于定量研究等优点。但是，问卷调查法亦存在某些缺点，如问卷设计存在脱离调查对象的文化背景、具有主观倾向性，以及调查对象按其理想中的样子回答问题等，因而收集到的资料的真实性和可靠性有时令人怀疑。人类学常用问卷法作为田野调查的一种辅助手段，用于收集量化资料。

在学校评价中问卷法因方便收集信息而被广泛使用，其具有便于对多主体进行数据采集、容易量化等特点，因此备受青睐。但问卷法在使用过程中对工具的科学性要求较高，同时调查对象在作答问卷时的态度决定调查者所获取信息的客观性，所以调查者需要确保在问卷调查实施过程中的严谨性，使调查对象在无干扰的情况下完成，否则所获取信息的可参考性会大打折扣。

4.资料查阅法

资料查阅法是评价人员对学校已有档案资料进行查阅分析的方法。其有助于评价人员对学校的各项工作的实施过程作出判断。

查阅资料法的一般步骤是：拟定查阅范围—查阅资料—整理资料。

在查阅资料前，评价人员需要仔细阅读学校的发展规划和自评报告，了解学校的办学理念、办学目标及培养目标，把握学校的整体工作重点，然后依据评价指标确定查阅的重点资料。

因针对同一项工作，学校不同调查的结果也会有较大差异，所以查阅资料的过程中需要根据学校的情况稍作调整。在查阅学校某项工作的资料时，评价人员要关注其是否与学校整体目标一致、思路是否具有前瞻性、策略是否符合学校实际、教职员工是否积极参与、对学校师生发展是否起作用，同时要对材料的真伪进行判断。

在查阅资料后，评价小组成员间可能会出现信息不对等的情况，这就需要小组成员相互沟通信息，达成共识。

（五）学校评价的组织实施

学校评价的实施一般由通知学校接受评价、评价前期准备、现场评价、形成评价报告与持续跟进构成。欧律狄克（Eurydice）的一项研究认为评价包括四个阶段，分别为相关信息整理阶段、评价阶段、起草评价报告阶段和实施改进阶段。通常要按界定评价范围、制定评价指标体系和评价标准、组织和培训评价人员、收集评价信息、测量评价信息、取得评价结果、最后检验和解释评价结果等程序进行。在实施的过程中，不同阶段略有差异，举例如下：

初评阶段：评价人员在实地调查学校之前，会系统地收集与学校相关的各种各样的信息，通过不同的渠道采集定量与定性的信息。学校会向调查人员提供相关文件，如学校发展规划或者是组织实施方式（学校计划、课程规划、教师发展规划等），也可能是和学校相关的实际数据（内部考试测试结果、班级构成数据等）。而学校为宣传自己编写的文件（宣传材料、学校给家长的年度报告等）也有可能被评价人员纳入收集范围。

现场调查：一般而言，受评学校的校长和老师会提前接到检查通知。例如在英国，大多数情况下英国教育标准局（Ofsted）的评价人员需要调查课堂教学与学生反映。除了需要确认达到了相应的教育教学标准，评价人员还必须对学校的领导力、学校资源管理、学校财政管理，以及学生的精神、道德、社会和文化的发展状况进行评价。在评价过程中，评价人员可以用不同的方式开展工作。许多学校评价都是通过组建一支多人评价队伍，借助多种评价手段，灵活地对学校的表现进行评价。评价小组由经验丰富的评价人员带领，在荷兰和英国（英格兰和威尔士地区），评价小组的人数分别可以达到 10 人和 15 人。

评价结果讨论阶段：学校评价的另一个阶段是评价者和一些学校成员对评价结果进行讨论。这种讨论通常是在最终评价报告定稿前，允许学校对报告提出建议并澄清某些方面的问题。这种允许学校成员对评价结果进行评论的做法，表明评价本身是在与被评价方合作的情况下开展的。一般至少会参考校长的意见，同时也会听取管理团队对最终的报告提出修改意见。家长则很少会参与到报告咨询的过程中。比如在荷兰，在宣布评价结果的会议上，由学校管理团队加上校内最多 10 人组成咨询团队，参加会议，但是只有管理团队才有权对报告初稿发表评论。

公开阶段：评价报告的公示。一般在评价报告形成后会进行公示，但在不同国家和地区，公示的范围会有所不同。在 2008 年，有 12 个经济合作与发展组织成员国公开了学校评价机构的结果报告，但是只有冰岛将报告用作比较学校水平并进行公开。在比利时荷语区、捷克共和国、英格兰、爱尔兰、韩国、荷兰、新西兰、葡萄牙、苏格兰、瑞典和爱沙尼亚，评价人员撰写的评价报告会予以公开发行，但是并不会作为学校间水平比较的依据。

在一些国家，评价的程序还包括后续工作，如跟进阶段。

跟进阶段：这种对评价结果的跟进做法，可以视作教育权力机构在履行其监管、提高学校水平的职责。学校评价的跟进仅仅关注学校存在的主要问题，这种时候，跟进主要是保障所有学校都能达到最低水平的一种手段。在跟进阶段，评价成员还是先前的评价人员，他们需要检查学校是否达成了自身的目标，或者是否采纳了改进建议。评价程序中的跟进做法，主要是为了确认或者否决评价结果，因此其目的不是评价学校所取得的进步，而是检查评价的结论是否合适。

（六）学校评价的结果使用

学校评价的结果主要用于学校改进、奖励与问责、教育行政部门的决策咨询和质量监督等。

1.用于学校改进

学校评价最重要的意图就是为了学校的改进。通过学校评价可以诊断出学校发展中的不足,通过制订学校改进计划,促进学校的发展。以英国为例,在学校督导评价后,会要求校董事会在收到督导报告40天之内提出贯彻督学建议的具体行动计划,这个计划不仅要提交到教育标准局,同时还要提交给家长审阅。

2.作为政府对学校进行奖励与问责的依据

学校评价的改进与问责功能已经成为美国、英国、日本等发达国家比较重视的问题。美国的"不让一个孩子掉队——蓝带学校计划"、英国的"每个孩子都重要——英格兰学校督导框架"及日本的"义务教育学校评价指南"都非常重视学校评价的改进与问责功能。如英国将问题比较严重的学校称为"引起关注的学校",在督导结束时,如果督学判定学校的总体成效不能令人满意,这所学校即被评为"引起关注的学校"。这类学校可分为两种情况:一是要采取特殊措施的学校,这类学校不能给学生提供合格的教育,而且负责领导和管理的人员也不能证明有能力进行改进;二是有严重缺陷或需要改进的学校,这类学校目前所提供的教育水平是不能令人满意的,或者是他们与预期相比做得不够好,但是学校有能力改进。依据法律规定,这两种情况的学校都要在规定期限内根据督学小组的报告准备一份有效的行动计划。同时,地方教育局也要承担起帮助这类学校改进的责任。如果在规定期限内这类学校还没有明显的改进,就将面临被关闭的危险。

美国的蓝带学校是美国教育部授予学校的最高荣誉,旨在确立和认定全国杰出的公、私立学校;提供基础性绩效标准,作为各校自我评估和改进的参考;激励各校将成功的办学经验与他校分享。参与蓝带学校评选的审查小组成员一般由教师、家长、专家学者、政府官员、媒体记者、企业代表和群众代表共同组成,经过慎重的讨论和投票后,审查小组将推荐名单提交给教育部,并由教育部宣布获选学校。美国蓝带学校计划从整体上来看是一个学校评优方案,主要目的是评选优秀学校,树立卓越典范,但它在功能上仍然带有明显的问责取向和发展导向。具体而言,这个学校评估方案既重视对学校绩效的问责,着重考察申请学校的学生学业表现达到既定标准的程度,能否在众多同类型学校中发挥榜样示范作用,同时又强调评价的改进功能,要求评价者发现学校的优势及需要改进的地方,督促学校做有针对性的转变。

学校要充分利用评价所发现的问题进行改进,但在实际应用中,评价数据的公开及其作为奖惩的依据要谨慎使用,以免伤害学校的自主权及其办学积极性。对学校的问责要以促进学生、教师、学校的发展为目的,而不仅仅是对问责对象进行监督、检查与惩罚。要通过利益相关人共同分担责任,提高学校的教育教学质量。

3.作为教育行政部门决策咨询的依据

教育决策需要大量丰富多样的信息,这些信息既包括二手资料,更需要一手资料。而学校评价可以提供很多一手资料,便于通过大量的信息查找在当前区域教育、学校教育中存在的一些带有普遍性和特殊性的问题,为教育行政部门提供决策咨询服务。

四、学校评价的分类

学校评价从不同的取向去解读有着不同的分类方式,例如:从评价管理者的属性来分,可以分为内部评价与外部评价;从评价的时间及功能来分,可以分为形成性评价与总结性评价;从评价的规模与范围来分,可以分为专项评价与全面评价;从评价研究的方法论来分,可以分为质性评价与量化评价;从受评价范围的特质来分,可以分为例行评价、追踪评价、专案评价;从执行方式来分,可以分为自我评价、同行评价、专家小组评价、观摩评价等;从决策者的属性分,可以分为专家导向、参与导向、管理导向、消费者导向、问责导向等。评价形式的选择,有赖于所要解决的问题、可用的资源等客观条件,评价人员要加以厘清后再做最佳化的选择。

综上所述,学校评价主要涉及五个方面的问题:第一,学校评价主体的选择。一般说来,参与学校评价的主要人员有管理专家、上一级教育行政人员、教育科研人员、学校内部人员等。评价人员来自学校内部还是学校外部,对评价结果的影响很大。第二,明确学校评价的目的。在评价开始就要确定并阐明评价的目的,目的直接影响评价的方法与实施。第三,主观评价与客观评价的融合。在评价过程中,客观评价因易量化,且可重复测量,所以备受重视。但是学校中的某些变量是不能被准确测量的,因此,过度地强调评价的客观性,会忽视一些重要的学校变量。另外,学校的人力、物力与其所取得的成绩并不一定成正比。所以,为了更准确地把握学校特征,除了采用客观评价程序,还要使用一些主观评价程序。第四,学校评价的范围。学校评价范围的大小取决于评价的目标、学校的需要、可用的时间和经费而定。第五,评价结果的应用。评价结果的应用与评价的目的相关,基于鉴定功能的评价更关注校际之间的比较;基于发展性的评价更关注学校的改进与发展;基于问责取向的评价更关注学校履职的实现程度。结果应用的不同对学校评价的影响也很大。

学校评价在现代学校管理中具有重要的地位和作用。它不仅是学校管理工作的基础,更是保持学校教育结构活力的内在机制。学校评价不是学校外部强加给学校的一次性任务,而是现代学校管理过程中的一个重要环节,是学校教育系统本身所具有的职能,是学校教育赖以生存并不断向前发展的内在动力。

本书为了方便阐述,将学校评价按照评价主体划分为外部评价和自我评价,并对二者分别进行论述,以期在厘清二者差异的基础上得出未来理想学校评价的方式方法。

第二章 学校外部评价的概念界定

一、学校外部评价的概念界定

外部评价作为教育评价的类型之一,是指对被评价对象以外的评价主体所实施的评价。外部评价也叫“他人评价”,例如社会评价、领导评价、同行评价、行政评价、学生评价等。外部评价有以下特点:第一,客观性强。用他人的角度审视同一事物可以避免个体的主观片面性。第二,真实性强。外部评价使用同一标准对学校进行评价,评价的结果相对真实,能够避免个体评价过高或过低的情况。第三,程序严格。外部评价的人员是经过选择并培训后方可对学校实施评价的,在评价的过程中严格执行评价的程序,收集资料作出判断。但外部评价在组织实施评价的过程中所耗费的人力与财力都比较多,因而不宜频繁进行。对于规模比较大的评价活动,通常的做法是让评价对象先进行自我评价,而后进行适当规模的他人评价。这样做可以综合发挥两类评价各自的优势,最大限度地弥补二者的不足,尽可能达到理想的效果。①

斯克瑞文(Scriven)认为,“外部评价是由那些计划或项目之外的成员组织的评价活动”。苏锦丽认为,“外部评价是基于外在认证或认可的要求下,由教育机构之外的团体或小组(包括政府、督导、同僚、毕业生雇主等)来执行的评价活动,通常以符合绩效责任为其主要目的”。内伏(Nevo)认为,“外部

---

① 陶西平:《教育评价辞典》, 北京师范大学出版社, 1998 年。

评价是由学校外部教育权力机构(如国家或区域的视导人员或督学)所组成的检视小组(review panels)通过访谈、问卷、观察及档案分析等方法对学校进行系统的评价"。赵志扬则认为"外部评价是指评价者来自学校组织之外,由学校之外的专家对学校进行评价工作,外部评价的总结性评价性质较浓,外部评价所获得的结果往往作为整体学校效能或表现的总结"。①

学校外部评价是指由学校外部成员组织的、以了解学校办学品质和绩效责任为主要目的的评价活动。② 此概念包括以下内容:第一,学校外部评价的主体主要由学校外部人员组成,一般包括对教育管理具有监督权者(专业的评价机构)、对办学具有宏观决策者(教育行政部门),还包括对学校教育实施的指导者(教育研究机构),以及同行评价者(校长)。第二,学校外部评价的主要目的是全面了解学校的办学情况,以指导学校的发展。第三,学校外部评价的内容主要包括学校管理评价、学校教学质量评价、学校设施环境评价等方面。③ 此概念强调了外部评价的鉴定性功能,是一种自上而下的评价。

综合以上观点,学校外部评价的主体是学校外部成员,一般由对教育具有监督管理的部门或者是政府委托的专业机构的人员构成;学校外部评价的目的是为学校提供一份学校教育的质量标准,让学校知道哪些方面做得好,哪些方面需要改进;学校外部评价的内容一般依据教育发展目标设定,如学校管理评价、学校教学质量评价、学校办学条件评价等内容,不同国家、不同地区的学校外部评价内容不尽相同。

二、学校外部评价的指标

学校外部评价的指标依据评价目的不同,在指标设定上也有比较大的差

① 卢立涛:《走向对话:促进学校内部评价的互动与合作》,《宁波大学学报》(教育科学版),2008 年第 4 期。

② 同上。

③ 蒋莹莹,丁懿楠:《学校外部评价的理性审视》,《继续教育研究》,2008 年第 7 期。

异，在这里，我们以国内及国外的学校评价指标体系为例来说明在不同的评价理念、目标下，学校外部评价指标设定方式的不同之处，以便为学校外部评价指标的构建提供参考依据。

（一）英国的学校评价指标框架及其特点

英国普通中小学学校评价指标包括一、二、三级评价指标，其中一级指标 3 项，包括学生的成果学校教育效能、学校领导与管理的效能，二级指标 19 项，三级指标 39 项（见表 2-1）。①

表 2-1　英国最新《普通中小学校督导评价指标》(2010)

1.学生的成果	评定等级
1.1 学生的成就以及乐学的程度	
1.1.1 学生成绩（学校所提供的 16 岁学生的成绩，如测试、考试成绩及其他，也应考虑不同学生群组之间、课程、学科、发展趋势中任何重要的变量）	
1.1.2 学生学习质量与其进步程度，包括特教生和残疾生	
1.1.3 学生的成就及乐学的程度（学生学习质量、进步及成就，包括学前教育和大学预科取得的成就。不能只用一年的数据，除非是新校）	
1.2 学生的安全感程度	
1.2.1 学生在校的安全感及其对安全的认识	
1.2.2 学生感到不安全时，能向学校寻求保护	
1.3 学生的行为表现程度	
1.3.1 学生的课堂表现和在校期间的表现	
1.4 学生采用健康生活方式的程度	
1.4.1 学生（特别是高危学生）了解伤害他们的生理、心理健康因素，以及他们对待这些因素的态度	
1.4.2 学生（特别是高危学生）在学校通过努力来改善身心健康	
1.5 学生对学校和社区的贡献程度	

① 孙河川，刘文钊，王小栋，郝玲玲：《英国最新教育督导评价指标述评》，《比较教育研究》，2011 年第 3 期。

（续表）

1.5.1 学生愿意为学校或社区承担一份责任并发挥作用	
1.5.2 学生愿意参与影响他们学习和福祉问题的决策与咨询	
1.5.3 学生对社区和学校的贡献及其产生的影响	
1.6 学生的出勤	
1.6.1 出勤	
1.7 学生适应未来工作的能力和掌握保障其经济无忧的技能程度	
1.7.1 学生的语言、识字、数字、信息、沟通水平与其年龄相适应	
1.7.2 学生要扩展知识和增强理解力，也要精通技术、提高素质，这对其未来的学习、培训、工作和生活有所帮助	
1.7.3 学生对他们未来的选择和愿望有所了解	
1.8 学生的精神、道德、社交和文化发展的程度	
1.8.1 学生的见解和生活目的，以及他们对社会认可的主流价值观的理解	
1.8.2 学生要积极发展在生活和工作中所必备的技巧和个人素质，以及他们对自身文化和其他不同国度、不同地区及不同地域文化的理解	
2.学校教育效能	
2.1 教学质量（包括以评促学的运用）	
2.1.1 以教学促进全体学生学习、发展和兴趣提升的程度	
2.1.2 以评价满足学生需求的程度	
2.2 通过合作课程满足学生需求的程度	
2.2.1 对学生个体与学生群体有所需求的相关课程，以及对其成果的影响	
2.3 有效的关爱、指导和支持	
2.3.1 对促进学生的学习、个人发展以及改善其福祉的关爱和支持	
2.3.2 以信息、建议、指导三方面来提高学生的质量	
3.学校领导与管理的效能	
3.1 领导与管理的效能，包括对改进的方向与推动力，还包括对教与学的领导与管理	
3.1.1 领导者与管理者如何有效地在交流中看到学校的未来，他们对学校怀有较高的期望，并确保能从其他方面获得对学校的支持和帮助	

（续表）

3.1.2 学校如何较好地使用战略目标，以提高学生的水平，并排除特殊学生群体中的低效状况	
3.1.3 领导者和管理者能有效使用学生成绩中所反映出的信息去设计、执行、监督、调整计划和政策，以加快改进速度，获得改进成果	
3.2 校董事会激励和支持学校攻克难关、履行法定职责的效能	
3.2.1 上级主管帮助学校确立改进方向的效能	
3.2.2 处理学校董事会和监委会面临的挑战，支持领导者和管理者，帮助他们克服不足，并进一步提升所有学生的学习成果	
3.2.3 学校董事会、监委会和其他相关委员会履行其法律职责的程度	
3.3 让家长和监护人积极参与学校改进的效能	
3.3.1 学校听取父母与监护人的意见去决定全校事务并做出贡献的程度	
3.3.2 学校让父母和监护人对孩子的学习、福祉和发展给予支持，让他们自己做出决定的程度	
3.3.3 学校与父母和监护人沟通的质量	
3.4 促进学生学习和改善其福祉的合作效能	
3.4.1 在促进学生学习和保证其身心健康方面，学校与其他供应机构、组织机构和服务机构合作的程度及效能	
3.4.2 双方合作创造经济价值的效能	
3.5 促进公平、消除歧视的效能	
3.5.1 学校如何有效地提供公平的机会并消除歧视	
3.6 实施监管的效能	
3.6.1 学校部署学生安全保障的有效性	
3.7 促进社区和谐的效能	
3.7.1 在社区、国家甚至全球范围内，学校对宗教、种族、社会经济形态的理解	
3.7.2 学校分析自身所处环境，设计出合理的规划和评估自身的方法	
3.7.3 学校的行为对社区合作有着良好的影响	
3.8 获取资源和有效使用资金的效能	
3.8.1 有效使用和管理可支配的资源，满足学生的需求，获得高效的成果	

英国学校评价指标的特点：

第一，关注效能。在一级评价指标中关注学生的学习效能、学校的教育效能、学校领导的管理效能。其中对学校整体效能的关注尤为突出，且学校领导与管理的二级指标都是以“效能”命名，足见其对效能的重视程度。我国在“教育效能”方面的研究不多，国际学校效能和学校改进大会自1988年以来在世界各地已经举办了24届，在历届大会中，来自中国的学者为数极少。教育效能和学校改进这一在当今国际教育界被炒得很热的名词，对国内众多教育工作者和教育政策制定者来说还很陌生。① 从大型跨国研究中发现，不管居于何种文化、社会之中，造就高效能、高质量学校的许多因素极其相似，例如在班级层面，对学生的高期望值、有效的班级管理、清晰明确的授课质量、分科教学、师生互动这些因素均具有普适性，是跨越文化和超越国界的。

第二，关注学生成就。关注学生全方位的成长，包括其是否具备能够在未来独立生存和掌握保障其经济无忧的技能。除此之外，《普通中小学校督导评价指标》中对学生的成就和认知方面的成绩也极为关注。它要求学校必须向督导员提供学生的各种成绩，例如：基于国家标准的统考成绩、达到特定国家基准线的学生人数百分比、不同层次学生的通过率和完成率、学生的测试和考试成绩、所有不同学生群体的成绩及科目达标情况、学校连续三年的成绩、非强制性的标准化考试成绩、普通中等教育资格证书考试成绩、适当的作业成绩、学校对成绩达标的评估记录（包括先前预期等级的精准度和教师的评价质量）等。除此之外，督导还要评价学生获取知识的能力，在不同学科中的学习潜能；在不同的学科中通过课堂教学观察学生的兴趣、热情、投入程度，总结出他们的乐学程度；用前后增值和其他增值测量法，测量不同学生群体之间每个学生的进步幅度，包括少数民族学生群体、入学前不同基础的学生群体、不同性别的学生群体、有天赋的学生群体、母语非英语的学生群体等。督导员会

① 孙河川，刘文钊，王小栋，郝玲玲：《英国最新教育督导评价指标述评》，《比较教育研究》，2011 年第 3 期。

观察学生之间是否存在巨大的差异，会确认哪些学生群体没有达标，哪些学生群体已经做得很好，也会观察与入学时相比，特教生、残疾生的进步有多大等。同时督导员会督导随堂听课，包括仔细观察学生上课时的学习情况，对所有学生群体的学习质量进行检查，包括特教生、残疾生、少数民族学生、爱尔兰后裔、非常规时间入学的学生、低社经地位的学生等。督导员还要对照检查学校整体的前后增值数据（对学生 16 岁之后的学习成绩持续跟踪）、学校自评报告和大学预科成绩评估报告、学生的档案以及不同学生群体的进步等。可见，《普通中小学校督导评价指标》把学生的成就、成长、生存、技能、就业等放到了空前关注的地位。

第三，教育评价标准和评价内容反映了评价的价值导向和国家发展的目标定位。评价的价值取向决定评价目的、评价标准和评价内容。英国最新的《普通中小学校督导评价指标》是对这种说法的最好诠释。虽然在英国有很多类型的校外评价机构，但最重要的评价机构是国家督导，这是被英国的学校所公认的。所有学校对国家督导报告都极为重视，"报告中所指出的需要改进的方面都能得以最及时地纠正"。[①] 国家督导人员能够促进学校制订和修订学校改进方案，并指导学校进一步改进的方向，起到其他校外评价机构所起不到的监督、指导、引领作用。英国伦敦大学著名教授、国际教育效能与学校改进学会前任主席斯托尔（Stoll）指出，在英国，教育督导对学校和学校改进的影响大于其他任何校外评价机构。[②] 2010 年 4 月，英国政府颁布的最新《普通中小学校督导评价指标》体现了政府的价值取向和国家发展教育目标定位。

（二）美国的卓越绩效评价体系及其特点

1987 年，美国国会通过了《马尔科姆·波多里奇国家质量改进法案》。该法案规定了马尔科姆·波多里奇国家质量奖计划的创立。该奖评价准则，也

---

① 孙河川，刘文钊，王小栋，郝玲玲：《英国最新教育督导评价指标述评》，《比较教育研究》，2011 年第 3 期。

② 同上。

称“卓越绩效评价准则”，诞生于200多名质量专家以及北美与亚洲大部分最有影响的质量理论家的共同努力。① 该准则不仅在美国各类组织中被广泛应用，而且得到了世界上很多国家的认可。1999年，该奖的授奖对象正式扩展到了教育和医疗保健领域。

美国的卓越绩效评价准则由一套价值观体系、准则、评分办法和指南等构成。价值观主要有前瞻性领导、以学习为中心的教育、组织和个人的学习、重视教职工和合作伙伴等。准则由七个类目（前六个为过程类目，第七个为结果类目）、若干个条目和要点以及概括性问题等组成。评分办法规定了过程类目中的要点，从对策、展开、学习、整合四个方面加以考察，结果类目则对各要点的结果予以衡量。评分指南对各要点下的问题答案分为六个档次标准和相应能够获得的分值。现以2005年的评价准则（见表2-2）为例，从指标层面的构成上对其作进一步分析。②

表2-2 2005年教育类卓越绩效准则

类目	条目	要点
领导	高层领导	1.愿景、价值观和使命 2.沟通与组织绩效
	治理与社会责任	1.组织的治理 2.守法和伦理行为 3.对关键社会共同体的支持
战略计划	战略制定	1.战略制定的过程 2.战略目标
	战略展开	1.行动计划的制订与展开 2.绩效预测

① 楼世洲，宁业勤：《美国卓越绩效准则对我国学校评价准则构建之启示》，《高教发展与评估》，2009年第2期。

② 同上。

（续表）

类目	条目	要点
学生、利益相关者与市场	对学生和利益相关者与相关市场的了解	对学生和利益相关者与相关市场的了解
	学生和利益相关者的关系与满意度	1.学生和利益相关者关系的构筑 2.学生和利益相关者的满意度
测量、分析与知识管理	组织绩效的测量分析与评审	1.绩效测量 2.绩效分析与评审
	信息、知识和信息技术管理	1.信息与数据的可用性 2.组织的知识管理 3.数据信息和知识的质量
教职工	工作系统	1.工作的组织与管理 2.教职工绩效管理系统 3.雇用与晋升
	教职工学习与激励	1.教职工的教育培训和发展 2.激励与职业发展
	教职工福祉与满意	1.工作环境 2.教职工支持与满意度
过程管理	以学习为中心的过程	以学习为中心的过程
	支持过程与运营筹划	1.支持过程 2.运营筹划
组织绩效结果	学生学习结果	学生学习结果
	学生和利益相关者方面结果	学生和利益相关者方面结果
	预算、财务与市场	预算、财务与市场结果
	教职工结果	教职工结果
	组织有效性结果	组织有效性结果
	领导和社会责任效果	领导和社会责任效果

除了上述框架，在每一评价要点下还有许多概括性问题。如在领导类目的“愿景与价值观”中，这些问题有：第一，高层领导者如何确定组织的愿

景和价值观。高层领导者如何通过领导体制使组织的愿景和价值观成为全体教职工、关键的供应商和合作伙伴、学生和利益相关者的共识。他们的个人行为如何反映出其对组织价值观的认同。第二,高层领导者如何建立促进守法行为和伦理行为形成的环境。第三,高层领导者如何创建具有可持续性发展的组织。高层领导者如何创建一种促进绩效改进、实现战略目标、创新和改善组织生活的环境;高层领导者如何创建一种促进组织学习和教职工学习的环境。

美国学校评价指标的特点:

从评价体系上看,美国卓越绩效评价准则具有明显的非规定性,这体现在:第一,该准则没有规定组织的具体构成和组织人事实施的具体程序,也没有规定组织中各种活动应使用的工具、方法以及制定的制度。第二,评价准则的各级指标从大到小都没有设置规定,也没有预先设定各项指标的达标标准,在所设置的问题中,用“如何”来提问更具有开放性。第三,在对工作绩效的评价上,并不是以某一静止点的成绩来衡量,而是采用纵向的自我“增值”及横向的相对“增值”来评价。例如“在有关学生学习改进的关键指标上,当前水平和趋势如何?这些结果与竞争者、对照机构和其他同类学生群体相比较,其表现如何”,①类似这样的问题还有许多。

评价准则的非规定性使准则具有了普适性,可以用于任何不同类型的教育组织,也可用于办学水平与条件存在差异的不同学校。正因为这一点,该评价准则才能够在世界上许多地方被使用。同时,评价准则的非规定性极大地鼓励组织提出具有创造性、适应性和灵活性的对策来满足组织的发展需要,以此促进组织作出渐进式或跨越式的变革,也有助于促进不同组织间的理解、交流和共享。

---

① 楼世洲,宁业勤:《美国卓越绩效准则对我国学校评价准则构建之启示》,《高教发展与评估》,2009 年第 2 期。

（三）欧盟学校教育质量指标及其特点

欧盟的学校教育质量指标包括一级指标4项、二级指标16项，分别体现在教育成就（7项）、成功与转换（3项）、学校教育的监督（2项）、资源与结构（4项）四个领域内（见表2-3）。①

表2-3 欧盟学校教育质量指标

一级指标	二级指标
教育成就	数学、科学、阅读、信息和传播技术、外语、学会学习、公民
成功与转换	辍学率、高中教育的完成率、高等教育就学率
学校教育的监督	学校教育的评价和导向、家长的参与
资源与结构	教师的教育和训练、学前教育的入学率、使用每台电脑的学生数、生均教育经费

欧盟学校教育质量指标的特点：

该指标框架关注学生的学业成就、学习能力及其影响因素（教育的投入和教师等方面），突出了教育的成就以学生的质量作为重要参考指标，并将家长作为学校教育的重要监督者。

第一，指标体现了CIPP模式。指标项目的制定是建立在一定的理论基础之上，形成了理论分析框架。欧盟学校教育质量指标分为四个领域：教育成就、成功与转换、学校教育的监督、资源与结构。相当于CIPP模式，即背景（Context）、输入（Input）、过程（Process）和输出（Product）；对于学校教育成就的界定，除了传统的数学、阅读、科学，还增加了信息与传播技术、外语、学习能力、公民等四项指标，反映了当今国际社会对这四方面能力的重视。

第二，关注家长参与学校的管理。学校教育监督指标强调家长的参与，即家长通过对学校进行评价、自愿组成协会、自愿协助课后活动、自愿参与班级活动、支持子女的学习等方式对学校教育质量产生影响。该指标的目的是通

① 张培，刘兰玲：《欧盟学校教育质量指标及对我国的启示》，《外国教育研究》，2004年第6期。

过确定家长对学校发展计划的贡献程度、寻找发挥家长咨询和决策功能的最佳方式,并为其他教育合作者寻找参与学校教育的方式提供参考。

第三,建立了地区间数据共享的机制,使得指标数据可进行国际间的比较。欧盟学校教育质量指标的数据均来自国际教育协会(IEA)所进行的研究、经济合作与发展组织所进行的统计和欧洲共同体统计办公室(EUROSTAT)所进行的调查,数据资源可共享、可比较。

第四,发布年度报告,为各国教育改进提供参考依据。欧盟学校教育质量指标不是以“报告”的方式呈现。2000 年的报告《欧盟学校教育质量报告——16 项质量指标》,内容包括:指标内涵与重要性说明、图表结果分析、重要政策议题,以及各国相关的政策措施等。在重要政策议题的描述上,突出指标的意义、重要性、值得各国政府关心的问题,并为各国提供解决问题的举措范例,作为各国教育施政的参考。同时,报告还注重阐述各类指标与各国政治、经济、社会背景的联系,凸显了不同国家的发展特征。由于各国的教育制度不同,如果将各国的资料放在同一解释框架内加以解释,也许结果相同,但代表的意义可能就大不一样了。

(四)日本学校评价指标及其特点

日本文部科学省于 2006 年 3 月 27 日颁布了以“促进学校自律、持续的改善与发展”为基本理念的《义务教育学校评价指导方针》。① 该评价方针由前言、学校评价目的、学校评价方法、学校评价项目与指标举例和附录(参考文献及资料等)五个部分组成。《义务教育学校评价指导方针》关于学校评价的项目与指标中,一共有 10 项一级评价指标,每一级评价指标又包含若干项二级指标(对二级指标的具体内容没有一一列出,只进行了举例说明)。一级指标与二级指标内容(见表 2-4)。②

---

① 李广，马云鹏，高山达雄:《促进学校自律、持续的改善与发展》,《外国中小学教育》,2007 年第 6 期。

② 同上。

表 2-4　日本学校评价指标（一、二级指标）

一级指标	二级指标
教育课程与学习指导	1.指导目标、指导计划、课时数及实施状况 2.学生学习状况评价及评定结果 3.学力调查等的结果 4.与运动、体力相关的调查结果 5.学生对教学的评价结果 6.教师上课采用的说明、板书、提问等教学方法情况 7.视听教材、教育设备、教具等应用情况 8.体验性学习、问题解决性学习、学生兴趣与热情的激发、自主性学习等情况 9.学生个性化学习指导情况 10.教材开发及校外人才利用情况 11.乡土自然文化资源、传统文化活动等教育资源的利用情况 12.学校图书馆的利用及读书情况 13.课堂教学研究实施情况
学生指导	1.建立健全学生指导体制情况 2.建立丰富的人际关系及人际交往规范的指导情况 3.教育咨询体制的建立情况 4.防止教室内不正当行为的情况 5.与家庭、社区及相关机构的合作情况 6.对出现的问题采取的相应措施 7.与学生生活习惯相关的调查结果
升学(就业)指导	1.指导体制建设情况 2.勤劳观、职业观的形成,升学、就业选择能力及态度养成的指导状况 3.学生的资料应用方法,升学、就业信息的收集及应用方法,学生的能力、适应性等的发现与开发方法 4.工作场所体验的实施状况 5.升学、就业咨询的实施状况 6.升学、就业指导所必要的设施(咨询室、资料室)设置情况 7.与家庭、社区及相关机构的合作情况

（续表）

一级指标	二级指标
安全管理	1.学校安全计划的制订与实施情况（包括安全管理体制的建设） 2.危机管理指导手册的制作与应用情况 3.教职员工及学生安全能力的培养情况 4.安全检查实施情况（包括通学路的安全检查） 5.与家庭、社区及相关机构、团体的合作情况 6.学校防灾计划的制订及实施情况（灾害发生时的应急对应机制、防灾避难训练情况等）
保健管理	1.学校保健计划的制订及实施情况（包括学校环境卫生的管理情况） 2.健康诊断的实施情况（包括事前指导、事后处置） 3.心理关怀体制建立情况、健康咨询活动、防止药物乱用教育活动情况 4.日常健康观察、疾病预防、学生自我健康管理能力的培养等情况 5.与家庭及社区保健机构（保健所、医疗机构）的合作情况
特别支援教育（残障儿童指导）	1.校内支援体制的建立情况（校内委员会、特别支援协调者、校内研修等） 2.交流及共同学习的实施情况（确保特殊学生即残障儿童在正常班级学习的机会） 3.个别指导计划及教育支援计划的制订情况 4.与医疗、福祉等相关机构的合作情况
组织运营	1.学校明确管理、责任体制的建立情况（校务分管情况、校务处理体制的建立等） 2.服务监督情况 3.学级指导情况 4.管理情况 5.学校事故处理情况 6.信息管理情况（公文的制作、收集、保管等，个人信息的保护等）
研修	1.校内研修实施体制的建立情况 2.校内研修课题的设立情况 3.校内、校外研修的实施情况（课堂教学研究、教材研究、与指导方法相关的研究等）

（续表）

一级指标	二级指标
与家长、社区居民的合作	1.与学校评议员、家长等的座谈情况及学校运营协议会的运营情况 2.与家长、社区团体的联络情况 3.家长、社区居民参与学校运营管理的情况 4.信息提供情况 5.教育咨询体制的建设情况 6.幼小、小中、中高合作与衔接情况等 7.来自家长、社区居民的具体意见与要求 8.对家长、社区居民调查的结果
设施、设备	1.设施、设备的应用效果（富余教室、特别教室的有效利用） 2.设施、设备的检查情况（安全、保养管理等的检查） 3.学习、生活环境的充实等情况

《义务教育学校评价指导方针》给出的是一个基本的评价框架，是一个具有指导性与开放性的学校评价体系，在实际的学校评价中，各地区、各学校可因地制宜，根据实际情况在项目上进行适当增减与修改。

日本学校评价指标的特点：

第一，特别关注学生的发展与指导。在指标体系中有四项一级指标内容均与学生的发展与指导相关，足见其对学生的关注。而且在对学生的指导方面分类详细，包括对课程和学习的指导、学生行为习惯的指导、升学就业指导以及个别指导。

第二，突出强调学校的体制、机制建立。在每一项评价内容的第一项均设立了体制、机制的内容，特别强调学校管理的规范性，因为体制、机制、计划等是工作执行的重要保障，有了这些保障各项工作方能够有序进行。

第三，安全与保健管理是学生健康成长的保障。在安全管理中强调对师生安全能力的指导；在保健管理中，从身心两方面对学生进行健康诊断、心理辅导，并要求学校对学生进行自我健康管理能力的培养。

第四，对特殊儿童的关注。学校不仅要确保特殊学生在正常班级学习的机会，而且要制订相应的支援计划和个别指导计划。

第五，关注学校与家庭、社区的合作。在10项一级指标所包含的二级指标中有7项都涉及了学校与家庭、社区或社会相关机构的合作情况，足见学校的发展与家庭、社区关联的紧密程度。脱离家庭和社会的学校如同一座孤岛，很难培养出适应社会的人才，在此方面特别值得我们借鉴。

（五）法国学校评价指标及其特点

法国政府于1994年制定了“中等教育向导指标”（IPES）。这是以支援学校进行有效教育活动的基础工作为核心的一种新的学校评价制度，期望通过强化学校管理的自律性，发挥创建“有效学校”的导向作用。

中等教育向导指标主要包括以下五个系列方面的指标：①

第一，有关学生的指标——学生的年龄、性别、留级情况、家庭背景、毕业学校（公、私立比例）。

第二，有关教育手段的指标——选修科目、外语学习状况、每个学科的学习人数（公立中学）、开设的现代语种类（中学）、平均授课时数、教员的特性（性别、地位、年龄）。

第三，有关学业成果的指标——高级中学的入学率、高中毕业生去向、毕业生一年后的状况（中学）、业士考试合格率、一年级学生直至获得业士考试资格的比率、毕业生中业士考试通过者的比率、毕业生6个月后的状况（公立中学）。

第四，有关运营的指标——小集团学习组的规模、教员团体的活动（公立中学）。

第五，有关文化、社会、经济等的环境指标——有关就职前的社会需求资料，失业率、就业率，就业后的社会移动指数，有关生产手段的记述，人口动态，居住及教育训练的资料。

法国学校评价指标的特点：

---

① 陆兴发：《法国学校评价制度的改革》，《外国中小学教育》，2001年第4期。

第一，强调客观的数值。其中大部分指标都是客观的数值，如入学率、学生的人数、考试的合格率、毕业考试通过率等。

第二，体现增值评价的理念。其中“高级中学的入学率”“业士考试合格率”“一年级学生直至获得业士考试资格的比率”“毕业生中业士考试通过者的比率”等就具有特别的“附加价值”。实际数值超过期待数值时，教育效果就好，而低于期待数值时，教育效果就差。因为不同学校学生的质量不同，仅仅根据其实际数值很难看到各学校为提高学力而进行的努力情况。实际上，根据这一指标，可以看到那些家庭背景较差的学生人数较多的学校，其期待值也在大幅度提高。

第三，鼓励学校自我改进。中等教育向导指标促进各学校自我改进不仅根据学力测验的成绩，而且还根据为达到目标所做的努力程度客观地认识自身现状，并依此制订具体的学校教育改善计划。在这里，可以看到法国政府采取的独特做法，即不是通过政府控制，而是通过学校的自主努力来提高教育质量。当然，采取这一做法，也是法国政府长期致力于研究“学校效果”的结果。

（六）荷兰学校评价指标及其特点

荷兰的学校督导指标体系①主要针对教学—学习过程、学生成绩和学校组织层面加以界定（见图 2-1），这些指标可以进一步细化。其中，教学—学习过程主要包括课程、学习时间、学校组织氛围、教师教学策略和学生监控体系。课程是国家以立法形式确立的基础教育目标达成度，它应该适合学生发展需要和允许学生有足够的获取时间；在学生成绩方面要促进学生可持续发展，主要是促进知识观点和技能的最优化；在学校组织层面上，主要包括目标导向的教育政策体系、良好的内部沟通体系、清晰的协商建构体系及教育质量提升控制体系。在此基础上，督导人员注重可操作性，坚持从学校实际出发和建立学校、家庭与社区三结合体系。

---

① 姜美玲：《当前荷兰基础教育督导体系及其启示》，《全球教育展望》，2002 年第 9 期。

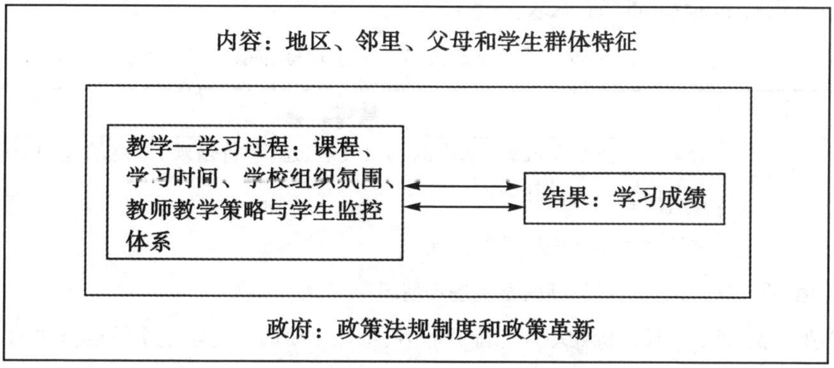

图 2-1 基础教育督导指标体系

荷兰学校评价指标体系的特点：

第一，从三个指标之间的关系看，教学—学习过程、学生的学习成绩是指标的核心，二者之间具有互动的关系，好的教学—学习过程直接影响学生的学习成绩，同时学生的学习成绩又会对教学—学习过程具有调控作用。而学校组织层面则为教学和学习提供保障。

第二，指标明晰了学校的发展与政府和社会的关系。政府是为学校发展提供支持和保障的，通过制定相应的政策法规制度和政策革新保障学校的办学；家长与学校是一种协作的关系，学校的发展要考虑社区、家长和学生的特征，提供有针对性的教育。

第三，指标体系简捷、易懂。以图示的方式呈现学校评价的指标，易于学校理解外部评价的关键指标，而且还便于记忆。

（七）新西兰学校评价指标体系及其特点

新西兰学校评价指标体系以学校教育质量为评价内容，建立了包括“结果质量”和“过程质量”的学校评价指标框架。“结果质量”主要指学生的学业成就，“过程质量”包括有效的教学、专业化的领导、学校管理、积极包容的学校文化、家长和社区的参与。每个指标又包含若干个评价要素，从而构成了完整的学校评价指标体系(见表2-5)。①

表2-5 新西兰学校评价指标体系

一级指标	具体表现
学生的学业成就	1.学生个体学业成就(基本的学习技能、态度、价值观)信息的范围与质量 2.开展教育活动的情况 3.学生达到课程标准的情况 4.针对预期目标的学生进步情况 5.学校分析处理具有特殊能力、特殊需要的特定学生个体或群体的学业成就情况 6.学校满足特定学生需求的情况 7.学校向家长通报学生学业成就的情况
有效的教学	1.教师有效设置教学目标的情况 2.教师应用评价改进学生学习状况和提高学业成就的情况 3.教师基于学生已有认知开展教学的情况 4.教师的教学内容满足学生需求的情况,以及如果不能满足学生需求该如何改进的情况 5.教师如何充分有效利用时间帮助学生达到学习目标的情况 6.教师尽早确定学生学习困难的情况 7.教师支持学困生或有特殊学习需求学生的情况 8.教师在课程改革中的适应情况 9.教师应对社区对学生需求的情况
专业化的领导	1.在课程开发、教学方式、应对社区对教育的需求方面,学校领导工作的质量情况 2.学校通过预设目标、及时监控等途径提高教学质量的情况 3.教师得到学校领导关于教学反馈的情况 4.学校为教师专业化发展建立机制和提供保障的情况 5.学校领导有效创设积极环境,促使教师最大限度地影响学生学业成就的情况

① 王薇:《中国、新西兰学校评价体系的比较及启示》,《教育测量与评价》,2013年第2期。

（续表）

一级指标	具体表现
学校管理	1.行政和管理的关系情况，校长及校务委员会成员对各自角色的理解和执行的情况 2.学校从社区获得支持的情况 3.学校的发展规划和自我评价改善学生学业成就的情况 4.校务委员会履行责任和义务的情况
积极包容的学校文化	1.学校为学生提供安全的物理和情感环境并予以监控的情况 2.学生、教职工与社区的关系情况 3.学校内是否存在威吓、折磨、暴力或严重不当行为的情况 4.学校具有缓解或解决问题的机制情况 5.学校为学生提供有利于学习和发展的学习环境的情况 6.学生在学校体会到归属感的情况，以及学校建立的鼓励学生学习的制度和机制的情况
家长和社区的参与	学校与社区建立的学习合作关系情况

新西兰学校评价指标体系的特点：

第一，逻辑关系清晰。新西兰学校评价指标体系基本参考学生的学业成就—有效的教学—专业化的领导—学校管理—学校文化—家长与社区的参与这一逻辑体系；将学生的发展作为评价学校的首要要素，教学是支撑，而专业化的领导又是对教师教学的支撑，学校管理、学校文化、家长和社区的参与均作为学校发展的保障。

第二，有效的教学要关注特殊需要的学生。教学是否有效是从教师的视角来评价的，包括有效教学目标的设定—过程的实施—过程的监控，特别强调要关注学困生或有特殊需求的学生，尽早发现并进行干预。这也体现了让每一个学生都能够得到有效关注的理念。

第三，专业化的领导与学校管理不同。其中专业化的领导强调的是对学校课程的领导、对教学的监控、对教师教学的反馈、为教师的专业发展提供保障与机制等，凸显的是管理者的领导力在不同方面的体现；而学校管理强调的是学校校长与教委会、学校与社区、校委会履职等，其更加关注管理者的责任和义务的履行情况。

第四，学校的文化强调包容，体现在物理环境是否安全，学生与教师、学生与社区的关系，学生是否有归属感，解决问题的有效机制如何。这些指标更多关注学校的环境是否有利于学生的成长，通过各种环境的创设让学生能够安全、舒适地在学校生活与学习。

（八）我国普通中小学校督导评估指标体系及其特点

教育部督导团在 2007 年委托北京师范大学开展了“我国中小学校督导与评估研究”，研发了普通中小学校督导评价方案，该方案中指标体系包括一级、二级、三级指标和评估要点，其中一级指标 4 项、二级指标 17 项、三级指标 46 项。这里仅介绍一、二、三级指标（见表 2-6），具体内容可参考《如何开展中小学督导评估》①一书。

表 2-6　普通中小学校督导评估指标体系

一级指标	二级指标	三级指标
学生发展	身心发展	1.身体素质 2.健康意识和习惯 3.情感态度 4.交流与合作
	品行表现	1.道德品质 2.行为习惯
	学业表现	1.学业成绩 2.学科共通能力 3.艺术素养
	生活技能与实践能力	1.生活技能 2.社会实践

① 教育部基础教育质量监测中心：《如何开展中小学督导评估》，教育科学出版社，2013 年。

（续表）

一级指标	二级指标	三级指标
教育教学	德育工作	1.全员育人 2.德育活动
	课程开设	1.课程设置与执行 2.校本课程开发
	教学工作	1.教学常规 2.课堂教学
教师队伍	教师培养	1.师德建设 2.教学研究和教师培训 3.骨干教师培养 4.班主任培养
	教师考核与激励	1.教师考核 2.教师激励
	教师表现	1.师生关系 2.良好风气 3.教师表现和成就
领导与管理	依法规范办学	1.办学宗旨和目标 2.发展规划与措施 3.规范办学行为
	管理队伍建设	1.管理机构 2.管理队伍 3.干群关系
	常规管理	1.管理制度 2.安全管理 3.后勤服务
	校园文化建设	1.和谐校园 2.班集体建设 3.为有特殊需要的学生提供支持

（续表）

一级指标	二级指标	三级指标
领导与管理	办学资源开发与利用	1.经费使用 2.设施设备使用率 3.争取多方支持
	与家庭及校外的联系	1.家校沟通 2.与社会（社区）的联系 3.校际合作
	自我评估与改进	1.自我评估 2.改进和发展

我国普通中小学校督导评估指标体系的特点：

第一，一级指标与国际接轨。该评估指标体系的一级指标基本与各国的指标有相同之处，即将学生的发展置于首位，其次是教育教学、教师队伍和领导与管理。这充分体现了学校的核心任务与使命，彰显了一切为了学生的发展和为了一切学生的发展的理念。

第二，二级指标具有中国特色。二级指标中的“德育工作”“教师培养”“教师考核与激励”等，与我国的教育方针和教师培养方式有关，这些内容在其他国家的指标体系中是不常见的。

第三，指标体系覆盖学校工作的各个方面。属于综合性督导，适用于对学校的综合督导。

第四，体现过程与结果相结合。其中学生发展是学校发展的结果，其余三项教育教学、教师队伍、领导与管理是过程性指标。

第五，强化学校自我评估。指标中强调学校的自我评估与改进，引导学校建立自我诊断与改进的发展机制，形成自我诊断与发展的能力。

第六，淡化办学条件，强调资源使用与管理。由于办学条件的主责不在学校，因此该指标体系没有将其列入，而是将资源的使用与管理作为评估的内容，引导学校要将教育资源管好、用好。

综上所述，从各国的指标体系看，由于评价目的的差异，指标体系的设置也存在差异，但共同的特点就是关注学生的发展，指标突出反映了以学生为本的评估意识形态，以及为学生服务的评估导向，基本都是将学生的发展放在指标的首位，关心学生的学习和需求，甚至某些特殊需求；注重学校发展计划的制订、实施、检查，并将其作为一项重要指标；侧重从学校管理的角度来评估学校的工作；重视课程与教学的管理和计划、教师教学的质量问题；注重教育资源的开发、利用问题，做好教育和学生的支持性服务工作；强调校风建设，以及学校与社会、家长的合作问题，学校与家长、社区之间合作是学校发展的重要依靠，这几乎是大多数国家在评价学校时都关注的。

其实，无论是哪一种评价观下的指标体系，无外乎是将学校内的人与人、人与环境，学校与社区的人与人、人与环境之间用制度或机制建立起关系，使学生在这种良好的氛围中学习、生活，促进学生的健康成长（见图 2-2）。

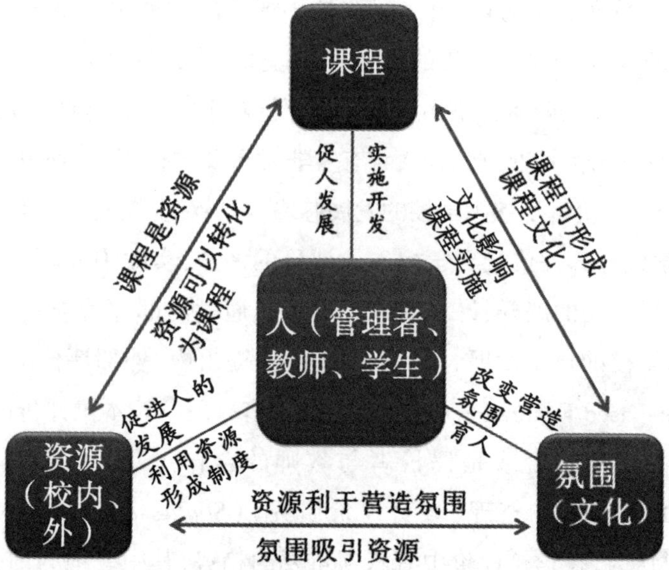

图 2-2　学校发展各要素关系图

图 2-2 中的人与课程、资源、氛围之间相互影响、相互作用，人在实施课程、利用资源、营造学校文化的过程中会形成各种制度，这些制度确保学校各项工作的正常运行。学校评价过程中这些内容都会被涉及，学校如同一个有机体，其正常运行离不开必要的内在和外在条件，外在条件能够影响并促进机

体的良性发展，内在条件决定机体的健康、协调与可持续性发展。在评价时这些都是需要考虑的。

三、学校外部评价概念和指标的问题分析

（一）学校外部评价的概念层面

首先，从学校外部评价的概念中的主体分析：由于较多地强调通过外部人员对学校发展的各方面进行鉴定、评价，对学校的压力比较大，学校有时为了获得好的评价结果，会有各种应对评价的表现，也会造成评价结果的失真；同时忽略了学校作为评价主体的自主性，强调外部评价的结果用于指导学校进行改进，但是这种改进是外加于学校的，学校的感受是“你让我改进”而不是“我要改进”，因此有时改进的效果并不明显。外部评价对于监督学校的办学绩效、激励教师和校长更加努力地改进学校教育有着非常重要的作用，但是也存在着一些弊端，比如外部评价者不熟悉学校的发展脉络，容易对学校成员产生误解等。

其次，学校外部评价受到学校本位评价的冲击，实践中面临更多的挑战。随着校本管理运动的展开，许多国家逐步重视通过内部评价或者说是以自我评价来支持学校的自主发展。自 1992 年内伏提出内、外部评价的“学校本位评价（School-Based Evaluation）”概念之后，许多有关学校本位评价的议题多围绕在内、外部评价结合或是评价者与教师的合作过程上。斯塔弗尔比姆（Daniel Stufflebeam）在整理《教育评价研究》（*Studies of Educational Evaluation*）期刊时认为，在学校评价中有八项重要的趋势，其中一项为内伏的“内部与外部评价的结合：学校本位评价的个案研究”。内伏认为，外部评价容易使学校成员的内在教育价值观形成冲突，但在内部评价机制的建构过程中，学校成员多缺乏评价的基本概念，因此，他开始探究如何通过赋权增能（empowerment）的力量，协助学校自助机制的建立，寻求与外部评价的沟通途径，并在以色列的教育系统中实施。后来他在其著作《校本评价与学校发展》（*School-*

Based Evaluation:*A Dialogue for School Improvement*)一书中,对学校本位评价有了更清晰的认识。他认为,学校本位评价并非内部评价的同义词,也不是外部评价的反义词,而是两者之间的联系。

最后,学校变革对学校评价提出多元需求,单一的外部评价已不能满足。从全球学校变革的实践来看,不同国家或地区的学校变革,在回应社会变革的挑战时,主要有两种路径:一种是从市场化、私营化和地方分权等策略入手,重视和鼓励学校与学生的个别表现和竞争,强调成本和结果,倾向于将资源分配给较成功的学校和能力较强的学生;另一种是不少政府也通过国家课程、考试能力标准、教师评价、学校评价等措施,加强对学校的质量保障。学校质量保障的潮流很快推广至美国、芬兰、挪威、澳大利亚等国家,并迅速影响至亚洲的一些地方,比如中国香港在1997年发布的《教统会第七号报告书》中就建议建立一个"内外相控学组,推行保障教育质量"的政策。完善的学校质量保障机制,通常通过外控保障和内控保障两种途径来保证学校的教育质量。而学校评价正是学校质量保障的重要途径。正如斯塔弗尔比姆所说的,"评价最重要的意图不是为了证明,而是为了改进"。然而,长期以来,以泰勒模式为首的前三代评价观,采用"预定式的评价(Preordinate Evaluation)",强调评价的鉴定、选拔和奖惩功能,而忽视了评价的根本目的在于改进学校工作。20世纪80年代,倡导民主协商、为改进工作而评价的第四代评价观的兴起,掀起了西方国家的"评价改革运动",以美国、英国为首的一些发达国家开始摒弃那种注重鉴别和奖惩的教育评价制度,逐渐采用发展性教育评价。

(二)学校外部评价的指标体系层面

从目前我国的督导评价指标体系分析看,评价指标体系还是以政策法规的落实为主要依据来制定。对我国中、东、西部122套学校评估方案的分析结果显示,①学校评价指标体系的一级指标主要涵盖办学方向、学校管理、队伍

① 教育部基础教育质量监测中心:《如何开展中小学督导评估》,教育科学出版社,2013年。

建设、教育教学、教学质量和学生发展、办学条件及其他。从外部评价的指标体系看，呈现两个特点：一是依据国家政策法规（依法依规）来制定学校的评价指标体系，以反映学校在办学过程中依法、依规办学的情况，属于达标性评价；二是依据输入—过程—输出的评价模式，从办学条件、投入、教育过程（各项管理）、教育结果（学生发展）来设计指标体系，体现学校自主发展的能力。前一种指标体系在规范学校办学行为方面具有积极意义，在一定阶段可以促进学校的发展，但是当学校的办学行为达到规范后，这种评价指标和标准就不再适宜，需要第二种评价指标体系来引导学校自主发展。因此在评价指标的设定上，要考虑学校的发展阶段和发展特点，可以将基础指标和发展相结合，以适应学校多样发展的需要。

四、理想的外部评价

基于外部评价目前存在的一些问题，未来的外部评价在评价目的、评价主体、评价内容、评价方式、结果应用等方面，其理想的应然状态仍需要探讨，以下是从现实的视角出发来构建未来学校外部评价的基本架构。

（一）评价目的

富兰（Fullan）认为，“外部评价的核心思想首先是使它成为一个教育工具，而不是一种影响地方行为的直接政策”。与此同时，外部评价的另一个目的就是“找出没有得到改进的学校”。从目前所做的外部评价看，无论是督导评价、第三方评价、学校认证等评价，大多是为了鉴定学校发展的现状和存在的问题，力促学校的发展。综合已有的研究与实践情况，理想的外部评价应该达成以下三个目的：

一是为政府决策提供依据和参考。即通过外部评价找出影响学校发展的外部因素，如办学条件、师资队伍等。外部评价结果直接反馈给政府决策部门，可以为政府决策提供有效的依据，从而保证政策制定的准确性，为决策与学校之间搭建桥梁。

二是为学校的改进提供参考。学校在办学的过程中有时会陷入“当局者迷”的境地，看不到自身存在的问题，外部评价则从旁观者的专业视角帮助学校审视存在的问题，如学校的管理、课程教学、教师发展、学校氛围等问题。通过对学校发展中问题的准确定位，为学校的改进找准切入点。

三是通过认证为家长如何选择提供参考依据。学校是否达到办学标准，或者是否为优质学校，外部评价通过规范的评价流程，依据标准标明学校所达到的标准。比如美国的 ACS 学校认证、蓝带学校教育部基础教育课程教材发展中心(简称 NCCT)的学校评估认证。受到认证的学校，公众会对其产生尊敬和信任，为家长选择学校提供依据。

(二)评价主体

从现有的外部评价看，单一的评价主体对学校而言不是好的选择，校内外的人员共同参与学校评价则成了一种趋势。事实上，建立一个完善的外部评价制度在技术和观念上都不是一件容易的事情。负责制定和实施外部评价的机构至少应该在性质上独立于政府部门，以便保证这个制度的公正性。除了收集有关学生的学业信息，教育质量的评估过程还必须调动学校和学区对他们工作的自我评价，并采取相应的改进方案。这一点体现了外部评价制度所具有的引导和促进能力的作用。

第一，增加校内教职员工特别是教师的评价自主权。虽然在我国的教育评价改革中对评价主体的多元化进行了大量的理论宣传，但从实践中看，我国当前学校评价的主体仍然过于单一，评价权力仍然集中在各级教育行政部门手中。这种现状极易造成评价者和被评价者的对立，以及忽视学校情境的多样性、差异性和价值的多元化等问题。作为学校课程实施的主体，教师不应被排斥在评价活动之外，理应走出课堂，成为学生评价、教师评价、学校管理评价等活动的主体。只有这样，才能提高学校评价的有效性，增强学校的决策水平，提高学校效能。

第二，充分运用校外评价资源。对校内评价及教师评价自主权的强调并不意味着评价完全局限在学校范围内。教师虽然熟悉学校，具有评价的热情，但大多不具备专业评价所需的知识和技能。因此，有效的学校评价还必须充分利用校外的评价资源。例如，外部评价标准和数据就是一种重要的评价资源。参考和利用外部评价标准和数据，可以开阔校内评价的视野，增加评价结果的可比较性，以及提高外部评价标准和数据的利用程度。

第三，学校评价要从强调统一走向关注差异。20 世纪 70 年代以来，第四代评价批判了以往评价中的“管理主义”，转而把评价视为评价者和被评价者通过协商进行共同心理建构的过程。它强调在自然环境中，用质性研究方法，使各方人士通过各种形式的对话达成共识。反思我国当前的学校教育评价，由于长期以来受管理体制和应试教育的影响，学生在外部统一的标准化考试中所表现出来的学业成绩仍然是评价学生、教师及学校工作的主要依据。在学校内部教学过程中实施的也仍然是“小型化”的模拟升学考试。评价者和被评价者完全脱钩，评价中听不到教师和学生的声音，学生的学习过程、教师的工作情境、学校的文化特色等都被评价所忽略了。因此，在学校评价的改革中，我们还需要继续强调形成性、发展性评价，增强对个体差异和不同主体发展需求的重视。

（三）评价内容

首先，评价内容的确定可以结合不同评价目的进行设计，可以是全面的评价，也可以是专题评价。评价内容的确定不仅可以采用自上而下的方式，还可以采用自下而上的方式，给学校更多的选择权。评价内容采用共性与个性相结合的方式，以满足学校多样化的需求。未来的学校外部评价内容应是在共性基础上体现个性化的评价内容，每所学校可以结合自己的特色进行申请或选择，这样的评价内容既可以保证学校基本的办学规范，也可以突出学校的个性发展。

其次，学校评价指标是以学校质量为导向还是以管理为导向，其设计的内容亦不相同。如果是以评价学校教育质量为导向，可采用输入—过程—输出作为建构指标的基本思路；若是以管理为导向，一般会依据政策文件的相关要求作为指标设计的思路。无论采用何种建构模式，在表现学校成果时还是要以学生的发展作为重要内容，因为学校发展最重要的标志就是学生的发展，学校的质量最终要体现在满足不同能力、兴趣、文化背景的学生的需求上，学校教育要以“顾客”或“消费者”的利益为重。只有建立在学生发展基础上的学校发展才是可持续的发展。

（四）评价方法

综观国内外的外部评价方式基本上是大同小异的，即通过多种方式收集证据，例如需要学校提供相关信息、课堂听课和活动的观察、与学生交谈、学生作业的分析、与教职员和领导及参与学校工作的人员交谈、对文件资料进行分析等。

在收集资料的过程中，所用的工具和分析方法需要精心设计，例如课堂观察，因为听课的目的不同，所观察的重点亦不同。通过课堂观察可以看到学校的办学理念和学校文化，在课程实施的过程中可以看到教师的教学方式和学生的学习方式、师生和生生的关系等。但是在观察课堂时抽样很重要，要覆盖到不同年级、所有学科、不同年龄段的教师等，确保所抽样的课堂能够代表学校的水平。在听课的过程中可以结合以下内容进行评价：学习环境，指教室的布置和气氛；教学内容及其前后联系；教学方法与学生能力的适应程度、对学生作业的评价；学生的学习动机、学生与学生之间的关系、学生作业质量等。听课结束后要对一节课作出整体评价和评分。

查阅学生的作业可以看到教师布置作业的形式及内容是否符合学生的发展规律。在作业选取时可在每个年级选取不同程度层面学生的作业，以查看不同学生的作业是否有差异，同时也可以查看不同学生对相同作业的表现如何。

访谈主要是了解与学校发展相关的主体对学校的主观感受。访谈可以是正式访谈或座谈，还可以是非正式访谈。谈话的方式可以是个别谈话，也可以是以座谈的形式与多人谈话。访谈的主体包括领导、教师、学生和家长。其中对教师的访谈主要是在听课后询问关于课堂教学的情况，还有是针对教师在学校生活中的实际感受，对学校各方面工作的意见或建议；对学生进行访谈主要是为了了解其学习情况及其对学校生活的感受，同时了解教师的教学情况；

对家长的访谈主要是为了了解家长对一些问题的意见，例如学生的学习、学生的行为、家长参与学校工作的情况；对领导的访谈主要是为了了解学校相关政策和计划的执行情况。在访谈不同主体的过程中可以了解学校的办学理念是否成为每一个教职员工的共识、对学校的管理有哪些意见、教师在专业发展的过程中是否得到有效支持、学生对学校提供的课程和组织的各种活动是否满意、能否满足学生多元化的发展需求、学生的主体性是否得到彰显等。

学校各类文件包括学校的政策和规章制度、学生成绩、学校所处地区对学校的投入、课程方案、课程表；学校管理方面的资料，包括学校发展规划、各种会议记录、教师工作手册及教师发展规划等；学生资料包括学生档案、报告、特殊教育需求的证明和相关文件等。对学校文件的查阅能够看出学校的发展规划、实施进度、实施成效，以及各种制度是否完备、制度实施的痕迹和各种活动的设计、实施。

（五）结果应用

学校外部评价的结果更多应用于帮助学校改进，而不是划分等级或给学校贴标签，学校外部评价应成为学校改进的推手，例如在外评时发现属于政府办学不力的时候，即可将问题反馈给教育行政部门，促其改进学校的办学条件；如果是学校管理中的问题则让学校去改进。结果应用唯有实现去行政化方能使评价发挥其应有的功能。例如日本第三方评价的做法是：评价小组在每次考察结束后，针对校方提交的书面资料和现场考察结果向校方提出评价报告；教委在两次考察期间，持续向学校提供有针对性的指导、建议和帮助。各评价小组完成评价工作后，第三方评价委员会汇总各组报告并把最终报告和建议方案一并提交教委，由教委在其官网上公示评价结果。评价结果的公示主要出于两种考虑：一是为了给学生及其监护人择校提供必要信息；二是为取得县内广大民众的理解与信赖，进一步激励学校发展。此外，学校还必须在评价结束后向教委提交学校所取得的成绩、存在的问题及未来发展规划。

富兰认为，构成“校外改革基础”有四个重要组成部分，其中之一就是“严格的外部评价”（其他三个分别是“有利于分权管理的决策”“加强地方能力建设”“鼓励改革与创新”）。他认为在分权制度下，一个“严格的外部评价制度”是必不可少的。这是一个事关政策和能力建设两方面的问题。外部评价应该收集和获得有关学生学业情况的各类信息，但是，在实施过程中，应该明确要以有利于权力下放为前提。外部评价的第一个目标，就是在学校和学区一级的专业人员和家长之间确定讨论标准。它包括何种教育目标真正有利于儿童、何种教学能够称为高质量的教学、何种学习环境更加有利于学生学习。只要政府诚心诚意地实施权力下放的政策，并且投资于地方能力建设，那么，对于还没有改进的学校就有干预的机会。

总而言之，外部评价制度的一个关键作用，就是帮助地方学校和学区学会对评价的结果进行自我反思，并采取相应的改进行动，富兰将这个过程称为“解读评价结果的能力”。另外一个作用就是干预那些长期处于失败状态的学校和学校系统。这两个作用的发挥都需要非常审慎的思考和判断。

第三章　学校外部评价的历史回顾

学校外部评价的发展历程与学校评价的发展历程是基本一致的，早期的学校评价以外部评价为主，且以督导评价作为代表。

一、学校外部评价的兴起

（一）英国学校外部评价的发端

英国的学校评价（或说是教育督导）可以划分为两个阶段，即以《1988 年教育改革法案》作为切分点，之前为学校督导评价的缘起与形成阶段，之后为完善阶段。

1.英国学校评价的缘起与形成

英国在 1830 年才有第一所公立小学，1839 年枢密院教育委员会成立，第一任局长提出了“应该任命学校督学”，并首次任命了两名皇家督学，由此开创了皇家督学视导和评价学校的先河。首任皇家督学为了避免教育视导受到政府的控制，一开始就独立运作，主要任务包括教育经费的督导、维系最基本的教育品质，因此皇家督学也常被视为不受欢迎且总是惩罚他人的人。

1870 年，英国通过了《初等教育法》，正式开始实施义务教育，初等教育被正式纳入英国国家教育体系。法案颁布后，英国教育督导机构逐步建立。1894 年，中央和地方分别成立了教育委员会，这就是英国近代教育督导机构的雏形。

20世纪以后,由国家资助的中等学校蓬勃发展,依据1902年教育法案,英国不仅成立了地方教育局(LEA),皇家督学也大量增加,开始负责小学、中学和技术中学的评价任务。

1944年教育法案将义务教育提高到了15岁(后来又延长到了16岁),[①]中等学校开始分为文法、技术和综合学校三种,皇家督学也依法可以接近所有学校,督学数量也扩增到了五百余位。但是由于当时中小学课程采取自由放任方式的地方分权制,由学校教师自行设计并决定教学内容,所以皇家督学也没有对学校课程进行督导。

1960年至1970年,随着儿童中心教育理念兴起,皇家督学也开始注意学校的课程,但课程的督导权大部分仍委托地方教育局负责。1970年以后,皇家督学评价制度逐渐步入正轨,不仅要定时到学校视导,进行教学品质的调查,还聘任全职的督学,将评价和视导结果通告教育部。1980年以后,皇家督学开始出版学校评价报告书。皇家督学室自1992年改称为"教育标准局"。皇家督学的名称未改,每四年评价学校一次,通过评价学校教育的优缺点,协助提升和确保学校教育的水准,同时,英国皇家督学也更加显得举足轻重。

2.英国学校评价的逐步完善

《1988年教育改革法》将原本由学校主导的课程自主权改由中央直接定出"国定课程",规定了学校教育需要开设的教学课程和主要内容,到1990年后,甚至连语文和数学两科的教学方法国家也都有所规定。此外,地方教育局对学校的督导权也转让给了学校,尤其是经费的争取和分配上更加突出了学校的自主权。

随着《1988年教育改革法》的颁布和实施,国定课程实施的成果也成为政府检讨教育的重点,不仅评价学生的学习成效,而且也评价课程实施是否适合每个学生的需求,各阶段的课程设置是否合理,并对语文、数学、科学、资讯科技、历史、地理和现代外语进行评价,并设定各阶段的学业标准,即小学一、

① 王璐:《英国教育督导与评价》,高等教育出版社,2010年。

二年级为第一阶段,小学三至六年级为第二阶段,初中一至三年级为第三阶段,高中一、二年级为第四阶段;每个阶段再分成八个评分等级;对于艺术、音乐和体育则采取描述性的评价方式进行。

1992 年英国颁发了《家长法案》和《市民法案》,这两个法案使英国现代教育督导制度发生了一次重大变革。根据这两个法案,英国教育标准局从原教育部中独立出来,成为一个与英国国家教育行政部门同级的、能单独行使职权的国家教育督导机构,以加强中央政府对全国教育质量的监控。作为独立机构,其对议会负责,而不是对教育行政部门负责。

《1992 年(学校)教育法》公布了新的教育督导制度方案,主要改革举措包括:取消中央和地方两级督导机构并存的体制,实行单一体制,建立以注册督学为首的独立督导小组制;将市场竞争机制引入督导领域,各督导小组之间竞争学校督导项目;规定每个督导小组必须包括一名非教育专业的外行;制定十分详尽的"学校督导大纲",并向学校、社会和家长公开发布;督学有权将办学水平很差的学校评定为"失败的学校",并限期予以整顿;从抽样督导改为每校必须督导。

进入 21 世纪以来,英国的教育督导制度不断改进、完善。2003 年 9 月,新的督导大纲开始生效。新的督导制度简化了学校督导的规模,教育督导与学校个体的特性紧密适应,实施个别化督导体系。与其他学校相比,最有效的学校将受到较少的督导。在加强学校教育督导的同时,也加强了对地方教育局工作的督导,即督政。2004 年 1 月,新的地方教育局督导大纲开始生效。

(二)分权管理体制下的学校外部评价的发展

美国在教育方面没有统一的教育领导权,实行的是典型的地方分权,因此美国的教育督导也体现出地方分权的特点。美国学者奈塞根据教育督导在目标和功能上的演变把美国教育督导概括为五个时期:行政视察时期(1624—1875 年);效率为导向的专家督导时期(1876—1936 年);重视人际关系,致力于改进教学时期(1937—1959 年);以研究和探索为督导方针时期(1960—1970 年);以系统分析为主导时期(1971 年至今)。

在1800年以前,美国学校的督导方式还不够规范,市镇委员会或学校委员会的主要工作是为了"确保教师有成熟的宗教和道德信仰",且督导人员均为非专业的人员,因此督导方式不够规范、效果也不明显。

1800年,马萨诸塞州正式授权地方教育委员会可以检定和聘请教师,并负责视察指导学区所属学校的工作。这一授权成了美国教育督导工作的开端。

1860年,美国大部分州已经建立起公共资助的学校制度,小学数量剧增。地方教育委员会承担了除课堂教学之外的全部事务性和管理性工作。为了减轻工作负担,地方教育委员会或者董事会开始雇用管理员来监管学校,这些监管学校的管理员就是早期的教育督导人员。

1874年,密歇根州最高法院裁定地方教育委员会有权领导公立学校的一切工作,并可任命人员视察、监督学校各项工作。

19世纪中期,地方学区开始建立学监制,由专业人员协调和指导地方教育事务,确立了专业人员在教育活动中的领导地位。其指导与督导不仅包括学校的一般性事务和教师检查、评价,还包括课堂教学,这就使得教师能够随时接受专业指导,及时改进教学工作。与此同时,一些大城市的"学校委员会"开始聘用专职人员来帮助视察学校。后来专业人员随着专业化的提升、权力的逐步增大,被统称为"学校督导长"。随着教育规模的进一步扩大,管理工作日益繁重,学校督导长不得不将教师督导的权力部分下放到学校,这样就使校长在教育督导活动中有了重要的作用,这一传统一直延续到现在。

19世纪末20世纪初,在一些大城市出现了"学科督导员"。到20世纪20年代,州、地区两级已普遍设立学科督导处,配备了各科督导员。学科督导员最主要的职责包括听课、视察教学、培训教师、协助督导长聘任教师、进行教学调查研究等。学科督导员在督导教学方面起着重要的作用。

20世纪教育评价理论经历了教育测验运动、泰勒的"八年研究"、专业化时期等。伴随着教育评价理论与实践的不断发展与完善,20世纪二三十年代,科学管理运动席卷了整个美国。受这一理论的影响,这一阶段教育督导部门主要采取泰勒的目标导向评价模式对学校进行督导评价。20世纪20年代末期又出现了新的管理理论(人际关系学说和行为科学是其代表)。这些理论对教育行政管理理论具有重要的影响,主要体现在:重视行为的社会动因,用权力共享和自下而上的参与代替等级控制;尊重教师人格,鼓励学校和教师的自主精神;教育督导是协调和服务性质的工作,是教育行政人员指导教师改进教学方式、提高教学效率的活动。因此,教育督导观念开始发生转变。

1938年,巴尔、布尔顿和鲁克勒在《教学督导:提高教学的原则与实践》一书中指出,“美国真正的现代督导学”是在20世纪20年代开始发展的,并指出传统督学与现代督学的区别:传统督学是自上而下具有权威性的行政督导,教师是被监督的对象,缺乏明确的目的,在实践上有相当的随意性;现代督学目的明确,是一个科学的、民主的、有组织的、有计划的改进和提高教学的活动。这些论述为教育督导理论及原则的发展奠定了基础。

20世纪30年代到50年代初常被称为“民主督导时期”。民主督导认为教师具有自我管理、自我提高的能力,强调教师参与教学的决策过程以及个人的创造性,教育督导不应该是自上而下的监督与控制,而应该是督导员与教师合作的民主过程。在督导评价方面,更多采用决策导向评价模式(CIPP模式)、目标游离模式等,使评价目的由重视鉴定、选拔向重视改进、发展转变;评价方法从重视定量方法向与定量预定型方法相结合转变。

20世纪70年代由柯根等人发展的“临床视导”,强调督导员深入课堂观察教学,与教师共同分析教学,提出改进教学的方法。由于临床视导具有很强的指导功能,因而受到了教师的普遍欢迎,被视为一种很好的督导方式。

由于社会各界对公立中、小学教育质量低下普遍不满,自20世纪80年代以来,美国的全部教育改革都与改善学校教学、提高学业成绩紧密相关,这也使教育督导面临着新的挑战。同期产生的“人力资源管理”理论,则是把教师看成有着巨大潜力的最宝贵的人力资源。

从美国的教育督导历史来看,在理论上,经历了把督导工作作为行政工作进行研究,发展到综合运用教育行政管理理论、教学理论、人力资源理论及系统科学理论的研究成果,以改进学校管理、教师教学,提高教师素质和教育质量;在实践上,督导从非专业性工作发展为专业性工作,从少数教育行政官员全面负责督导工作发展到配备专职人员分工合作，完成某一领域的督导。

（三）学校外部评价在各国的发展

1.俄罗斯的学校评价发展

俄罗斯的学校评价可分为两个阶段，一是苏联时期的学校评价，二是俄罗斯联邦的学校评价。

苏联时期：在1869年沙皇政府就设置了国民学校督导机构，十月革命后，苏维埃政府废除了旧的学校督导机构，建立了专门的国民教育督导员对普通学校进行督导。1923年和1926年，先后在俄罗斯联邦教育人民委员部和一些国民教育局设置了第一批学校督导员。1945年，俄罗斯联邦人民委员会第一次颁布了《学校督导员条例》。1972年，经过修改和完善，苏联教育部颁布了《苏联教育系统普通教育学校督导机构条例》，教育督导机构分四级设置：苏联教育部的学校督导总局，加盟共和国的学校督导机构，边疆区、州的学校督导机构，市、区的学校督导机构。苏联各级教育督导均在教育部长、厅长、局长的领导下工作，督导机构和督导人员有明确的分工和职责范围，不能缩小或超越自己的职权。

苏联各级教育督导机构的主要职能是监督、检查、指导和帮助。监督职能主要是对各级国民教育机构和学校执行党及政府有关教育的方针、政策和决定的情况，教育部的有关命令和指示、教学计划和教学大纲以及其他标准文件的执行情况实行国家监督。检查职能对各类学校和教育机构的教学、教育、人事、财务、物质保障等主要工作进行检查。指导、帮助主要是对被检查单位在克服工作中的缺点方面给予实际的指导和帮助。

苏联时期督导人员通常采用文件分析法、观察法、谈话法等方法，主要从学校管理、教学、教育、后勤等方面对学校的教育工作进行督导。通常还十分重视对学校物质基础状况的督导：校舍与组织教学过程的现代化要求相适应，学校家具要符合现代化卫生要求和组织教学过程的合理需要，要用教学设备、直观教具进行技术手段装备学校，创造保障学校执行卫生保健制度的条件。对学校进行督导的周期大致为：中学和八年制的学校全面检查每五年不少于一次，每次督导的期限为中学不得超过两周，八年制学校应为10天；对小学的全面检查每年不少于一次，每次期限为一周。对市、区教育局工作的检查每五年不少于一次。此外，还规定每个督导员要与一批学校挂钩，督导员要保持与学校、国民教育机关的联系。

俄罗斯联邦：苏联解体后，伴随着政治经济体制的巨变，教育体制也发生了巨大的变化。为与之相适应，教育督导的目的和任务、督导机构、督导程序、督导职能性质等也发生了显著的变化。

目前，俄罗斯联邦教育督察机构主要包括国家、地方、市（镇）三个层次。联邦教育与科学督察署是国家最高的教育督察机构，在教育与科学领域行使检查和监督职能。

俄罗斯的学校督察活动主要有许可证评估、鉴定性评估和国家认证评估，三种评估活动分别由教育管理机关组建相应的评定委员会，人员的构成不尽相同。其中教学评估委员会由7~20人组成，一般由学校（不包括申请学校）的代表、学术机构的代表、教学法部门的代表、职业的社会组织或团体的代表以及教育管理机构或主管部门的代表组成。评估委员会的领导由评估机构任命，工作程序，评估期限，评估方式、方法、标准也都由评估机构制定。

俄罗斯联邦普通教育质量管理指标体系主要分为两个层次：俄罗斯普通教育国家标准和俄罗斯教育督察指标体系。

《教育机构评定和国家认证程序条例》规定，评定委员会对学校作出否定性鉴定后，学校只能在评定程序方面向法院起诉。俄罗斯教育法规定，对评定不合格的学校责令其在限定期限内改正，否则将吊销其已有的许可证，停止其教育活动，直至关闭学校。而学校从得到国家认证评估、获得国家认证证书之时起，就有权向毕业生发放相应教育水平的、印有俄罗斯联邦徽章的、国家样式的毕业证书，还有资格列入中央拨款名册，享有国家教育拨款。学校评估和国家认证每五年进行一次。

《学校评定与国家认证条例》规定，学校评价结果不仅要向督察中心、教育行政机构、学校和家长委员会提交，而且要向社会公布。

2.日本的学校评价

日本的学校评价虽然有着较长的历史,但直到二战后日本才开始依据标准实施评价。20 世纪八九十年代后,公共教育问题日益严重,导致日本国民对学校逐渐失去信赖,外部评价制度应运而生。随着经济发展和学校教育问题的暴露,学校评价尤其是来自学校外部的评价成为政策焦点,多元化评价体制逐步被构建起来。

日本的学校评价受美国的影响比较大,文部省在 1951 年颁布了《学校评价指南(试行)》,部分都道府县据此制定了学校评价标准,这标志着日本的学校评价开始进入客观评价的新阶段。然而,这一时期的学校评价是在追求美国民主型管理的理念下发展起来的教师自评,主要是教师针对学校以及教育课程提出的自身见解,还难以转化为学校变革的动力。直至 20 世纪 90 年代中期,学校基本处于国家集权管理格局之中,学校评价的意义并未得到认识和利用。中央教育审议会在其咨询报告《关于今后地方教育行政的发展》中提出,"作为地方分权和规制缓和的一环,必须确立学校的自主性和自律性;而伴随着学校办学自主权的扩大,学校运营责任应加以明确,学校对监护人和地区居民负有说明责任,必须进行自我检查和评价并将结果公示"。2000 年,教育课程审议会也从确认"学习指导要领"落实状况的要求出发,规定学校必须进行自我检查和评价。2005 年 6 月,首相专门咨询机构"经济财政咨询会议"在《经济财政运营及构造改革的基本方针》中明确指出,今后教育改革必须注重多元化评价,从竞争和选择的视角来把握评价,在年内制定规范义务教育学校外部评价实施与公示的指导方针,各地依据地区实际推进择校制并最终覆盖全国。① 2007 年,《学校教育法》增加了关于学校积极公开信息的要求,使学校评价规定首度正式进入法律框架。该法的施行规则明确把评价等信息公开定为学校的努力义务。2008 年 1 月,《学校评价指导方针》的颁布宣告了外部评价正式建立起来。在新的教育质量保障体系中,外部评价成为衡量教师待遇和择校的主要依据,教育行政部门的角色由以往的学校保护者向新型的

① 李昱辉:《日本中小学校第三者评价述评》,《外国教育研究》,2016 年第 2 期。

学校监督者转换。

在外部评价实施之后，日本又兴起了第三者评价。2005年，中央教育审议会在《创造新时代的义务教育》咨询报告中提议建立全国性的第三者评价体系，由外部专家在学校公示的自我评价基础上开展评价，并与设置者评价、当事者评价共同构成外部评价系统。第三者评价按照其参与主体的不同，被划分为包含型、独立型和混合型。①

（1）包含型。第三者评价属于广义的外部评价，是相对于学校内部而言的"外部"，其评价主体包含学校设立者、当事人（如学生及其监护人和地区居民等）和第三方机构。第三方机构所实施的外部评价，以外部控制为主要目的，是由第三方机构对学校教育的过程和结果进行监督的评价。作为外部评价体系中的第三者评价和原有的外部评价在评价目标上是一致的，其区别主要是在评价人员和方法上的不同，实为对传统外部评价进行有益的补充和完善。可见，"包含型"是传统外部评价的加强版，充分体现出国家对外部评价过程和学校教育质量控制的重视。

（2）独立型。第三者评价独立于狭义的外部评价之外，狭义的外部评价一般是指利益相关者范围内，相对于学校内部人员而言的"外部"，其评价主体主要包括学校评议员、学生监护人和地区居民等当事者，不含上面的第三方机构。第三者评价专指由与学校无直接利益关系的外部专家所实施的评价，尤其强调评价者自身的专业性和客观中立性，从而能够提供不同于传统自我评价和外部评价的专业视角。通过厘清"外部"同"第三者"间的差异，"独立型"第三者评价有利于评价规格和地位的提升，但不会在本质上改变原有的评价目的。

（3）混合型。此种第三者评价的主要特点是外部评价与第三者评价人员的界限被打破。根据评价的具体需要，外部评价中开始引入非利益相关的"第三者"；反之亦然，各种利益相关者也被引入第三者评价中。这意味着无论是外部评价还是第三者评价均有意识地基于更为综合的立场和观点开展评

① 李昱辉：《日本中小学校第三者评价述评》，《外国教育研究》，2016年第2期。

价活动。利益相关者的参与将在一定程度上带来第三者评价的目的由管理本位向学校自主发展的本位转变。

3.芬兰的学校评价

评价在芬兰的教育管理系统中有着非常重要的作用,它在历史上的发展以20世纪90年代为分界点,前后发生了非常大的变化。经过多年的发展,芬兰已经形成了一套比较科学的质量标准和评价体系。20世纪60年代到20世纪90年代,芬兰相继颁布了诸多教育政策,教育系统也进行了许多结构性的改革。在20世纪七八十年代,芬兰主要实行的是以集中控制和决策为特点的教育督查制度,其工作是保证教育管理工作被观察和监督,并为教育的发展提供指导、意见和建议。教育目标、课程设置、教材使用、经费支出都是由中央行政部门统一进行管理和调节,甚至具体的教学过程都受到控制,例如教师要根据所教学科制订周排课计划,每门学科每周至少有多少节课,每个小时的上课内容都需要做好班级记录,还有定期的学校检查,等等。由于控制性强、灵活性低、任务繁重,督察制度一直受到市政府和教师的抵制。

这种传统的教育督察是一种带有行政性质的外部评价,评价者和被评价者之间有一种明显的从属关系,评价结果倾向于平均主义,并且评价者无意识地用一种管理层的眼光或视角去评价被评价者,评价体系有失公正,评价结果太片面。与此同时,评价者之间都有利益往来,相互的评价基本上都是正面、积极的评价结果,所以其评价结果的合理性非常有限。

芬兰的教育管理和规范体系在20世纪90年代发生了巨大变化,随着中央权力的下放和教育权力的逐渐分散,从1991年中央行政体制改革开始,办教育的责任几乎完全转移到了地方政府(主要是直辖市)。如今,地方当局和学校在芬兰的教育管理和行业发展中发挥着巨大作用,大多数学校是由市政府拥有和经营,当地教育行政部门在教育如何被组织及当地课程的设计和实施方面起着决定性作用,新的评价制度代替了传统的学校督察,成为教育体制转型的焦点和有力工具。1998年颁布的《基础教育法》规定:教育评价的功能为提高学习质量、支持教育发展,最终保证教育目的实现。直辖市和学校有责任和义务评价其运作、自我评价和外部评价提供的学习结果,以及它所产生的影响。评价的结果应当及时公布。这样做的目的是促进市政府和学校有效开展自己的工作,并为全国范围内的学习以及教育的持续发展提供数据支持。此外,评价在实现教育平等方面也有着重要的社会和政治功能。1999 年推行的教育立法加强了评价作为教育管理手段的重要性,它是在权力下放的原则上建立起来的,其中,教育提供者的自我评价和全国专家团队的外部评价形成了质量保证的基础。2009 年,政府对基础教育、普通高中教育、职业高中教育和成人教育的立法进行了修订,使教育评价的组织和职责都更加清晰明确。根据修正案,教育与文化部负责拟定外部评价和学习成果评价的评价计划,国家教育委员会负责全国范围内的学习成果的评价,教育评价委员会则作为教育与文化部下的一个独立的专家机构,负责外部评价,它的构成、责任,活动的组织,以及评价计划的内容、事项都根据法令进行规范。如今,芬兰的教育和培训机构有法定职责来评价自己的活动,并参与外部评价。在课程设置方面,地方教育行政部门和学校拥有了更多的自主权,可按照新的课程体系提供的框架,结合自身的实际情况灵活安排课程内容,除国家规定的义务教育课程的中心科目外,学校还可以提供形式多样的选修课,教学方法和教材也通常由教师自己选择。政府还鼓励学校发展自己的特色,如将教学重点放在某些学科上,形成以体育、音乐、外语、美术等为优势学科的学校。由此,教育组织逐渐发展成自我定向、自我约束的学习型组织,自我评价、自我控制成为教育评价的主要方式,①与外部评价一起构成了国家、区域、地方三位一体的义务教育质量评价体系。

小结:从各国外部评价发展的进程可以看出,外部评价都是由政府的立法作为支撑的;外部评价在主体上也逐渐从政府主导发展到政府、社会机构或第三方机构共存;评价的目的从监督走向帮助学校改进;评价的结果由不公开到向社会公开;外部评价成为教育质量保障体系的重要组成部分。

---

① 朱恬恬:《芬兰基础教育评估实践及其对我国的启示》,《外国教育研究》,2009 年第 11 期。

二、西方学校外部评价的基本模式

以色列教育评价专家内伏认为，教育评价模式的构成涉及十个方面的问题，即评价如何定义、评价的功能是什么、评价的对象是什么、对于每个对象应收集哪些方面的信息、应该用什么准则来评判一个评价对象的价值和优点、评价应该为谁服务、评价的过程是什么、在评价中应用什么技术方法、谁来进行评价以及用什么标准对评价进行元评价。①

事实上，评价模式受评价观影响，通过不同的评价模式可以看出其哲学基础不同，反映出客观与主观的知识论立场；而方法论背景的差异，则反映出量化与质化的评价方式。

任何学校评价模式都必须设定目的理念、运行机制和标准体系这三个必不可少的基本要素，否则就难以构成相互作用、相互联系、动态运行并自成体系的学校评价模式。学校评价模式在国外的发展与教育评价的理论是相伴相生的，现在较多地将教育评价理论划分为四个时期，即测量时代、描述时代、判断时代和建构时代。在不同教育理论的影响下，所形成的教育评价模式亦不相同，例如行为目标模式（也有称为目标本位模式）、决策导向评价模式、应答模式和共同建构模式等。

由于学校评价的客体是学校，学校评价模式目前有学校效能模式、学校认可模式、学校发展性评价模式、学校整体评价模式等。例如英国、南非等国的中小学评价以学校效能为出发点，爱尔兰共和国以学校规划及教学品质为主要内容，美国有许多州的中小学以绩效责任为评价学校的核心，澳大利亚以学校本位管理作为教育行政机关评价学校的重点，而各省则分别从绩效责任、学校效能、品质保证等方面进行学校评价。

---

① 蔡晓良，庄穆：《国外教育评价模式演进及启示》，《高等发展与评估》，2013 年第 2 期。

以下就学校效能模式、学校整体评价模式、学校认可模式在不同国家的实施情况做具体阐述。

（一）英国的学校效能评价模式

学校效能研究起源于1966年美国学者柯尔曼（J.Koerman）就“教育机会均等”所做的调查报告。之后由美国向欧洲、亚洲、澳大利亚等地区发展，学校效能评价模式经历了从“输入—输出”“输入—过程—输出”到“输入—过程—输出—改进”再到“背景—输入—过程—输出—改进”四种评价模式，评价过程和指标体系日趋复杂。比较有代表性的是卡坦斯评价模式、应答评价模式和CIPP评价模式。为方便读者了解这三种模式，现将此三种模式的基本理念和构成要素做简要介绍。

1.卡坦斯评价模式

英国学者彼得·卡坦斯（Peter Cottance）于1992年提出的学校层面输入校正模式（School-level Intake-Adjusted Models）和学生层面输入校正模式（Pupil-level Intake-Adjusted Models）的学校效能评价模式。[①] 卡坦斯评价模式的前提是假设是学生的学业成绩受学生家庭的社会经济地位影响，某一学校的效能即为这个学校学生家庭的社会经济地位和学生入学成绩进行校正后所得到的成绩与平均预测成绩比较后的差异。卡坦斯的学校层面输入校正模式认为学校高效能的表现是以该校全体学生的平均社会经济地位所预测的学生平均成绩显著高于同地区具有相同社会经济地位的学生的平均成绩。

卡坦斯评价模式所测量出的学校效能是在控制了学生起点成绩和家庭因素影响后学校净影响的差异比较。学校效能测量的操作定义设定为控制学生起点成绩和家庭因素影响后学生学业成绩的净增长，这使得对学校效能的测量更加明确和更有操作性。

卡坦斯评价模式提出的“质量”与“均衡”这两个指标完善了学校效能的

---

① 赵树贤：《卡坦斯学校效能评价模式及其拓展研究》，《中国教育学刊》，2007年第6期。

评价维度,促使学校在追求学生学业成绩高水平增长的同时,也注意到不同起点和家庭背景的学生的均衡发展,有利于促进教育公平。卡坦斯评价模式对学校效能的测评更符合科尔曼研究的初衷,更公平、准确,有利于激发教师和学生双方的积极性。卡坦斯评价模式可以利用多层线性模型技术对已有的指标体系进行区域评价,以此来区分在某一特定区域内哪些学校要素对促进学校总体学生学业成绩提高有贡献,哪些学校要素对促进学校内部不同背景学生的学业成绩均衡起作用。

卡坦斯评价模式也存在一些不足。其一,将学生的家庭社会经济地位作为测量学校效能的基础变量,存在以下问题:(1)背景变量难以准确测量,造成学校对学生学业成绩影响测量的准确度降低。(2)难以改变和补偿,使学校的改进研究不能深入家庭内部寻求改进合作,使研究意义降低。(3)经过借鉴社会学和心理学研究结论发现,平均社会经济地位并非是影响学生学业成绩的直接影响因素。有研究发现,有相同经济条件的家长不一定会在子女的教育上做相同的投入,从而导致子女学业和子女成就有所差异。① 其二,卡坦斯评价模式是一个静态模型,其测量结果表现为校际间学生学业成绩与家庭社会经济背景之间关系的差异,没有进一步处理就难以表现出学生个体变量、班级变量和学校变量对学生学业成绩的个别影响。因此,在研究层级上,卡坦斯评价模型还有待扩展。

2.应答评价模式

斯塔克(Stake)是应答评价的创始者。斯塔克的应答评价模式上承行为目标模式、CIPP 模式,下启共同建构模式。该模式主张评价要与教育活动有关的各种人员进行接触,如学生、教师、家长和决策者等,了解他们的需要和要求,从中发现并选择出他们所关注的有价值的问题,然后将其与实际活动相比较,对教育方案作出修改,对大多数人的愿望作出回应,以满足各种人员的需求。该模式强调以关心教育方案的人所关注的现实的和潜在的问题为出发

---

① 赵树贤:《卡坦斯学校效能评价模式及其拓展研究》,《中国教育学刊》,2007 年第 6 期。

点，不主张以预定的目标或假设为出发点。在选择人们所关注的有价值的问题时，强调价值观的多元性和发散性。在选择评价方法时，强调质性评价方法，轻视量化评价方法。斯塔克用评价时钟图来表示应答评价模式的具体操作结构，这一"评价时钟"显示了评价问题、评价工具、评价结果和平等协商等十二个评价环节（见图 3-1）。① 但是应答评价模式的操作程序存在太多的不确定性，会使人无所适从，而且适用范围会受到限制，"当了解目标是否达到，承诺是否履行，假设是否证实成为主要任务时，预定式评价比应答式评价更为合适"。应答评价模式强调在自然环境中的观察、访谈和描述等质性研究方法，忽视调查、统计等量化方法，所以其评价缺乏深度，难以发现教育价值运动的本质和规律。

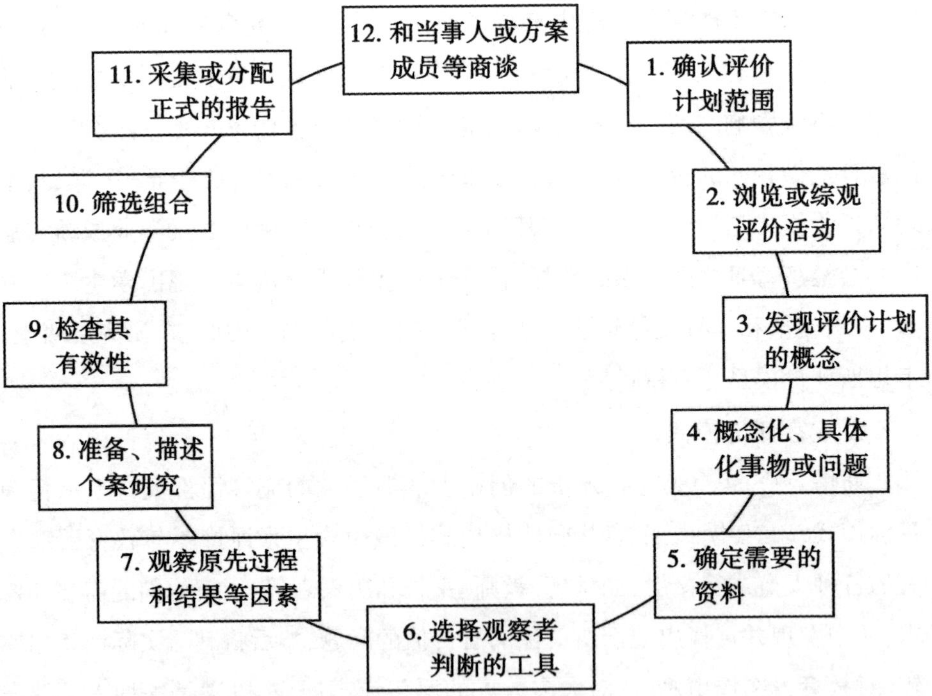

图 3-1　应答评价的主要事件

① 曾淑惠：《教育评鉴模式》，心理出版社，2008 年。

3.CIPP 评价模式

CIPP 模式自原创者斯塔弗尔比姆提出后,在使用的过程中不断地完善,在 2003 年他又对 CIPP 模式进行了修订。依据其发展的不同时期,台湾学者曾淑惠将其划分为五个时期。

(1)CIPP 评价模式的草创期。这一时期提出了评价包含两部分,一是用以引导方案执行的“历程评价”,二是作为裁决决策参考的“成果评价”。

(2)CIPP 评价模式的完整概念期。斯塔弗尔比姆在一次师生讨论会上对该模式进行了完整的论述,形成了包括背景评价、投入评价、历程评价、结果评价的模式,为方便记忆,简称 CIPP 评价模式。

(3)全国评价委员会对 CIPP 评价模式的扩展。1969 年,美国成立全国评价委员会,该委员会提出了四种决策类型和与其相对应的评价类型的关系,包括:①在计划性决策时,以背景评价协助确定目标。②在结构性决策时,以投入评价协助确定计划的设计。③在实施性决策时,以历程评价控制计划的运作。④在裁决性决策时,以成果评价判断并反映计划的成果。此时期的 CIPP 评价模式将四类评价置于系统改进导向的框架中。

(4)CIPP 评价模式的系统改进策略观点。1985 年,斯塔弗尔比姆和辛克菲尔德(Shinkfield)在《系统化的评价》中对评价定义为,是一种划定、获得、提供描述性与判断性咨讯,以便指导决策、符合绩效责任、增进对研究对象了解的过程。据此定义,提出了 CIPP 评价有效系统改良的流程图(见图 3-2)。①

(5)CIPP 评价模式在新世纪的革新观点。第五个时期的 CIPP 评价模式在 2002 年提出,凸显了成果评价的后续使用,以帮助确定方案的长期成效。该模式主要包括十大要素:①“契约同意”指 CIPP 评价必须在明确地取得当事人事先同意的前提下进行,同时契约在评价的整体过程中也必须视需要而更新。②“背景评价”指评价一个已定义情境中的需求、资产与问题。③“投入评价”指依据已选定的方向,进行评价的整体策略、工作计划及预算的评估。④“历程评价”指监督、文件化及评估方案的活动。⑤“影响评价”指评估

---

① 曾淑惠:《教育评鉴模式》,心理出版社,2008 年。

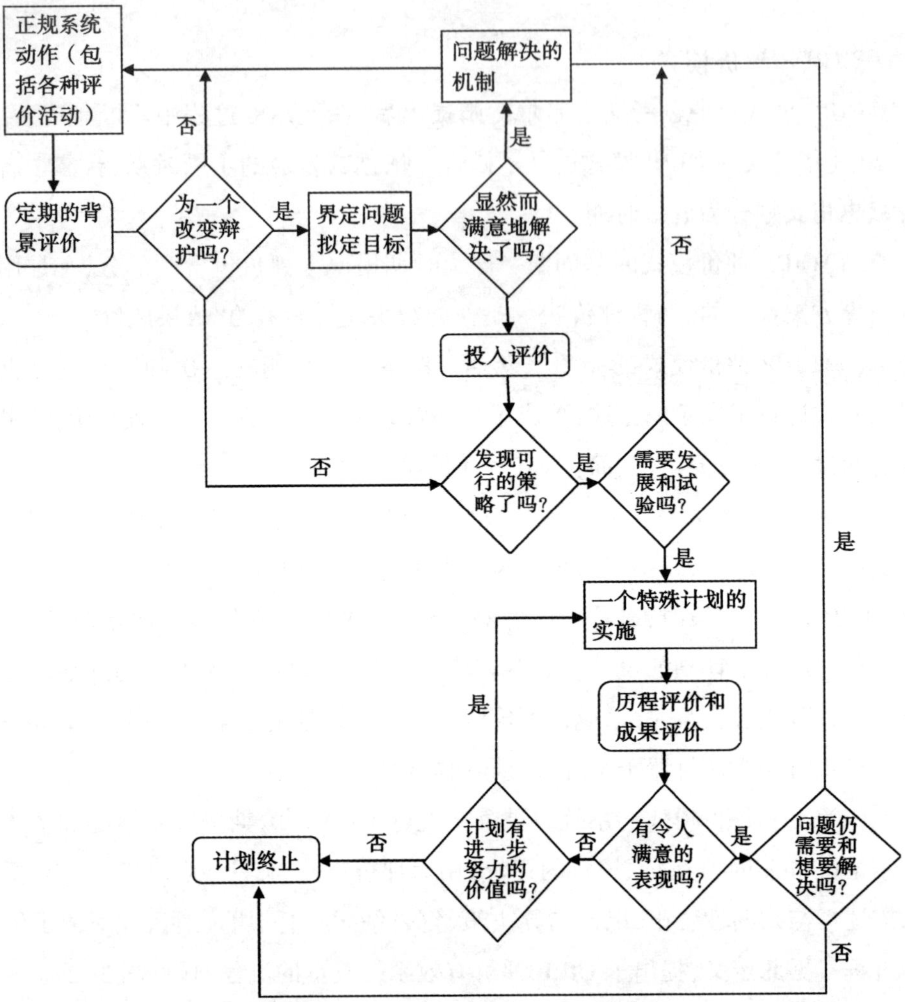

图 3-2 CIPP 评价模式扮演有效系统改良角色的流程

对方案预定服务对象的影响。⑥“效能评价”指评估成果的品质与重要性。⑦“稳定度评价”指评估方案能成功并持续维持制度的贡献程度。⑧“可转移”指评估方案具有可接受度并应用于其他领域的程度。⑨“后设评价”指评估方案与文明的评价标准之间的一致程度。⑩“评价报告”旨在将所有的评价发现综合在一起，并通知所有外部人员有关评价尝试了什么、完成了什么、做到了什么、学到了什么，以及对方案底限评估的信息。①

① 曾淑惠：《教育评鉴模式》，心理出版社，2008 年。

CIPP 评价模式发展至今,已是一个用来管理及报告评价的广泛性架构,在教育评价领域内,教育行政主管、方案及计划参与成员、学区督学、学校行政主管、教师及评价专家等人员可以参与评价,在组织内部评价与自我评价,以及合约式的外部评价中使用。

学校效能评价除了在评价模式上可以划分为三个模式,在研究派别上,目前也形成了三大研究派别,一是有效学校研究(Effective Schools Research),聚焦于成功的学校教育过程,研究目标从特殊学校(特别好或者特别差)发展到普通学校。二是学校改进研究(School Improvement Research),关注学校在改进中所涉及的某些方面和过程。三是学校工作效果研究(School Effects Research),探讨学校对学生的学习结果(通常是学业成就)的影响能力,从一开始的输入—输出研究发展到现在使用多水平模型进行研究。

这里仅以第三个派别为例,对增值性评价做详细阐述。增值测量法评价学校效能属于对学校工作效果的研究。增值测量法对学校效能的定义是:学校使学生实际的学习进步大于根据起点做预测获得的学习进步的能力。对增值的定义是:某一所学校的学生在一段时间内,与同一抽样中其他学校的起点相似的学生相比,所取得的某方面或各方面的相对进步。增值测量法是通过测量学校或学生的增值幅度来评价学校效能的一种方法。其特点是:第一,基于每个学生的进步计算学校的增值。第二,通过与起点相似的学生的比较计算学生个体的增值。第三,在学校增值计算过程中要考虑学校间的差异,考虑非学校能够控制的因素的影响。第四,起点不同的学校以同一标准——学校增值进行效能比较。第五,可以连续进行年度比较。

增值测量法是应改进政府大规模评价学校效能的社会需要而产生的。现在很难考证谁最先提出了增值概念,但是在 20 世纪 80 年代中期以前,学校效能评价中增值法的应用一直受到统计技术发展水平的限制,未能广泛使用。20 世纪 80 年代末,英国和美国同时发明了多水平模型技术,为增值法提供了精确、可信的分析方法。由于英国社会存在很强的现实需求,所以多水平模型技术和增值法在英国学校效能研究领域得到了充分的运用。20 世纪 80 年代,英国政府使用学生升学考试的原始分数来评价学校教育的质量,引起了广泛的批评和争论。随后，基于对依据学生升学考试的原始分数评价学校教育质量的弊端的认识，英国在1992年提出了“学校增值性评价”理念，并于2002年在英格兰和威尔士推行了这种评价模式。其间，英国还在其他地区进行了试点推广，最终于2006年在全国范围内推行了学校增值性评价模式。

（二）美国中小学的学校整体评价模式

依据桑德斯等学者的看法，在美国有四种学校评价模式，之后许多的评价模式都由此四种模式为基础发展而来，此四种学校评价模式阐述如下①：

1.学校认可制度

此种模式是由学校全体教职员依据评价标准进行自我评价，然后外部评价人员到校实地考察、检验，形成学校是否被认可的决定。认可协会提供给学校评价的标准，使得受评学校能够有效率地做系统化评价，同时也激励学校依据实际情况作出改进。这种认可取向的学校评价所提供的评价标准，一般包括学校与社区关系、学校实务运作与目标、课程、辅导与服务、教学媒体、学校设备、校务与行政人员等。

2.州政府委托进行的学校评价

此种模式创始于1960年，是为了满足大众了解学校可信赖程度的需求，以评价指标判断学校品质的一种评价模式。其中，评价指标的内容有简单与复杂的差异，有些州仅采取考试的平均成绩作为评价指标，有些州则发展了增值型的评价指标。但是指标的使用应相当谨慎，因为评价学生发展的相关指标，并不能完全代表学校整体工作运行的情况，且学校个性化、差异化明显，在评价的过程中还要兼顾学校的特点。

3.学校或学区评价系统

1970年起，许多学区依其对评价角色的定位，自行发展出多样化的评价方式，其中一种是鼓励教育人员采用行动研究模式，通过研究学校实践，在发现问题后启动学校内部变革。有许多学区使用评价指标来评价学校的模式或

① 曾淑惠：《教育评价模式》，心理出版社，2008年。

以学校的办学成效为主的模式用于学校评价，有些是综合运用多种方式来评价学生高层次的学习，也有些使用了州的调研报告与认证制度。

4.由地区、州、区域团体发起的学校评价

开始于1970年，由地方相关人士、民间团体或组织出版了有助于指引学校的评价文件。由外部团体或个别学会所发起的学校评价，其动机有很多，一般称之为“ADHOC 学校评价”。

在经过长时间的资料采集与分析后，桑德斯等学者提出了一套学校评价模式（见图3-4），[①]在此模式中有11项评价程序。

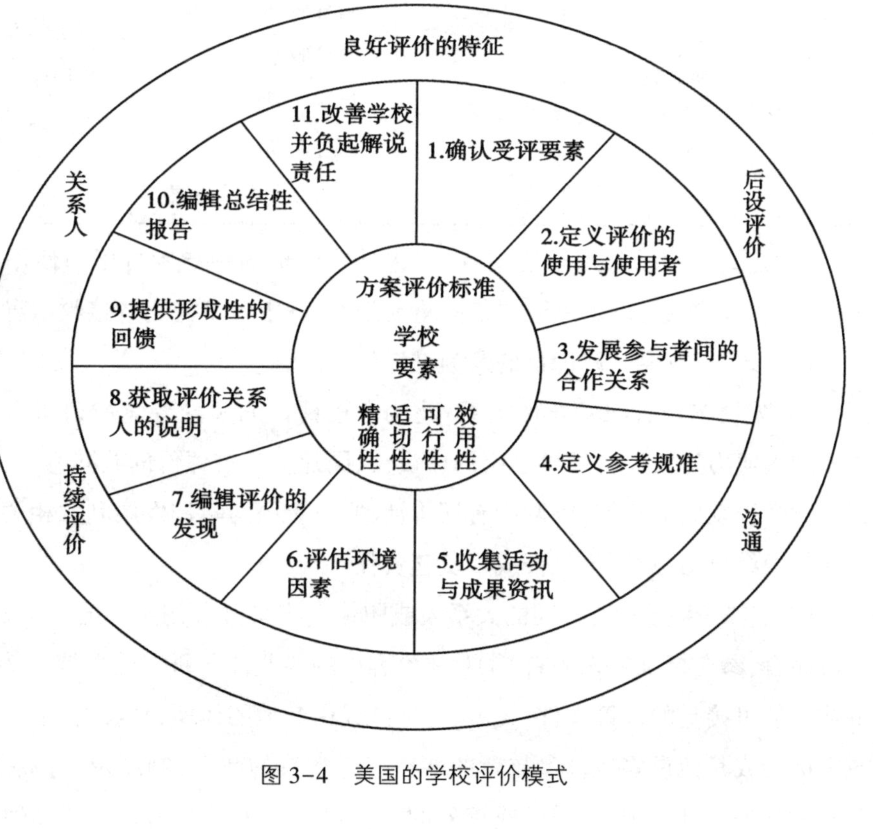

图3-4　美国的学校评价模式

---

① 曾淑惠：《教育评鉴模式》，心理出版社，2008年。

(1)确认受评要素:研究人员归纳出学校中受评要素的清单(表3-1)。

表3-1 学校评价受评要素清单

范畴	学校背景与投入	学校设计	学校服务	学生成果
项目	◇学校气氛 ◇人员资格 ◇家长参与 ◇学校安全 ◇学校政策	◇学校组织 ◇学校设施 ◇学校课程	◇教学 ◇学校咨商方案 ◇学校记录保存实务 ◇学生评估 ◇学校财务 ◇膳食服务 ◇监护服务 ◇运输交通服务 ◇课外活动 ◇学校专业发展方案	◇认知发展 ◇社会发展 ◇情感发展 ◇体格发展 ◇美学发展 ◇职业发展 ◇道德发展

(2)定义评价的使用与使用者:建构学校评价的领导者可以与使用评价的个人或群体沟通,确定需要评价的重要问题,确定评价使用者接收信息资讯的最佳方式,完成界定评价目的及为谁评价的问题。

(3)发展参与者间的合作关系:建构学校评价的领导者应邀请所有想要参与的人成为学校评价领导小组的成员,共同建立学校评价的共同愿景,了解评价对学校发展的价值,协调所有评价活动,负责向与学校发展利益相关者报告评价的结果,并对评价是否成功负起责任。

(4)定义参考规准:不同的关系人或团体会定义并应用不同的参考标准。一般而言,参考标准的来源有:①对评价客体的专业性与研究性文献。②规范的或一般可接受的政策文件。③认可标准或由其他团体所设定的标准。④学校委员会或其他重要教育参与者的期望。⑤学校的政策、制度及规范。⑥所公布的任务、目标、观念、需求或校外的监督机构所关切的内容。⑦其他可参考的观点,同时以公开参与的态度,明确定义的参考标准。

(5)收集活动与成果资讯:依据参考标准的陈述,确认需要判断的信息及收集信息的方式(观察、访谈、测验、调查、查阅文件、编辑记录),以采集所需的量化或质化信息。

（6）评估环境因素：环境的影响通常与评价要素本身一样重要，有助于了解形成成果的原因，因此最好通过小组团体讨论，评估学校评价要素的适切性。

（7）编辑评价的发现：将每个参考标准下的背景、活动及成果的信息分门别类地归档，在梳理评价结论时，可从归档的资料夹中将资料做摘要性的选取佐证观点。

（8）获取评价关系人的说明：以小组团体会议的方式，让参与评价的每个人对评价结果提出自己的解释和说明，充分表达个人的观点，如果意见有分歧，就需要进一步讨论，以达成一致的观点和结论。

（9）提供形成性的回馈：在形成学校评价结果后，需要以书面或口头反馈的方式将评价结果告知学校，学校依据评价结果制定有效的改进举措。一般反馈的方式包括非正式谈话、开会、摘记、简报等方式。

（10）编辑总结性报告：评价小组要对正式报告的准确性、伦理性及实用性负责，通常需要在公众面前公示评价程序与报告，并公开发表；而评价程序的公示即所谓的“后设评价”。

（11）改善学校并负起解说责任：如果评价的结果没有被学校利用，那么说明评价没有达到预期的目标，评价的信息不能被有效利用，这也是一种资源浪费。因此，评价人员通常会组织追踪会议，向受评对象解释评价的意义及如何应用评价结果。

桑德斯及戴维森（Davidson）同时也在西密歇根州立大学评价中心进行检核表的建构计划，对学校评价中可供使用的检核表及评估工具做了详尽的规划，在每个受评要素中，进一步以列表的方式解释其下属问题、回答问题的方法，以及可用资源，提供给学校评价时使用的有效工具。所研制的检核表主要内涵与学校受评的要素相同。以评价学校气氛为例，检核的呈现格式与内容如表 3-2 所示。①

---

① 曾淑惠：《教育评鉴模式》，心理出版社，2008 年。

表 3-2　学校气氛评价检核表

问题	如何回答问题	资源
1.师生关系 ＊教师喜欢他们的学生吗？ ＊教师帮助学生友善且仁慈地互相对待彼此吗？ ＊学生会被个别对待吗？ ＊教师与学生在走廊上会打招呼吗？ ＊学生在个人或学术问题上会去问老师吗？ ＊教师给予学生应得的分数吗？	教师、学生、校长、家长意见调查	＊凯利(Kelley)等人的学校气氛调查表 ＊韦森(Wayson)的学校气氛背景量表 ＊戈特弗雷德森(Gottfredson)及卡斯特纳达(Castenada)的学校气氛评估工具
2.安全与维护	学生、教职员、家长意见调查	
3.行政管理	教师、家长意见调查	
4.学生学术导向	学生、教师、家长意见调查	
5.学生行为价值	学生、校长意见调查	
6.辅导	教职员、学生意见调查	
7.学生—同伴关系	学生意见调查	
8.家长及社区—学校关系	家长、社区成员、行政主管意见调查	
9.教学管理	学生、教师、家长意见调查	
10.学生活动	家长及学生意见调查	

（三）学校认可模式

美国的认可制度，最初目的在于淘汰不符合最低标准的学校，但随着时代的发展，以及受到教育评价理论方法的影响，认可标准有逐渐转变的趋势。例如由“量的标准”转为“质的标准”，认可重点由强调“统一”转为“鼓励特色”，评价方式由“外部人员评价”转为“内部人员评价”，实施目的由“认可”学校转为“协助”学校实施自我改进。

比较有代表性的有美国的蓝带学校。美国蓝带学校计划最早是由当时的教育部部长威廉·贝内特(William Bennett)提出的,自1982年设立后,它已经发展成为一个全国性的学校进步计划。该计划的设立主要有三个目的:首先,鉴定并认可全国范围内达到较高学术标准或者取得了显著学业进步,得到普遍公认的优秀公立及私立学校。其次,使以研究为基础的考责(accountability)标准适用于所有学校,引导学校对自身进行评估并制订改进计划。最后,鼓励学校内部和学校之间相互学习、交流经验,基于对教育成功标准的共同认识来分享关于最佳实践的信息。①

美国蓝带学校计划也是联邦政府加强政府对教育干预力度的一项行政措施。按照规划执行的步骤,联邦教育部代表联邦政府首先公布年度蓝带学校规划的评选标准和内容要求等信息。然后每个州执行自己选拔达到国家标准的公立学校进行提名的规划。州首席公立学校长官将其提名名单上报美国教育部。提名学校的数目是依据州人口制定的。美国私立教育委员会负责私立学校的提名工作,印第安事务局和国防部提名他们管理的学校。接着联邦教育部成立国家评价工作组(National Review Pannel)负责审查各州推荐名单中涉及的学校,为了确保蓝带学校资格和所递交资料的可信度,多数学校都需要接受参观和访问。最后,小组经过慎重讨论后,将符合蓝带学校各项标准的学校名录推荐给教育部,再由教育部宣布获选学校。可见,整个计划的制定、审核、评选、宣布都牢牢地掌握在联邦教育部的手中,同时又发挥了各州一级教育管理部门的作用,使蓝带学校计划成为自上而下都积极参与的一项国家行动。每一年都有30多个州和地区的200所左右的学校得到认可,并最终获得"蓝带学校"的称号。

"蓝带学校"评价标准:

认可标准制定主要是将学生的学业成就,特别是在州和国家组织的考试中的成绩,或是改善学生学习成绩分化状况作为依据。与原计划中的八大标准不同,新计划对学校的德育、美育、体育等其他工作不再做任何具体要求。

---

① 李雨锦:《美国蓝带学校规划研究》,河北大学硕士学位论文,2007年。

新计划认可并把那些达到两个评估标准之一的公立及私立小学和中学作为榜样。这两个标准是:首先,被认可学校至少有40%的学生来自处境不利的家庭中,而且在参照各州或参考国家评价标准进行的最高年级的阅读和数学测试中,学生的成绩取得了显著进步。其次,被认可的学校,不管学校的人口构成状况如何,应在州进行的阅读和数学测试中居于前10%的位置,或者参考州标准进行的评估显示在最高等级的特定年级的测试中其分数处于前10%。①

这两个标准中所指的参照各州或国家评价标准进行的测试主要包括:SAT(Scholastic Aptitude Test)学习能力测验、MAT(Miller Analo gied test)米勒类推测验、CTP(California Test of Personality)加利福尼亚个性测验、PSAT(Preliminary Scholastic Aptitude Testing)初等教育智能测验亦称学术才能初步测验、ACT(American CollegeTesting)美国大专院校测验、ITBS/ITED(FormsA,B)(ITBS为爱荷华州基本技能测试、ITED为爱荷华州教育发展测试)、ITBS/TAP(FormsK,L,M)(TAP为成就和熟练程度测试)、Terra Nova Test(All Forms)全国性能力考试,只有这些考试达到最低分数(cutoff scores)线时才是有效的。具体实施见表3-3。

表3-3 蓝带学校操作流程及具体操作

时间	具体操作
当年9月	教育部部长向州首席公立学校长官和私立教育委员会发去邀请信,要求呈报被提名学校的信息
当年11月	州首席公立学校长官向教育部反馈信息,教育部遂向其推荐的学校寄发申请的邀请信
次年2月	学校将已完成的申请材料寄回教育部
次年9月	教育部部长公布年度蓝带学校获奖者名单
次年秋季	蓝带学校的校长和教师代表受邀参加在华盛顿特区举行的庆祝仪式,会上将向获奖学校颁发代表学校地位的牌匾和蓝带旗

各个学校的申请资料寄回联邦教育部后,为了保证申请的公正性和有效

① 李雨锦:《美国蓝带学校规划研究》,河北大学硕士学位论文,2007年。

性,联邦教育部会组织成立国家评价工作组审查推荐名单中涉及的学校。该小组要在名单中进一步选出最有希望得到认可的学校,以便进行推荐并实地考察。工作组由约100名出色的教育工作者组成,他们来自小学、中学及更高级别水平的公立及私立学校。工作组的主要职责是对被推荐的学校进行实地考察。"蓝带学校规划"采用的是一种"专家意见定向评估方法"(expertise-oriented evaluation approach),这种方法主要依靠教育专家来评判教育机构、规划和教学活动。实地考察人员利用特殊的评估表,并结合观察、文献分析、访谈等方法搜集有关学校领导、教学环境、课程与指导、学生环境、家长和社区的支持、成功的指标和组织的活动等方面的信息。然后根据在规划指导方针中所描述的认可标准评价学校的申报材料,并将评价结果分为三类,分别是正确的、过于保守的和夸张的。① 进行考察参观的目的在于确认学校是否符合蓝带学校资格以及所递交资料的可信度和准确性,同时收集工作组需要的其他信息。实地考察人员的责任是检查申报材料中所提到的规划或活动是否真正地在这所学校实施了,实际上,实地考察就是对学校申报材料的定性评估。

评估的具体实施由联邦教育部组织、委派的全国评价工作组执行,主要由之前经过蓝带学校计划认可的学校的校长和其他教育者、专家组成,他们用两天时间参观、视察学校,然后提交书面的实地考察报告。每位考察人员完成考察后,都要向国家评价工作组提交一份考察报告,然后国家评价工作组会再次对接受实地考察的学校进行综合评议,经过慎重考虑后,最终提交一份被认可学校名单,并由联邦教育部部长给予认可。

被联邦教育部最终认可的学校名单直到九月或十月份才公布于众,那些经过了层层筛选、严格考核的学校被挑选出来成为年度蓝带学校的获得者。每个获奖学校的校长和教师代表各两人将应邀到华盛顿特区参加认可典礼。此次盛会是由联邦教育部主办,其间获奖学校的代表们要参加各类研讨会交流经验、讨论问题,而在最激动人心的颁奖仪式上也会由联邦教育部部长甚至是美国总统出席并发言。美国的蓝带学校是优质学校的代名词,凡是符合国

① 李雨锦:《美国蓝带学校规划研究》,河北大学硕士学位论文,2007年。

家所规定的优质学校标准的学校均可被授予此项称号。因此，美国蓝带学校从广义上说包含了各门各类的学校类型。

蓝带学校评估的基本模式采用了教育目标评价模式。所谓教育目标评价，也就是将“教育目标”作为教育评价标准。这种方法是教育评价文献中最常见的决定标准的方法。该方法源于早期西方教育评价的研究和实践，是被称为“教育评价之父”的美国学者泰勒所倡导的教育评价思想，即所谓的教育评价的“泰勒模式”，被一些教育评价研究人员直接描述为“行为目标模式”。泰勒的评估模型包括以下几个步骤：第一，建立广泛的目标。第二，对这些目标进行分类。第三，界定行为方面的目标。第四，找到能展示这些目标的环境。第五，发展或选择测量技术。第六，收集成就方面的数据。第七，将所获得的成就数据与所设定的行为目标进行比较。① 这一模式的基本特征，就是以预先确定的教育目标为标准对教育活动作出评价，即实际教育教学活动的价值按其实现目标的程度加以判断。以教育目标为标准的教育评价实践，强调的是教育活动对教育目标的达成度，注重的是实际结果与目标的“一致”或“符合”。②

三、我国学校外部评价的发展

（一）我国学校外部评价的发展历程

从1978年至今，我国学校外部评价经历了学习—全面开展—制度化、规范化—形成体系等几个阶段。

1978年，主要是介绍和学习国外与我国港澳台地区的教育评价研究成

① 李雨锦：《美国蓝带学校规划研究》，河北大学硕士学位论文，2007年。

② 陈平辉：《现代教育评价方法的研究》，《东华理工学院学报》（社会科学版），2004年第3期。

果,如加拿大梅森的《教育与评价》、台湾李聪明的《教育评价的理论与方法》等。

1985 年 5 月,《中共中央关于教育体制改革的决定》颁布,标志着我国学校评价研究和实践进入了全面开展阶段。1986 年,国家教育督导团办公室正式成立。随后,各级政府也都相应成立了负责教育督导评价工作的专门机构。1991 年 4 月 26 日,国家教育委员会发布第 15 号令,正式颁布《教育督导暂行规定》。该规定对教育督导工作的性质、任务、范围、机构、法则等作出了明确规定。这是中华人民共和国成立以来第一个关于中小学及幼儿教育督导工作的行政法规性文件。同年 5 月,国家教育委员会又印发了《普通中小学校督导评估工作指导纲要》(教督[1991]1 号)和《关于实施普通中小学校督导评估工作指导纲要试点的意见》,自此,我国基础教育的督导评估工作步入制度化、规范化的轨道。

1993 年 2 月,中共中央、国务院颁布《中国基础教育改革和发展纲要》,明确提出"各地教育部门要把检查评估学校教育质量作为一项经常性的任务"。1995 年 9 月,国家教育委员会发布《关于评估验收 1000 所左右示范性普通高级中学的通知》,从而展开了全国性学校评价行动。1997 年 2 月 27 日,国家教育委员会对 1991 年颁布的《普通中小学校督导评估工作指导纲要》进行修订,并颁布了《普通中小学校督导评估工作指导纲要(修订稿)》,这是在整个基础教育领域实施素质教育背景下出台的一个颇具新意的指导纲要。该纲要开篇即明确指出,制定该纲要的目的就是"构建以实施素质教育为目标,全面科学地评估学校办学水平的机制"。2002 年,教育部又发布《关于积极推进中小学评价与考试制度改革的通知》,进一步指出"要建立符合素质教育要求的中小学校评价体系"。经过近三十多年的实践探索,我国中小学学校评价体系初步形成,归纳起来具有以下特点:

1.引导学校规范办学,让学校知道"怎么办"

我国学校评价体系的建立主要是基于对过去的反思,将学校从混乱的秩序中解放出来,用规制引导学校的办学行为,使学校步入良性的运行轨道。

2.鉴定学校达标程度,让学校知道“办得怎么样”

学校评价按照评价的功能来分可分为过程性评价和总结性评价。过程性评价是一种动态的评价形式,在学校各项教育教学活动中进行评价,主要依据评价对象自身的发展变化来判断其现状,是一种强调个性化的评价方式,主要实现评价的指导和促进功能;总结性评价是一种静态的评价形式,是对学校在某一时限内达到的状态水平的评价,主要依据统一的客观标准对学校进行测定和作出价值判断,是一种强调统一标准和规范化的评价方式,主要实现评价的等级划分和达标验收的功能。从实践看,这两种评价方式都是必需的。我国现行的中小学学校评价多属于以等级划分和达标验收为主要功能的鉴定性评价。它对保证学校办学的基本水平、规范学校的办学行为具有非常重要的作用,通过评价,学校可以知道自己做得怎么样,未来在哪些方面还可以做得更好。但是,随着我国教育事业的发展,这种整齐划一的评价方式越来越不能适应当前学校发展的要求,过程性评价、多元的评价标准渐渐成为学校关注的焦点。

3.自上而下开展评价,学校处于被动评价状态

长期以来,我国中小学学校评价主要由教育行政部门和政府教育督导组织实施,从方案制订、指标筛选、过程实施到结果评判都由主管部门操控,学校始终处于被动地位,缺少要评价的主动性和积极性。虽然在评价过程中增加了学校自评的部分,但学校自评也主要是依据评价指标准备相关材料应付上级检查,以获得一个好的外评结果的一个佐证而已。再加上评价结果与学校具有利害关系,所以,学校评价也就成了学校最佳状态的展示而非学校常态的呈现,同时也给学校带来压力,使得评价的效果大打折扣。

(二)外部评价的主体

目前我国的学校评价主体还主要是外部人员,这与以督导评价为主导有关。督导评价的主体一般是由专职督学和兼职督学组成,还有本地区的行政管理人员、教育研究人员、资深中小学校长或教师也可作为评价的主体。同时还有一些专业评估机构的人员,如各地的评估院、评价中心等;行业协会,如学会组织;社会组织,如高校排名的社会机构的评价;认证机构,如 ISO9001 管理质量体系认证等。

2013 年以前,作为第三方进行的学校外部评价主体包括行业协会和专业评价机构,且教育行业协会和评估研究机构数量十分有限,开展的学校评价也主要是受政府委托,如江苏评估院受政府委托开展的江苏省普通高中星级评估,也是一种等级鉴定性评价,关注评价的结果。

十八届三中全会提出“深入推进管办评分离,扩大省级政府教育统筹权和学校办学自主权,完善学校内部治理结构。强化国家教育督导,委托社会组织开展教育评估监测”。这为开展第三方评价提供了政策保障和依据,在此后第三方评估的研究逐渐兴起,主要就谁来作为第三方、第三方评价的方式、第三方评价结果的应用等方面开展了广泛研究。

(三)外部评价的类型

我国的外部评价主要以政府主导的督导评价为主,同时还有少量的社会组织的认证性评价、评价机构开展的促进学校改进的发展性评价,还有一些学校效能评价的实践探索,如增值评价。我国的增值评价研究始于 20 世纪 90 年代,是受西方发达国家(尤其是美、英)影响的结果。迄今为止,该问题的研究无论在理论还是实践方面都不成熟,相关研究成果也不多见。1996—2005 年,中央教育科学研究所先后与英国伦敦大学教育学院和布里斯托大学教育学院合作,尝试运用增值评价工具对我国城市和农村学校办学效益进行评估。十年间,虽然有所进展,但总体来说研究依然处于实验阶段,增值评价的结果尚未成熟到可以应用到学校管理的层次。这一项目的状况基本代表了当前我国中小学增值评价的现实处境:尽管教育行政管理者和研究人员都认识到增值评价从统计学上讲是可靠的,将其引入我国的教育实践也十分必要,但在中国中小学的质量管理过程中践行增值评价理念尚面临多重困难。

四、学校外部评价的形式及其演变

学校外部评价产生时所承载的主要功能是看学校办得怎么样、是否实现了其育人的目标，而在办得如何的影响因素中很重要的一点就是政府的责任是否履行，因此在评价学校的过程中也同时评价政府的履职情况，也就是政府的投入；在关注学校办学结果的过程中又逐步关注学校的办学过程，着眼于促进学校改进的发展性评价。由此，完成了“投入—过程—产出”的评价模型，但是在实际评价学校的过程中还是比较多地进行分门别类的评价，比如评价学校的办学条件是否达标、学校的办学过程是否科学规范、学生的学业水平如何，还有对学校教育质量的评价。关于教育质量的评价标准目前也是多样的，比如2013年教育部颁布的《教育部关于推进中小学教育质量综合评价改革的意见》中把学生的品德发展水平、学业发展水平、身心发展水平、兴趣特长养成、学业负担状况等方面作为评价学校教育质量的主要内容，目前各地还在探索实践之中。

学校外部评价的结果主要用于学校改进、政府增大对教育投入的重要依据、家长选择学校的依据、满足社会对人才的需求等。下面就督导评价、中介机构评价、社会评价、第三方评价等的演进和特点做简要阐述。

（一）督导评价

《教育评价辞典》将督导评价界定为由督导机构和督导人员执行的教育评价，又称“督学评价”。它的作用是对下级教育部门和学校工作进行监督、检查、评估、指导，从而强化对基层学校的管理、反馈信息，为上级教育行政部门的决策服务。①

从目前国内外的研究看，学校外部评价主要以督导评价为主，大部分国家

① 陶西平：《教育评价辞典》，北京师范大学出版社，1998年。

都开展了政府主导的学校督导评价，主要是由教育行政部门和政府督导部门通过评价指标对学校的各项表现作出衡量，具有督学和督政的双重功能，不同的国家、不同的时期二者的侧重点各不相同。比如：英国教育标准局由皇家总督学领导，独立于教育部，独立性决定了其可以公正地督导和报告教育问题。教育标准局对议会负责，而不对教育行政部门负责，每年向议会提供全英教育质量的报告。采取督学与督政分开的方式进行，督学即督导学校，重视教学评估，督政是督导地方教育局，是对地方政府教育工作的评估。美国因为是地方分权制，因此没有全国统一的督导制度，督导评价由政府督导机构和具有督导功能的中介组织实施，由各州制定评价的内容和标准，组织实施方式多种多样。日本的督导评价由战前的垂直型督学系统发展为战后的视学官与指导主事平行的督学系统，由指挥、监督教育行政管理发展到以指导、建议的方式对学校评价发挥作用。①

我国的督导制度最早可追溯到西周时期。隋朝在中央政府首设“国子监”，此后，历朝历代的教育监督机构均有不同程度的发展。完整的教育督导制度是在清朝末年建立起来的。民国时期，教育督导制度几经变迁，不断得以规范化和系统化。中华人民共和国成立后，教育部设立了视导司，各省教育厅设立视导员。20世纪50年代后期，我国教育督导制度建设被逐渐削弱，“文化大革命”期间教育督导制度建设全面停滞。“文化大革命”结束后，教育督导制度得以不断恢复与重建。

督导评价作为外部评价的主要形式，对学校的发展确实产生了调控、制约和监督的作用，但是随着教育的不断发展，学校发展也呈现出多元需求，统一的评价标准、自上而下的督导方式、重视结果而忽略过程与改进的督导评价已经不能满足学校发展的需求，完全自上而下的评价容易带来学校对评价的应付、作假，从而失去了以评价促发展的应有之义。因此需要构建一种基于学校个性发展需求、强调评价过程促进学校改进的外部评价。

---

① 钱一呈：《外国教育督导与评价制度研究》，中央广播电视大学出版社，2006年。

（二）中介机构评价

所谓教育评价中介机构，是介于政府、学校、社会三者关系之间，以提供教育评价服务为主要形式，坚持多元价值取向或有价值主体广泛参与，辅助政府进行宏观管理，保障学校合法权益，加强教育与社会联系，促进教育质量和办学水平不断提高的一种相对独立的社会性专业组织。①

评价中介机构具有“独立性、公正性、权威性”等特点。独立性是指其作为一种非政府的民间组织，独立于政府、高校和社会。公正性是指在评价过程中，评价机构一般不受政府等外界因素的干扰与压力，保证评价结果的准确性。权威性是指以同行专家评价为主要形式，从而保证评价中介机构具有不可替代性。独立性是评价中介机构公正性和权威性存在的前提，公正性是其社会价值之所在，而权威性则是其发挥作用的力量源泉。②

从国外学校评价的发展经验来看，教育评价中介机构由于其“旁观者”的角色和“中介性”的立场，可以较为合理、公正地代表学校各方利益的诉求，协调评价政府与社会、学校之间的矛盾冲突，成为政府与社会、学校之间的“调控器”和“减压阀”，因而得到社会各界的广泛重视。从国外的实践经验来看，较多的中介机构评价是对高校开展的，而我国高校的评价都是由政府主导的行政性评价，政府独家控制评价权，尚未形成一批能真正独立运作的教育评价中介机构。不仅是高校如此，基础教育的评价亦然。由于我国教育行业协会和评价研究机构数量十分有限，开展的学校评价也主要是受政府委托的，因此还没有凸显其独立性的特点。

（三）社会评价

关于社会评价界定较多，比较认同以下两种观点：

---

① 卢立涛：《试论我国发展性学校评价体系的构建》，《教育学术月刊》，2010 年第 11 期。

② 宣葵葵：《美国高等教育评估中介机构发展新趋势及启示》，《中国高教研究》，2012 年第 3 期。

一是《教育评价辞典》的界定："社会评价是具有一定权威的社会团体不受任何教育主管部门委托，独立地对教育活动进行的一种评价。其目的是通过对学校教育活动的评价参与和影响教育的发展，帮助和改进学校教育工作。具有加强教育社会化、向社会反馈教育的社会功能效益，扩大教育的影响作用，并具有客观性、真实性的特点。"①

二是教育的社会评价是指以教育系统外部的社会力量为主体，以社会发展和群众需要为尺度，对教育行为或现象进行价值判断的活动。②

首先，这两个界定都强调评价的主体是教育系统之外的具有一定权威的社会团体或社会力量，因而同教育的自我评价、政府主管部门评价和专家等评价相区别；其次，在评价标准的选取上不同于政府的督导评价和学校的自我评价，社会评价是以社会和群众的需要、要求和利益为尺度，这一点是教育社会评价存在的理由，也是同其他类型主体评价的区别点之一；最后，评价内容的广泛性，社会评价的内容是教育活动或现象，可包括学校的整体办学水平和效益、学校的管理水平、学生的质量、科学研究能力及其成果水平、师资力量、学校在社会生活中的影响及其声望等，既可以是某一教育活动或现象的整体，也可以是组成整体的各个方面。

这类评价由于没有行政干预，所以气氛宽松，收集的信息比较真实，结果亦比较客观。一些实行教育分权制的国家，如美国，就以这种社会评价方式作为保证教育质量的主要手段。这类评价的结果也受到社会各界极其广泛的关注，政府、团体、基金会和私人等，在进行资助、拨款、挑选学校、选拔人才时，往往将评价的结果作为重要的参考依据。然而就目前我国教育评价系统来说，还没有完整的、真正意义上的教育的社会评价。

（四）第三方评价

"第三方评价"的概念是个舶来品，2000年左右才被介绍到中国。此概念

---

① 陶西平：《教育评价辞典》，北京师范大学出版社，1998年。

② 王景英，刘淑杰：《关于建立教育的社会评价机制的思考》，《教学与管理》，1998年第12期。

最早起源于15世纪的欧洲，当时是为了保证产品的质量，后期则向不同的领域扩展和延伸。历经数个世纪的发展，“第三方教育评价”在西方发达国家已经有非常成熟的市场和运行机制。例如，在美国，其国内著名的国家教育进展评估(National Assessment of Educational Prng-ress, NAEP)是美国唯一的全国性的、代表性的和持续性的学生学业成就的评价项目。该项目是由美国国会授权，教育部所属的全国教育统计资料中心管理，第三方专业机构——教育考试服务中心(ETS)来具体实施。美国的各个州，在《中小学教育修正法》的强制要求下，每年都要举行统一的考试，考试结果用于评估各个学校的教学质量。而这些考试，各州教育部门都不是自己操作，而是通过公开招标，签订合同把考试的具体工作外包给第三方专业考试机构。芬兰也连续多年开展第三方的教育评估，在最新制定的《2012—2015年教育评估计划》中，芬兰还把参与国际性的第三方评估项目作为计划的一个重要部分。日本早在2007年就以法律的形式规定了“学校评价是所有学校的职责”，并通过文部科学省的执法规定将第三方评价列为和学校自我评价、学校关联者评价同等重要的地位，也是国家教育评价系统的重要组成部分。

我国在2013年年初发布的《教育部关于推进中小学教育质量综合评价改革的意见》中，不仅又一次强调和阐释了推进评价改革的重要性和紧迫性，而且“整合和利用好相关评价力量和评价资源，充分发挥各方面优势”以及“逐步建立政府主导、社会组织和专业机构等共同参与的外部评价机制”的说法，都为基础教育阶段的教育评价引入“第三方”提供了重要的政策依据。

2012年9月，西安市创新教育评价体系建设工程签约，通过购买服务的方式，西安市教育局成为合同中的甲方，第三方评价机构作为乙方正式介入。同年12月，成都市青羊区教育局与公众学业素质教育评价研究——一家民间的专业评价机构签约，委托其对该区域3年级至5年级学生的学业质量情况进行评价。

(五)协商对话式外部评价

基于我国目前外部评价主体相对单一、学校自我评价相对薄弱的现状，

2015年北京市基础教育阶段学校评价与数据库建设项目在以往项目研究的基础上,在引导学校进行自我评价的同时,探索“协商对话式外部评价”,以中立者的身份对学校发展现状进行评价,在与学校不断协商对话的基础上帮助学校找准发展中的问题,提出改进建议,帮助学校制订改进计划,帮助学校不断提升教育质量,提升社会声誉和影响。这种评价方式介于督导和社会评价之间,类似于中介机构的评价,但鉴于机构本身并不属于中介机构,因此将评价定位于基于学校自我评价基础上的“协商对话式外部评价”。这种评价也符合十八届三中全会所倡导的管办评分离,有利于形成政府管教育、学校自主办学、社会广泛参与的格局。

协商对话式外部评价是指专业研究机构基于学校的自我评价结果,通过与学校就评价的目的、组织与实施、信息收集与处理、评价结果反馈及改进等进行对话协商,达成共识,对学校的教育过程和教育效果作出总体上的价值判断。通过评价,促进学校发展。该评价方式的两个主要特点是协商性和对话性。

1.协商性

协商性是指在评价的过程中通过需求协商、反馈协商、建议协商、回访协商等评价过程的协商,使评价者与被评价者在评价的目的、方案、过程、成效检验等方面达成共识。具体内涵如下:

(1)需求协商:对于一所学校而言,需要什么样的评价,学校是最有发言权的。因此在对学校进行外部评价前评价小组要与学校进行协商,就评价哪些方面及采用的评价方式进行协商确定。通过外评小组和学校的共同协商,确定评价内容和评价方法。评价小组依据学校自我评价结果和确定的评价内容制定学校的评价方案。这与一般的外部督导评价是不同的,不是自上而下统一的评价方案、评价标准,而是基于学校的发展现状制定的个性化的评价方案,更加符合学校发展的实际。

(2)反馈协商:外部评价专家依据评价方案对学校进行相关信息收集后,经过专家组的研讨,向学校的领导反馈评价结果。在反馈的过程中就某些问题还要和领导进一步协商,以达成共识。因为专家所获取的信息与学校领导的认识可能会有差异,需要将实证的信息同学校领导进行验证。

(3)建议协商：专家组对学校提出建议时，要与学校进行协商，因为某些建议是否能够实行还需要得到学校的认可。经过协商，改进建议得到学校的认可后才能够在实践中践行，否则建议便是虚设，对学校的改进没有实际价值和意义。

(4)回访协商：在学校制订改进计划后，经过一段时间的实施，评价小组需要对学校的改进情况进行回访，回访的时间需要与学校进行协商；同时回访中就发现的某些问题同样要与学校进行协商，进一步指导学校调整改进计划。

2.对话性

对话性是指外部评价信息采集方法所呈现的特点，采用“应答性资料收集法”和“建构主义方法”，实现评价专家与学校领导、教师、学生和家长的多向对话，通过对话了解学校发展中的优势与问题，同时对话更容易使评价者和受访者在交流的过程中碰撞出新的问题，沿着问题不断深入，逐步形成对学校的整体认识。在评价开始的时候，没有人会知道全部，但是每个人都可能知道一点，通过彼此之间不断的对话、协商，信息的选择幅度就会由宽到窄，建构则由少到多，各评价主体也将逐步达成共识。

通过协商对话，有利于学校了解评价者要对其进行怎样的评价，也让评价者了解被评价者对评价的认识，并使双方对学校的优势、应改进问题及改进计划达成一致。这种评价方法有利于调动学校内在的积极性和主动性，使外部评价成为学校自身发展的需要和动力。

通过建立良好的对话机制，内外部评价主体之间能够进行平等对话和广泛协商，在对话中逐步消除分歧，最后形成共同建构。

综观以上几种外部评价，督导评价在学校的发展过程中发挥着重要的作用，但是也要随着时代的发展不断与时俱进，建立更加符合学校需求的督导评价体系。同时不同形式的外部评价不应只是有益的补充，应该与督导评价具有同等的效用，或者说政府可以以购买服务的方式，让外部评价更加丰富。另外，第三方的范围可以更广一些，即第三方可以包括中介机构(独立于政府之外的机构)、专业研究机构(如各地成立的督导评价中心、监测中心等)、社会组织(如行业协会或学会组织)等，第三方评价的发展将有益于外部评价的发展,客观中立的评价是学校更加需要的。

五、学校外部评价的发展趋势

(一)学校外部评价的功能逐步从鉴定学校的优劣走向促进学校的过程发展

随着教育改革的发展,单一的、重结果的评价已经越来越不适应学校的发展,从学校的发展需求出发,关注过程发展的形成性评价越来越受到关注,学校的发展过程如果好了,那么其结果也不应该差。比如两所学校的学生成绩相差不多,但是一所学校是依靠老师的苦教、学生的苦学换来的,而另一所学校是在通过开展丰富的学习活动、拓宽学生的视野,确保课堂教学的实效性达成的。两所学校的发展过程显然是不同的,如果只用结果评价,那么学校的过程发展的优劣便无法判断。因此在当前的教育改革背景下,学校外部评价应该更多地关注学校的过程发展和组织结构的优化,通过评价实现促进学校发展的功能。

(二)学校外部评价的主体从单一走向多元

基于政府主导的督导评价的主体主要由督学和兼职督学构成,一直以来都是外部评价的主体。伴随着教育改革的发展、学校的改进,目前评价主体也由政府主导到中介机构、社会组织多评价主体共存,评价主体的多元化,体现了学校评价的多种需求,单一主体已经不能够满足学校的发展。

(三)从统一的学校外部评价指标发展到关注学校差异的个性化指标

由于学校发展的阶段和特点不同,仅用共性的评价指标很难满足学校发展的需求,评价指标的设计需要兼顾共性与个性的统一,学校办学在达成办学基本规范的基础上要实现个性化的发展。需要建立基础指标和发展指标相结合的评价指标体系,在发展指标中更加突出学校发展的阶段性和特色。如针对一所百年老校和一所新建学校的评价指标就应有所不同,在学校文化的评价上百年老校要更多关注学校历史文化的传承与发展,学校的历史是否成为学校的一种资源,成为师生珍视的财富;而对于一所新建学校,要更多关注学校文化的整体设计,学校未来希望成为具有什么特质文化的学校,在创建学校文化的过程中做了哪些工作,在此期间师生是否形成了对所营造文化的认同。因此,即便是评价相同的内容,针对不同的学校其侧重也不相同。

(四)学校外部评价的结果从重视对学校的问责发展到帮助学校实现改进

以督导评价为代表的外部评价,其评价结果多以等级或分数呈现,将学校划分为不同的类别或等级,如果未达标的学校会限期整改,分数高的学校会得到相应的奖励,这样的评价会使学校为了得高分而用尽各种办法,有时甚至偏离了评价的初衷。因此也使得督导评价饱受诟病。

近年来发展性督导评价渐渐兴起,其目的是更多地帮助学校实现其发展目标,以“改进与发展”为核心宗旨的新取向,淡化鉴定与分等,重视学校的长期发展。价值取向的改变,使对学校的督导评价从一种短期的外在压力转换为一种持续的内在动力,从一种强制干预转变为学校的自我诊断、自我发展、自我超越的内在需要。新取向的学校督导评价,在学校自我评价与外部督导共同作用的基础上,共同商讨、诊断学校发展中存在的问题,确定学校发展目标、需求、途径和方法,激励学校的持续发展。

因此,外部评价应成为服务学校发展的外部力量,重在发现学校的问题和优势,帮助学校进行自我改进。

第四章　学校外部评价的要素分析

教育评价系统结构是指教育评价系统中各要素所组成的具有相对稳定性的联系方式与关系形式。评价系统中的要素有评价人员、评价目的、评价方法、评价过程和评价结论等。一般情况下,这些要素之间的联系方式与关系形式(即系统结构)表现为:评价目的决定评价者(包括评价者与被评价者);评价者根据评价目的设计评价方案,包括选择评价方式、方法和展开评价实际过程;评价方式与方法以及实际的评价过程产生相对应的评价资料(包括直接的与间接的、定性的与定量的);而评价资料的种类与性质也直接制约了评价结论的有效性与可靠性。评价人员的教育价值观和评价观影响评价活动的领域范围及评价结论的产生。①

据此,学校评价要素结构是指评价目标、评价主体、评价方法、评价过程和评价结果及其之间的组合情况。根据各要素结构的不同可以分为外部评价要素结构和内部评价要素结构(学校自我评价要素结构)。本章重点讨论学校外部评价要素结构。学校自我评价要素结构将在第六章阐述。

一、评价目标

教育评价的目的是评价主体欲使评价对教育产生什么影响,也就是说评

① 陶西平:《教育评价辞典》,北京师范大学出版社,1998 年。

价主体期望通过评价过程及评价结果对教育活动产生何种影响。因此，评价目标就尤为重要，具有很强的导向性作用。从个体的角度来看，评价目标引导着被评价者学习的方向；从社会的角度来看，评价目标引导着民众的价值取向；从学校的角度来看，评价目标引导着学校的发展方向。

（一）评价目标标准化

在学校外部评价中评价目标标准化比较常见。这种评价主要是为确保学校教育的过程与结果能够满足社会和受教育者的需要，达到国家及其教育主管部门制定的学校质量标准而对学校质量的现实状况进行的定期或不定期督促检查。因为它是由学校外部主体组织实施的，所以称为外部评价。这种评价的价值选择认为：一是所有学校都是无差别的学校；二是无差别的学校最基本的特征就是它们的学校质量是无差别的；三是以无差别的学校质量作为前提，所有学校追求的“优质学校”理想同样也是无差别的；四是无差别的“优质学校”理想决定了学校质量评价目标也是无差别的。

外部评价所依据的标准化的目标反映了一些基本取向，包括给定取向、绩效取向、规范取向。①

1.给定取向

标准化的目标侧重于了解当前学校质量处于何种水平，即了解学校教育过程与结果达到学校教育目的的程度。公立学校的教育目的一般取决于国家的教育目的。因此学校教育目的的确立与国家教育目的息息相关，学校教育是否达到国家的教育目的，一般由教育主管部门制定详细的标准和相关政策文件。因此，评价目标反映的是国家的意志和教育主管部门制定的具体要求。这种评价目标是由国家与教育主管部门预先设定的，具有不容置疑的权威性，学校在接受评价的过程中，必须努力使自己的教育过程与结果尽可能地符合国家的教育目的，这样才有可能获得较高的评价。就此而言，评价目标无疑具

① 苏启敏、王海涛：《从标准化到差异化：学校质量评价目标的观念转移》，《教育科学》2016 年第 2 期。

有强烈的“给定”取向。

2.绩效取向

学校教育质量通常包括过程质量和结果质量,并可以通过获取相关信息进行判断。过程质量指向学校的管理质量,由于过程质量获取信息比较复杂,因而常常容易被忽略或简化。而结果质量因容易量化和获取信息常常被关注。因此,可以说学校质量的评价对象就是学校教育过程和结果按照预定的教育目的所表现出的、可观察到的具体信息。其中部分信息是最容易被观察、收集、度量和反映的,这部分信息通常被称为“绩效”。如作业量、社会实践时长、升学率、辍学率、达标率、优秀率等都是较为常见的绩效评价内容。由于传统的外部评价一般所针对的并非某一所学校的质量,而是某一特定范围内不同学校的质量,而绩效正好又具有快捷、简便、直观等优点,因此评价目标往往就被简化为某些绩效目标。所有被纳入评价的学校质量水平的高低均取决于达到绩效目标的程度,由此便构成了评价目标的绩效取向。

3.规范取向

评价目标在强调绩效取向的同时,还进一步与问责联系起来,由此形成了“绩效问责”制度。绩效问责是以维持和改进教育所提供服务质量为目的的,而且尽可能提供信息表明这一任务已达成的制度。它是上级教育行政部门对学校的一种约束机制,学校以自愿或非自愿方式接受上级教育行政部门的指令或规范,这些指令或规范一般要求学校质量在整体或某个方面必须达到上级教育行政部门设定的统一标准。上级教育行政部门主要采用学校质量评价来判断学校是否已经履行使学校质量达到标准的责任,并根据评价结果对学校给予相应的奖惩。学校评价目标直接影响评价指标及标准的制定,而标准是对学校办学行为的约束及导向,因此评价目标又必然表现出强烈的规范取向。

外部评价的第一个目标,就是要在学校和学区一级的专业人员和家长之间确定讨论评价学校的标准。它包括:何种教育目标真正有利于儿童,何种教学能够称为高质量的教学,何种学习环境更加有利于学生学习。简单地说,外部评价的核心思想首先是使它成为一个教育工具,而不是一种影响地方行为的直接政策。与此同时，外部评价的另一个目标就是找出没有得到改进的学校。

（二）评价目标差异化

基于以往评价目标标准化存在的一些问题，有专家提出评价目标差异化是为了促进学校的特色发展和个性发展，它主要表现为评价目标的建构取向、综合取向和发展取向。① 三种取向既适用于外部评价，同时也适用于自我评价。

1.建构取向

所谓的建构取向主要强调评价目标的动态性。从内部评价的视角看，学校发展的问题和改进是相辅相成且不断变化的，因此评价目标也需要在动态变化中进行适时的调整。从外部评价的视角看，当学校达到预定的评价标准时，教育行政部门同样需要根据学校质量的已有水平重新制定新标准，而针对新标准制定的评价目标必然也要作出相应的调整。新的评价目标往往建立在旧的评价目标已经实现的基础上，所以评价目标的动态变化并非一种无序变化，而是一种螺旋上升的持续优化过程。

2.综合取向

所谓综合取向是强调在进行外部评价时，评价目标在以绩效为主的同时会兼顾学校差异的绩效，如学校增值的情况；在评价学校的过程中，不仅要考虑那些更容易被观察到的、可测量的方面，如学生的学业成绩，而且还要考虑那些不易被观察到的、难以测量的方面，如学生品德、情感、价值观、学习意志力等的发展。当外部评价目标的关注点更全面、综合时，学校也会关注学生的全面发展，而非仅仅关注学生的学业成绩。同时评价目标能够考虑校际差异，也会增强学校发展的信心。由此兼顾学校差异、关注学生全面发展的评价目标便构成了差异化目标的综合取向。

---

① 苏启敏、王海涛：《从标准化到差异化：学校质量评价目标的观念转移》，《教育科学》2016 年第 2 期。

3.发展取向

评价目标的差异化在外部评价中体现了规范办学的指向,同时在自我评价的过程中体现了发展取向,也就是评价是根据学校本身的特性和需要而定的,所以,学校的成员(包括校董、校监、教师、家长、学生等)有相当大的自主权和责任承担,为了学校的长远发展,他们会运用资源解决面对的问题。因此,学校自我评价的目标自然与学校自身的发展密切相关。其评价目标自然以学校的特色发展为本。评价目标的发展取向主要表现在以下两方面:一方面,这种目标因应的是学校内部的发展而不是学校外部给定的标准。另一方面,这种目标是根据学校自身的发展水平和发展状态制定的,是学校能够达到的"最近发展区"目标。

评价目标的差异化具有以下优势:首先,更加强调学校的个性和特色发展。为不同层次学校根据外部评价目标作出适合自身发展的应对措施提供了可能。譬如薄弱学校,受生源、师资等因素的限制,在实现绩效目标方面往往处于弱势地位。差异化目标可以让学校制定更适合其自身发展的评价目标。例如,在保证学业成绩达到最低要求的前提下,把学生综合素质或特长发展作为重点评价目标;或者把家长和毕业生的满意度作为重点评价目标。借助评价目标的独特性,学校会形成自身发展的个性和特色。其次,更加公平。在评价学校前先对学校进行分类,并制定不同类型的学校评价标准,在保证评价程序公平的前提下,所得到的评价结果当是客观公正的。最后,可以实现学校的进阶式发展。当薄弱学校、普通学校实现了各自层次的评价目标,并通过学校质量改进成为"优质学校"后,也就意味着它们已经超越原来所处的学校发展阶段,需要向更高层次的学校发展阶段迈进。当薄弱学校、普通学校分别上升到普通学校、优质学校的层次时,原有的评价目标也就不再适用,而应重新制定与各自所处的新层次相适应的评价目标。对于一所学校来说,当学校某一方面的薄弱环节通过评价得到极大改善后,学校评价目标同样可以作出新的调整,指向其他的薄弱环节,又或是进一步强化原有的优势环节。可见,评价目标的差异化基于其建构取向和发展取向,必然会通过自身的不断调整来推动学校不断向更高层次迈进,这将有利于改变固有的学校发展格局,促进学校不断超越自我,更好发展。

二、评价主体

各国的学校外部评价主体呈现了多元化的特点,不是由政府包揽,而是包括了社会中介机构、专家、社会人员等。如:英国的督导评价主要由教育标准局委托的负责具体实施教育督导评价的中介性机构——督导服务机构(Inspection Service Providers,简称 ISP)来完成,其评价的核心理念是以学生为中心;美国的外部评价主体呈现多元化的特点,可以由学校自己委托独立的评价顾问、评价单位或者学校的管理委员会来执行;日本的学校外部评价主体包括学校关系者评价[监护者、PTA(家长教师协会)董事学校评议员、区域住民等]和第三者评价(与该校没有直接关系的专家等),其中第三者评价将学校自我评价和学校外部关系者评价(外部评价)结果作为资料进行分析研究,通过分析研究对该校教育活动和其他学校管理活动进行专门、客观的评价。

美国自 20 世纪 70 年代就已经开始致力于教育领域的第三方评价机制构建,鼓励社会中介机构广泛参与教育评价,并且逐步形成了相对完善的教育评价合同制度。从具体的效果来看,第三方评价已经成为辅助美国义务教育决策的重要支撑,美国政府更愿意将教育评价的工作委托给第三方中介机构。日本从 1991 年教育法规部实施两次改革以来,教育评价也已经实现了从自我评价向第三方评价的转换,当然这里的转换主要在高等教育阶段,但可以为义务教育阶段的评价提供有益的参考。此外,英国、德国、澳大利亚等部分发达国家都较早地将第三方评价机制引入了义务教育阶段。①

从各国的经验看,中介机构已经成为外部评价的重要组成部分,而且发挥着越来越重要的作用,在评价学校的同时,引导学校进行自我反思,并采取相

① 曾瑜、田贤鹏:《论义务教育阶段素质教育第三方评价机制的构建》,《现代中小学教育》2015 年第 1 期。

应的改进行动,实现自我改进。

(一)主体构成结构

教育评价主体主要包括:对教育管理具有行政监督权者,如教育督导机构;对办学具有宏观决策权者,如各级教育行政部门;对学校教育有微观管理权者,如校长;对教育对象有直接评价权者,如教师;对教育教学活动的效果有亲身体验者,如学生;对学校教育具有评判和选择权者,如家长。

传统的外控式督导评价,学校评价主体必须是具备一定资格条件的专业人员,一般为上面所提到的前两类人员,此类评价主体事实上属于"专业团体",即在教育督导机构中具有督导职位和督导专业知识与技能,代表国家教育督导部门行使教育督导职权的专业性的行政人员。① 内伏认为,要成为一位能够胜任工作而又值得信任的评估者,需要同时具备多种特征。这些特征除了组织上的权威和责任感,还包括在测量领域和研究方法上的技术能力、对社会背景和评估对象实质的理解力、处理人际关系的技巧以及个人的正直和客观性。内伏对评价者作了区分,他把评价主体分为四类:内部业余评价者、外部业余评价者、内部专业评价者、外部专业评价者。② 其中外部专业评价者主要是来自校外的教育专家。与学校评价联系密切的教育专家一般包括两类:一是隶属教育行政部门的督导人员,他们普遍具有扎实的教育学知识和丰富的教育评价经验。这类教育专家既可以充当外控式督导评价的"裁判员",也可以扮演自主式校本评价的"顾问",指出学校质量问题,帮助反思评价过程并加以完善。二是高等院校和科研机构的研究人员,他们掌握着深厚的评价理论和评价技术,一般充当决策智囊和专业技术人员的角色。这类教育专家与学校大多属于合作关系,他们可以利用自身的优势为学校在制定评价目标和计划等方面提供建议。

---

① 苏启敏:《谁来评价学校:由专业团体到共同体》,《中国教育学刊》2011 年第 12 期。

② 内伏著,卢立涛、安传达译:《校本评估与学校发展》,中国轻工业出版社,2007 年。

（二）主体资格和选择的方法

由于评价的实施方式不同，因此各国对外部评价评价者的资格认定和选择方法也是不同的，下面仅以英国、美国、法国、俄罗斯、加拿大、新西兰以及我国为例阐述各国以督导为代表的外部评价主体的资格认定和选择方法。

1.英国督学条件严格、选用规范

英国对督学的要求除了较为全面地了解国家政策、教育理论，具有教育实践经验，还十分强调督学必须是一个学段和一个教育领域或问题的专家。英国对督学的入门条件提出很高和明确的要求：至少大学毕业，具有十年以上教学经验，年龄须在 35 岁以上，50 岁以下；有较强的管理能力、分析能力、写作能力。经过严格的公开、公正竞争上岗和择优录用招聘，辅以严格的见习制度和导师制度，在见习期间，由一位经验丰富的督学作为其指导教师，并且接受严格的培训，见习通过后才能成为正式的督学。

（1）任职条件。英国的督学由皇家督学、注册督学和督学三级构成。皇家督学必须具备丰富的教育教学经验，堪称教育教学方面的专家；有很强的管理能力、分析能力和写作能力；敢于坚持原则秉公办事。皇家督学既是教育教学方面的专家，又是国家公务员，在国内有很高的地位和待遇，实行终身制。注册督学是能够领导一个小组对学校进行评估的专业人员，应具有的督学资格为：有五年以上参与督导评估活动的经验，有评估英语、数学、科学等主科的经历；有较强的分析、管理和写作能力。注册督学不是终身制，每三年要进行一次考试，并且每年要接受五天的培训。督学的候选人必须具有四年以上教学经验和学校管理经验，有相应的指导、管理、评估及写作能力。

（2）招聘和考核选聘的程序。督导服务机构先在报刊、电视上做督学招聘广告，然后从应征者中挑选符合条件的人面试；同时，要审查应征者的历史背景、家庭状况。录选工作由教育标准局组织进行。皇家督学的入选率一般为 1%，入选者经培训合格后即成为皇家督学。皇家督学的年龄一般为 40～50 岁，目前年龄最小的为 35 岁。应聘注册督学需经过两名注册督学的推荐，然后参加考试，考试由两名皇家督学主考，有笔试，也有面试，注册督学每三年要经过一次考试,合格者才能留任。对申请督学的人要由注册督学进行培训,培训结束经考试合格后,由教育标准局颁发证书,即获得督学资格。

2.美国督导人员专职、兼职并举

(1)任职资格。地方分权制度使得美国督导人员的就职并没有统一标准,各州可以自行决定。大体来看,美国教育督导人员由教育行政人员兼职和专职教育督导人员组成。兼职教育督导人员包括地方学校的学监、校长等;同时,各州配有专职的教育督导人员。需要特别说明的是,美国对专职督导的任职要求较高,从业人员必须持有国家认可的学士或学士以上学位,并在大学期间修过教育学、心理学、教育督导、教育测量和评估、教学法等主要课程,且具有二至十年的教学和督导工作经验。有些州要求只有持有督导人员证书的人才能被推荐、任命为督学,而且证书的有效期一般为三至六年不等。在年龄上要求比较宽松,须年满24岁。另外,美国对督导人员的知识结构、技能水平也有特别的规定,大多数州要求督导人员具有广博的知识和多方面的技能。如:熟悉学校开设的各类课程;熟悉州、学区和学校的组织结构,具有学校财政、教育法令、社区联系等方面的基本知识;能够使用各种现代手段;懂得教育研究方法;能帮助教师分析教材的利弊,能指导教师备课、编写教学指南;等等。在性格方面,美国要求督导人员乐于与人打交道,待人热情、友好,既有耐心又富于幽默感,具有献身精神和为他人服务的精神,善于说服他人,不断为学校改进提出新的设想,还应会创造民主的环境,善于与教师合作,使教师能心情舒畅地改进教学。

(2)选拔方式。督导人员选拔方式一般有四种,分别是推荐制、委任制、招聘制、考试制。美国的州和学区两级督导人员大多由教育厅厅长和局长向本级教育委员会推荐,由同级教育行政部门任命。实际操作的过程中不是只用一种方式,而是采用多种方式综合选拔。

3.法国督学的选拔与任用

法国的督导人员从中央到大学区再到省一级依次称为总督学、大学区督学、省督学。[①] 法国对督导人员资格的认定是非常严格的，各级督学都属于国家公务员，并属于公务员等级中的一等A类。国家教育行政总督导团体内各职级人员，通过逐级选拔产生，主要从教育系统内的有相当资历的文职行政人员、大学行政管理顾问、大学生总务主任、任职十年的省教育局局长等具有丰富行政管理经验的国家公务员中选拔。选拔由国民教育部长或由他代表主持的委员会负责。

(1)任职条件。总督学的任职条件为：年满45岁的正式公务员；在国民教育领域服务十年以上，至少有五年从事教育工作经历；必须有下列条件之一：国家博士学位，具备指导研究导师资格，大学教师职称或中学高级教师职称。另外，还需：①至少持有学士学位。②具有很高的专业水平和能力。③关心教育工作，能够从事教学或其他教育工作。④了解教育体制及其运行情况。⑤乐于并善于革新。⑥待人和蔼、威严，办事公正、坚定。⑦必须是公立教育部门的工作人员。

大学区督学的任职要求：年满40岁，在教育、管理或督导部门全日制服务满五年，或相当于五年。在资历方面，或具有国家博士学位，或具有法国中学里最高的教师资格——“会考教师证书”，或是具有学士学位的省级督学人员。在经历方面，应聘者至少必须担任过以下职务中的一种：大学教授、大学讲师、高中校长、高中副校长、高中教师、师范学校校长、国民教育省督学。

省督学的任职要求为：年满40岁。持有教育学学士学位、硕士学位，中学教师能力证书，技术课教师能力证书，师范学校教师能力证书等资格中的一种，至少受过三年高等教育，年满26岁，有三年教龄；或具有初中普通课教师证书，年满28岁，有五年教龄；或通过专门预考的小学教师、持有大学第一阶段结业文凭，年满30岁，有七年教龄。在公立教育部门任教，是正式教师。

(2)选拔过程。总督学选拔：主要是通过有关部门审议的方式进行招聘。初审由总督导处内有关学科组负责，考察候选人的资格、经历和性格特点，了

① 李帅军：《法国教育督导制度的历史、现状与特色》，《河南教育学院学报（哲学社会科学版）》2003年第1期。

解其业务水平和工作能力。复审则由一个联席会议负责,联席会议由国民教育总督导处主任主持,成员包括总督导处内各组组长和教育部有关司长。经联席会议复审后决定名单,并上报教育部长。待部长确定人选后,由总统任命。

大学区督学选拔:申请者首先要向大学区总长提出申请,只有被列入备选名单后才有被聘可能。初选在大学区进行,大学区总长在完成谈话等审查手续后公布候选人名单,然后将有关档案材料连同大学区的报告上报教育部。经总督导处有关学科组审议和联席会议讨论通过,教育部长确定最后人选,总统公布任命命令。被任命后的大学区督学,还须进行为期两年的实习,只有获得大学区总长和总督导处的肯定,才可以转正。

省督学选拔:通常通过“考试—培训—实习”的方式招聘。首先是考试,择优录取。其次是对被录取人员进行为期两年的培训。培训结束后举行一次考试,通过考试者,由考试委员会授予省督学能力证书。获得能力证书者称为实习督学。最后由教育部长派往一个分区进行实习,一年后,经大学区总长和有关总督学同意,实习督学转正,成为正式的国民教育省督学。

4.俄罗斯教育督导机构的人员组成

(1)教育督察机构人员的任命。根据《联邦教育与科技督察署条例》,联邦教育与科技督察署的署长由俄联邦政府根据俄联邦教育与科学部的呈请任命或解任。联邦教育与科技督察署署长可以有副职,副署长由俄联邦教育与科学部根据联邦教育与科技督察署署长的呈请任命或解任。联邦教育与科技督察署副署长的数量由俄联邦政府确定。

(2)评估委员会的构成。俄罗斯的学校督导活动主要有许可证评估、教学评估和国家认证评估,三种评估活动分别由教育管理机关组建相应的评估委员会,人员的构成不尽相同。许可证评估委员会成员不能是在许可证申请者所在机构获取工资的人。教学评估委员会由7~20人组成,一般由学校(不包括申请鉴定的学校)的代表、学术机构的代表、教学法部门的代表、职业的社会组织或团体的代表以及教育管理机构或主管部门的代表组成,以保证评定工作的客观性、公正性、公开性、权威性。评估委员会的领导由评估机构任命，工作程序，评估期限，评估方式、方法、标准也由评估机构制定。国家认证委员会成员由俄联邦各主体的教育管理机构、地方自治机构和（或）地区（市级）教育管理机构的代表、职业的社会组织和团体的代表以及完成了对该校进行教学评估的委员会代表组成。

5.加拿大督导人员分级任命

加拿大各省都制定了各自的教育法，并以法律的形式明确规定了教育督导员的任职条件及其应具备的能力和品格。加拿大的督导员分为省督导员和地方督导员。

省督导员由教育部任命。首先，“成功的教学经验”是加拿大各省督导人员获得任职的先决条件，到20世纪中期则正式要求具有“硕士学位或具有同等学历的实际水平”，还必须具备很高的专业素质。省督导员通常具有文科的高等教育学位。在督导员的选择过程中，必须经过“严格的省级考试”，候选人的性格和价值观占很大分量。教育部要求督导员能体现出教育部的价值观、权威和尊严，并能身体力行，成为典范。

地方督导员由学区教育委员会任命，要求具有教师资格和督导员资格。

6.新西兰督导人员的任职条件

在选聘督导人员时，新西兰的教育督导办公室（Education Review Office，简称ERO）有严格的要求，主要从以下四个方面予以规定①：

（1）知识方面：应聘者需要掌握一定的教学法；有最新的课程知识；掌握最新的评估领域的专业知识，并对督导工作感兴趣；了解相关的法律程序，并赞赏法律所作出的规定；理解毛利族和其他种族或文化群体的需要和期望；具备实际操作计算机的能力。

（2）经验和技能方面：应聘者有在中等或高等管理岗位上工作的经历，具备真正的行动能力；具备与各种各样的人保持良好关系的能力；有较高水平的分析能力；有周到的判断能力；具有以证据为基础作出合理决定的能力；具备

① 曲玲：《新西兰教育督导制度之研究及启示》，《教育测量与评价（理论版）》2011年第9期。

有效计划和组织资源的管理能力;具备评估风险的能力,能在适当的时候提醒管理者。

(3)人际关系方面:应聘者要具备合作意识和团队精神,有良好的书面交流和表达能力,有总结、归纳的能力,有根据事实提出合理报告的能力,语言表达清晰。

(4)学历方面:应聘者要具有大学或与其等值的学历,而且还要有继续深造的愿望——在自己的专业领域继续学习,提高自己的专业能力。

7.我国督导人员任职条件及任命方式

我国实行督学制度,以 2012 年国务院令发布的《教育督导条例》对督学的任职条件和任命方式做了明确规定①:

县级以上人民政府根据教育督导工作需要,为教育督导机构配备专职督学。教育督导机构可以根据教育督导工作需要聘任兼职督学。

兼职督学的任期为 3 年,可以连续任职,连续任职不得超过 3 个任期。

督学应当符合下列条件:

(1)坚持党的基本路线,热爱社会主义教育事业;

(2)熟悉教育法律、法规、规章和国家教育方针、政策,具有相应的专业知识和业务能力;

(3)坚持原则,办事公道,品行端正,廉洁自律;

(4)具有大学本科以上学历,从事教育管理、教学或者教育研究工作 10 年以上,工作实绩突出;

(5)具有较强的组织协调能力和表达能力;

(6)身体健康,能胜任教育督导工作。

符合以上规定条件的人员经教育督导机构考核合格,可以由县级以上人民政府任命为督学,或者由教育督导机构聘任为督学。

---

① 中华人民共和国国务院令第 624 号《教育督导条例》, 2012 年。

三、评价方法

20 世纪 60 年代以前，实证化评价方法盛行，这些方法大都是从自然科学方法引入学校评价中的，强调量化、客观性和价值中立。70 年代以后，强调人文化的质性评价方法逐渐受到人们的重视，这些方法大都是从现象学、文化人类学等引入的，强调研究者的参与、理解，在评价中更多地融入了评价者的主观感受。80 年代末以来则被称为“综合方法”阶段。

（一）专家调查法

专家调查法是出现较早、应用较为广泛的一种定性评价方法。专家调查法是运用一定的方法，综合专家们分散的个人经验和知识，对评价对象作出主观的判断、描述和评价。专家调查法的方式有很多种，较为常用的有专家个人判断法、专家会议法和德尔菲法。

1.专家个人判断法

这应该是最早出现的专家调查法，以征求专家个人意见为形式。专家个人判断法简单易行，专家的判断不受外界因素的干扰，可以最大限度地发挥专家的能力。但是这种方法由于受专家个人知识水平和资料占有情况的影响，评价结果带有一定的片面性。在学校评价过程中专家个人就自己负责的工作进行个人的判断。

2.专家会议法

专家会议法是指根据规定的原则选出一定数量的专家，按照一定的方式组织专家会议，发挥专家集体的智能结构效应，对评价对象的现状及未来的发展趋势作出评价的方法。专家会议有助于与会专家们的相互启发、相互交流，通过取长补短，求同存异，克服专家个人判断可能产生的片面性，有助于得出正确的结论。这种方法的缺点是容易使专家在面对面讨论时受到心理压力的影响，使其易屈从于权威和大多数人的意见，影响评价结果的准确性。一般用于专家组在学校评价中形成对学校的判断及建议过程。

3.德尔菲法

德尔菲法是在专家个人判断法和专家会议法基础上发展起来的一种专家调查法，是采用匿名的方式广泛征求专家的意见，经过反复多次的信息交流和有控制的反馈修正，使专家的意见趋向一致，最后根据专家的综合意见，对评价对象作出评价的一种定性预测、评价方法。多用于评价指标体系的建构。

（二）访谈法

指调查者与被调查者通过有目的的谈话来收集资料的方法。这种方法非常灵活，调查者可以重复解释被调查者不理解或者不清楚的问题，可以根据不同的调查对象调整自身的访谈方式，并且可以直接观察到被调查者的非言语行为，了解到一些可能非常重要的信息。同时，访谈法可以结合使用较为复杂的问卷。但访谈法也容易出现相互影响和作用的现象，导致访谈内容的偏颇和失实。

访谈法按其方式可以分为召集性访谈、个别访谈和电话访谈。召集性访谈即事先将被调查者召集起来，然后面对面地向他们作调查；个别访谈即由调查者向单个的被调查者进行面对面的调查；电话访谈即通过电话向被调查者了解有关情况。

访谈法也可分为结构性访谈和非结构性访谈。结构性访谈是调查者事先拟定了访谈提纲和调查表格，并规定了步骤和程序，为整个访谈事先建立好了一个框架结构。非结构性访谈是一种自由的面谈，谈话较为随便和自然，也非常灵活。

在学校外部评价中常用访谈法，如访谈学校的领导、教师、学生以及家长。通过访谈了解不同主体对学校发展中的相关问题的真实感受，一般一对一的访谈更利于收集真实的信息，团体访谈受访谈对象相互影响不易获得真实信息。访谈中对学生可采用结构式访谈或半结构式访谈；而对于领导和教师更适于采用半结构式访谈，如在访谈第一位对象时，提出了学校发展中的某一问题，在访谈下一位访谈对象时可再次询问这一问题，如果得到验证说明可能是学校的真实问题，如此不断循环，形成访谈的解释循环圈，这样更有利于形成对学校的基本认识。访谈是发现学校真实现状比较直接的一种方式，运用得当对判断学校的发展现状具有重要作用。

（三）观察法

观察法是研究者依据一定的目的和计划，在自然条件下，对研究对象进行系统的连续的观察，并作出准确、具体和详尽的记录，以便全面而正确地掌握所要研究的情况。

观察法的一般步骤如下：

第一，事先做好准备，制订观察计划。即先对观察的对象作一般的了解，然后根据研究任务和研究对象的特点，确定观察的目的、内容和重点，最后制订整个观察计划，确定进行观察全过程的步骤、次数、时间、记录用纸、表格以及所用的仪器等。

第二，按计划进行实际观察。在进行观察过程中，一般要严格按计划进行，必要时也可随机应变。观察时要选择最适宜的位置，集中注意力并及时做记录。

第三，及时整理材料，对大量分散材料进行汇总加工，剔除错误材料，然后对典型材料进行分析。如有遗漏，及时纠正，对反映特殊情况的材料另作处理。①

在对学校进行观察时，一般会依据评价指标进行观察。在观察的过程中也有许多策略和方法，比如从到校门口开始，观察也便开始了。在校门口可以观察学校的部分办学成果，例如很多学校在门口挂着许多荣誉奖牌或者某些特殊标识，如“××文明单位”“××实验基地”等，这些对学校而言是办学成效的展示，对观察者来说可以从中寻觅到有价值的线索，这些线索可以在后续的信息收集过程中进行验证。观察校园环境，主要看学校的整体设计、布局是否合理，是否美观，功能布局、场馆使用是否合理，学校的边角落利用的情况等。观

---

① 周德昌：《简明教育辞典》，广东高等教育出版社，1992 年。

察课堂，主要看教学中各种理念的落实情况，看教师的教学组织、对学生的教育管理情况。总之在观察的时候要关注细节。

（四）文献法

文献法是根据评价目的和指标的具体要求，按照一定的原则，通过多种途径查阅有关的文献资料获取信息的方法，如学校的计划、政策文件、课程方案、教学计划及实施情况、学生的作业、各种活动记录等。

通过文献的分析，可以印证学校各种办学举措和活动在实践中落实的情况，例如，对于学校的教研活动，通过活动记录可以看到活动的时间、地点、参加人员及活动主题、研讨过程。如果学校在介绍的时候说教研活动是定时间、定地点、定主题的，那么通过资料就可以印证。其他如教师培养计划的落实、课堂教学改革的实施、学校民主管理的落位、家长参与学校管理的具体方式、学生的社团活动开展的情况等，通过查阅学校的文献都可以得到有效的证据。在查阅文献的过程中要能辨识真伪，这样才能够确证学校活动的真实与否。可以说学校的文献是学校工作的一面镜子，有利于了解学校管理工作是否规范、有序、真实。

四、评价过程

鉴于外部评价的特点，其在具体实施的过程中有很多共同之处，下面以英国、美国、新西兰、日本、荷兰等的外部评价为例对评价过程作简要梳理。

（一）英国的督导评价

英国的督导分为督导前、督导中与督导后三个阶段，每一步都有系统的要求和原则，具有相应的程序、方法、手段、工具作为技术支撑。

1.督导前

（1）组建督学小组并进行分工。一般小学4~6人，中学10人。人员构成要考虑学科、学段和有关全校性问题的教育专家之间的平衡，需要有能力督导整个学校特征的成员，有特殊需求方面的专家，还要包括一名外行督学。

(2)通知与初访。自 2007 年以来，一般提前一周通知学校将进行督导。初访主要达成以下目的：与学校建立良好的沟通关系和有效的工作关系；达成督导具体安排的一致意见；确立督导的焦点问题，并与学校达成共识。

(3)收集相关信息与意见。在督导前需要收集学校的相关信息，学校背景信息和基础数据主要来源于教育标准局数据库和学校。

教育标准局提供的信息包括：个体学校及其所在地情况；投入与组织方面的数据；学校所处地区处境不利方面的信息；具有特殊需求学生的信息；国家课程考试成绩及其他形式考试成绩。

学校提供的信息包括：学校的政策和规章制度；学生成绩、学校所处地区的社会经济背景和学校投入的数据；有关课程的详细情况及课程表；学校向家长提供的信息，包括学校简介；有关学校管理方面的资料，包括学校发展计划、预算信息等，教师会议和董事会会议记录，教师手册以及教职工工作职责规定方面的资料；所有不包括在教育标准局所提供的国家课程考试成绩之外的学生考试成绩数据，例如：学生入学前考试成绩，一些增值信息和标准化考试成绩；学生的档案、报告、考勤表、特殊教育需求的证明和类似的文件。

同时还要收集家长、学生和地方商界的意见。收集家长的意见主要采用举行家长见面会的方式，了解家长对学校的意见以及学校运作的状况。如学生的作业水平，家长参与学校生活的内容，学校为家长提供的信息，对学生的帮助和有用的指导，家庭作业情况，学生的行为和出勤情况等。收集学生的意见过程贯穿在督导前、督导中和督导后，并通过与年级组代表、学生会或其他学生团体代表交谈、讨论等方式收集信息。在督导前，相关机构应该邀请当地的培训和企业委员会以及地方商会的代表向注册督学表达他们的任何意见。

综上，在督导前，督导组重视对学校相关背景的了解，特别是学校的社会环境、学生先前的成绩等，力求使督导评价做到客观公正；重视与被督导学校建立良好的工作关系，消除他们的紧张与焦虑，减少对学校的影响和压力。准备阶段所采用的方法主要包括文献法和访谈法。

2.督导中

督导的核心阶段是督导的实施,主要有两个任务:一是收集相关第一手资料,获取评价指标所要求的信息,也就是对学校进行调查取证;二是在收集和分析信息的基础上形成对学校效能和质量各个方面以及整体的判断。

(1)收集第一手资料。在收集第一手资料的过程中,要遵循以下原则:①充足性原则,即大部分时间用来收集第一手证据,要包含定性和定量两方面信息;②针对性原则,强调信息要有助于"得出有关学校的办学效益、主要优缺点以及学校必须改进方面的切实可靠的结论",也即所收集的信息要与督导评价的主要目的、核心指标和评价标准相吻合;③信度与效度原则,信度指应该与所对应的评价标准相一致,效度指应该反映事实上所取得的成绩水准。

在收集资料的过程中主要运用文献法(主要用于查阅学校的各种文件和政策规定等)、直接观察法(主要包括课堂观察和对其他活动和设施的观察)、谈话法(正式访谈和非正式访谈)。谈话的对象包括学生、教师、家长、管理人员。对学生访谈主要了解其学习情况以及对学校生活的感受,了解教师的教学质量;对教师访谈主要是在听课后询问一些关于课的情况,同时也包含督学听课后对课的总体评价方面的反馈意见;对家长访谈主要了解家长对一些特定问题的意见,例如学生的学习成绩、学生的行为、家长对学校工作的参与等;对管理人员访谈主要是了解相关政策和计划。

(2)形成督导判断。对学校的督导判断是督导实施的另一项重要任务,英国督学对学校的判断是非常谨慎的,要求督导判断必须是建立在大量的证据基础上的,是第一手的信息,是可靠的、可信的,是综合性的。所有的判断必须是经过所有督学的合作讨论后达成的一致意见。每天督导后都要开会讨论当天所收集到的信息,开会讨论的目的主要是:汇总信息和证据,使督学小组组长了解每个成员的工作情况;对信息与证据的含义加以分析;对信息进行相互补充、求证与论证;达成对学校工作各个指标的判断;对于特别有争议的方面通过讨论达成共识;确定在接下来的督导过程中需要特别关注的地方。

督导判断既包括对学校的总体评价,也包括对指标体系中几大方面的子评价,评价结果分为四个等级:非常好(outsanding)、良好(good)、满意

(satisfactory)、不满意(inadequate)。这里以“课堂教学质量”这一指标为例。督学在观摩的课堂教学中发现大约1/10的课堂教学是“不能令人满意的”,那么总体的教学质量也应是“不能令人满意的”。如果督学所观察的课中有1/8的课堂教学被评价为“不满意”,则督学需要认真考虑这个学校是否有严重的缺点。一旦学校的教学不能令人满意的比率上升到1/5,则这个学校很可能需要采取一些特殊措施。如果学校的教学大部分是好的,当中很多教学很好或更好,不能令人满意的教学没有,那么总体的教学质量可以判定为“非常好”。

对于学校的判断既是终结性的,也是发展性的,要对学校提出需要改进的方面,以及学校未来的发展方向。

(3)反馈。反馈是督导实施阶段的重要环节,主要是口头反馈。反馈包括两个方面:督学在听完每节课后都必须向授课教师提出反馈意见;督导结束时,向校长及管理人员反馈此次督导的总体情况。口头反馈的重要目的是给予被督导者澄清和提出不同意见的机会。

督导的最后一天,全体小组成员要与校长见面,将所发现的优缺点及督导组的意见向校长说明;还要与董事会见面,将督导期间收集到的信息与董事会分享,让他们指出明显的失误,说明模糊不清的问题,接受董事会的监督,以免报告出版后出现学校不能接受的内容,但是对学校总的定性评价在这次会议上是不公开的。在此次会议上董事会可以邀请教师、家长和高年级学生代表参加,地方教育局要派人参加,校长是必须要参加此次会议的。会议的内容和谈话记录在督导报告出版之前一直是保密的。督导结果及学校自评结果应该成为学校制订改进计划的基础。

3.督导后

(1)督导报告的撰写及发布。督导报告有着广泛的影响:对于教育标准局、教育大臣和决策者来说,督导报告是他们形成全国性评价和决策的重要基础;对于家长和广大社会公众来说,督导报告成为学生及家长择校的权威参考;对于学校来说,督导报告成为学校了解自己的优缺点和改进方向的重要基础。因此,督导小组十分重视报告的可靠性,对于报告的形成十分严谨、认真。督导报告在督导结束后五周之内完成,在特殊情况下,可以适当延长完成时间。

督导报告的框架包括以下方面：引言，包括学校数据和指标；督导的主要结果和关键问题；学校教育标准和质量；学校效能；学生的个人发展和行为；课程科目的教学情况，包括所有国家课程科目、相关的宗教教育以及其他课程的教学情况；主要结论的成因。

在督导报告公开发布前，要将报告草案寄给学校核对，学校需在一个工作日后对报告草案作出评论。

一般情况下，督导报告须三周内在教育标准局网站上公布。同时督导小组将代表教育标准局向学校所属地方教育局和校长发送一份督导报告；对于公立学校，也必须发送一份给地方教育当局或董事会，以及负责任命董事的个人或机构。学校董事会在收到报告起五个工作日之内必须发送一份报告给所有注册学生家长或监护人。报告公布后，如果地方教育局和学校对报告中某些事实不满意，校董事会主席或教育局长可以写信给高级主任督学，详细说明情况，通过判断确系失误后，则立即修正，并将勘误表印发下去。

(2)督导结果的应用。督导结果主要有三个应用：一是作为形成全国性教育质量评价与相关问题研究的重要基础；二是成为家长了解学校信息与质量水准的重要来源；三是成为学校改进与发展的重要基础，并最终成为制度的重要组成。

形成学校行动计划。在督导后学校董事会应在收到督导报告 40 天之内提出贯彻督学建议的具体行动计划。这个行动计划不仅要提交给标准局，还要提交家长审阅。

在督导后被判定为总体成效不令人满意的学校被评为“引起关注的学校”，这类学校可分为两类：一类是不能给学生提供合格的教育，而且领导和管理人也不能证明有能力进行改进；另一类是有严重缺陷或需要改进的学校，这种学校目前所提供的教育水平是不能令人接受的，或者是他们与预期相比做得不好，但是他们有能力改变。根据法律规定，这两类学校应在规定的期限内根据督学小组的报告准备一份有效的行动计划，其中应包含对学校某些关键方面改进的清晰的议程。学校如果在限定的时间内没有明显的改进，就将面临被关闭的危险。

（二）美国的教育督导

美国的教育督导一般无预定的日程，一般是在感到有必要时或接受请求时采取督导，因此，总体上看美国的教育督导是一种临时性督导。

1.督导类型

美国的教育督导按照不同的分类方式可分为以下几种类型①：

（1）独立督导和集体督导。独立督导就是在各自所负责的督导范围内进行的督导（例如学科督导、某类学校督导），属于常规督导。集体督导是由督导人员合作进行的督导，一般在对学校各方面进行全面督导时采取这种方式。

（2）选择督导和全面督导。学区教育督导具有综合性，一般采用全面督导的方式进行，就是对所有学校进行督导。州一级比较多采用选择督导或抽样督导方式。

（3）普遍督导和专题督导。普遍督导就是对学校的各个方面进行督导，一般通过集体督导的方式实施。专题督导就是对学校工作的某一方面进行督导，如对教学、管理进行督导等。

2.督导方法

督导方法主要有观察法、检查测验法、调查法、访谈法等几类。其中观察法主要指教学观察，督导人员深入课堂了解教学情况，分析学生作业、学校有关材料和文件等。督导人员通常会花很多时间观察教学，甚至参加教学活动。检查测验法，主要是对督导的对象进行口头或书面测试，并对结果进行分析。访谈法主要用于与学校领导、教师、家长、学生、社区代表等进行座谈，了解相关情况。

3.督导程序

美国的教育督导主要由州和学区负责，一般以学区为单位具体实施。督导方式多种多样，各州、各学区不尽相同。这里以佛罗里达州学区安全评估程序为例，介绍评估的基本程序。该程序主要由六部分组成。

---

① 钱一呈：《外国教育督导与评价制度研究》，中央广播电视大学出版社，2006 年。

(1)确定评估团成员。评估团成员包括教育部门代表,来自其他机构、组织和辖区的评估专家。

(2)确定学区评估协调员。协调员的主要职责是联系学校安全办公室和其他领导或指导机构,以了解评估标准和程序等相关问题;就怎样进行评估对评估团成员进行培训;在评估报告递交给学校委员会之前,对关于评估不一致的意见进行协调。

(3)培训评估团。在评估之前,协调员向评估团的成员简要地说明最优标准及其构成要素,并为他们提供每一指标的评价标准。

(4)使学校参与评估。由学区决定学校在评估过程中的参与水平。在收集学校的反馈和证据时,学区要使所有学校运用最优安全标准或紧急安全标准进行评估并对评估结果进行汇编;运用科学的随机抽样方法抽样视察学校;让学区内其他学校的同行对接受评估的学校进行评议;抽取部分学校进行现场评估。

(5)进行评估。评估团在评估时需要重点考虑:学区制定了何种政策和程序以确保自己能达到最优安全标准?学校的做法是否与学区的政策意图一致?遵守学校政策和程序的结果是否能达到预期目标并与安全最优标准一致?

(6)完成评估报告。评估报告参照每一具体的安全标准,指明学校需要改进的方面,并说明为达到标准将需要采取的策略和行动。评估报告一般包括评估结果、推荐和建议、策略和行动。

(三)新西兰的学校评价

新西兰的学校评价主要流程分为七步①:信息交流阶段—确定评价范围—讨论评价重点—界定评价过程—实地调查与综合—讨论结果并给出建议—形成评价报告。第一步,新西兰的教育督导办公室在开始实地调查之前,与学校进行信息交流。在信息交流的过程中,教育督导办公室的主要职责为:

① 王薇:《中国、新西兰学校评价体系的比较及启示》,《教育测量与评价(理论版)》2013年第2期。

一是确保学校了解评价方法，组建评价委员会，确定自我审议表以及指南，明确评价原则；二是让学校有机会澄清关于评价过程的相关问题；三是综合考虑从社区获取的信息、学校关注的内容、学校发展策略和学校自评情况，邀请学校参与研究外部评价的具体内容；四是要求学校提供外部评价的有关内容及相关文件材料；五是要求学校考虑是否希望指定一名校外人士参与评价。第二步，在开始实地调查之前，教育督导办公室依据学校所提供的信息确定评价的范围。第三步，教育督导办公室与校董会讨论确定评价的重点，该重点要考虑到学校的实际情况和教育督导办公室的评价指标。第四步，计划评价过程，充分考虑可用的评价资源。此时，教育督导办公室要与合作的校外人士进行协商。第五步，教育督导办公室根据评价范围和评价内容开展实地调查，并综合评价信息。

（四）日本的学校外部评价

日本的学校外部评价包括学校关系者评价和第三者评价。学校关系者评价是指与该学校有密切关系的外部人员（包括该校学生、家长、学校所在社区的居民）所给予的评价，是《学校教育法》规定学校要实施的义务。第三者评价并非法律规定的义务，所以具体是每年实行还是隔年或者三、五年评价一次是由学校根据自身需求决定的。这里以学校关系者评价为例，简述评价的基本流程。

学校关系者评价的基本程序为：第一，成立外部评价委员会（由学校评议员、家长、学区居民、大学的研究者、他校的教职员、有学校教育经验或相关专业知识的人员组成）；第二，学校向外部评价委员说明其应履行的义务及应遵守的规则；第三，外部评价的实施（包括考察、听课、座谈、参观、看资料等）；第四，对学校自我评价适切性的评价；第五，形成外部评价报告；第六，评价结果的说明、公布及根据评价结果改善学校办学条件。①

---

① 李广、马云鹏、高山达雄：《促进学校自律、持续的改善与发展——日本〈义务教育学校评价指导方针〉解读》，《外国中小学教育》2007 年第 6 期。

（五）荷兰的教育督导

荷兰的教育督导过程分为三个阶段：

准备阶段。在督导前几周，督导人员通常以约定方式通知学校或其权威机构实施定期学校督导（Regular School Supervision，简称 RSS）或整体学校督导（Integral School Supervision，简称 ISS）。学校管理小组提供相应的学校小册子或说明书；在信息通报会上，督导人员介绍督导内容及相应程序，同时明确督导数据、学校资料及其他可能发生的关键问题。此后，学校收到督导通知书和相应的标准化管理问卷，问卷主体包括学校管理小组、学生管理者、任课教师和部分家长代表。在此阶段，督导人员和他的助手将通过分析大量的相关文件，形成对学校的总体印象，同时积极鼓励被督导学校进行自我评价。

实施阶段。在首次见面会上，学校管理小组对学校情况进行全面介绍，并提供更多支持性信息，主要包括学校课程体系、学习时间、教师专业发展、学校沟通系统等。督导人员必须深入观察课堂，与教师座谈，同时，还必须与学生及其家长进行座谈，证实教师自我评价的客观性。

报告阶段。分为口头报告和书面报告两种形式。在学校督导结束后，督导小组召开学校管理小组会议以商讨学校发展的优势和不足，并提出相应发展规划；几周后，学校收到书面报告，主要包括个体学校机构评价报告、教育现状评价报告以及科目督导报告、国家层次上的项目评价报告、ICT（信息通信技术）学校素描等。①

各国的评价过程基本涵盖了以下内容：入校前的初期调查，由学校提供评价的相关文件和资料；入校的实地考察，包括访谈、观察、查阅文献等；报告撰写前与学校就评价结果进行讨论；评价结果公开并开展后续工作，主要用于学校的改进。概括而言就是诊断—反馈—改进。其中在诊断环节主要是运用各种方法和技术获取准确的评价信息，进行判断；反馈一般包括口头反馈、书面

---

① 姜美玲：《当前荷兰基础教育督导体系及其启示》，《全球教育展望》2002 年第 9 期。

反馈、向社会公布评价结果；改进，根据学校情况不同改进的要求亦不同。

五、外部评价结果的使用

学校外部评价结果主要用于学校改进、问责、决策依据和质量监督。由于各国的体制不同，外部评价对于学校的影响结果在各国间差别很大：学校可能收到非正式建议（如爱尔兰、冰岛），丧失认可或融资（比利时的佛兰德区、捷克共和国），或被定性为“失败的学校”，或者说是需要采取特别措施的学校。后果包括学校被关闭的可能，或造成财务制裁，或对学校、学校员工个体成员的奖惩。也就是说，表现和责任措施的影响取决于其具体的任务及背景。

（一）用于学校改进

学校评价的结果揭示了学校的优势和问题，进而鼓励学校作出改进。就概念而言，不同的评价取向可以根据学校的改进进行区别。一方面，学校的改进可能关注改进努力的成果或是过程执行的情况。另一方面，学校的改进性评价被用于学校改进过程，取向是形成性的，而不是终结性的，意味着有后续工作和支持提供。

在大多数国家，评价者会在评价后检查学校对改进建议或指导是否作出了合理回应，如比利时的佛兰德区，学校接受完全面督查三年后会有一次后续督查，后续督查基于学校制订的调整计划。但是也有国家评价结果仅为学校提供咨询和参考，如奥地利，学校督查的主要成果为教师和校长提供咨询服务，不过，学校没有义务执行旨在改善其实践的措施，这与奥地利努力强化自我评价是一致的。在冰岛，在根据内部评价方法进行的评价中，评价者不要求起草改进计划，是否以及如何引入改进由市政当局决定。

在一些国家和地区，如果学校的表现被判定为令人不满意，学校就会被要求起草改进计划（如英国）。通过使用评价结果，学校起草计划，列出改进情况应当采取的措施。在丹麦，被评价协会评价的学校有责任起草后续计划，且该计划必须根据评价报告中关于改进质量的建议起草。在苏格兰,计划由学校和地方当局起草。

可见,各国在外部评价后都比较关注学校基于建议的改进情况,使得评价促学校改进成为一种应然选择。

（二）用于问责

对于表现不好的学校进行相应的惩罚,如关闭学校,或使其丧失原有地位,或对学校、学校员工个体进行财务制裁。以捷克共和国为例,如果确认了学校有明显缺陷或失败的存在,学校首席督查员可以提交提议将涉事学校从公立学校内剔除。在这种情况下,学校不会再受到公共资助,不再享有颁发官方证书的权利。在美国所有州,因 2001 年《有教无类法案》的制定,如果学校连续两年未能达到适当年度进步目标,他们的地区就必须确认其改进,并给学生转到其他学校学习的机会。该法案还进一步规定了连续三年未能达到适当年度进步目标学校的改进措施(美国教育部,2002)。英国在教育标准局时代,将问题较为严重的学校定为“引起关注的学校”,要求学校在规定时限内进行改进,如果没有明显改进,学校将面临被关闭的危险。

（三）引导家长选择学校

公布个体学校的报告能够增加对学校的压力,因此一些国家和地区会将学校评价的结果向社会公布,如评价结果可由教育当局、督查委员会、学校个体或媒体公布。在葡萄牙和荷兰,媒体压力在公布学校评价结果方面起到了重要作用;英格兰的学校监管部门必须在收到报告五个工作日内,向所有学生家长发送督查报告;在澳大利亚、比利时的佛兰德区、英格兰、苏格兰、意大利、韩国和土耳其,学校的学生评估结果会公布。评估结果公布后,学生家长会根据学校的情况进行选择。通过公布学校表现指标,结合公开入学,可以形成学校竞争从而促使学校作出改进。

（四）决策依据

英国在女王督导团时代督导结果的主要用途之一是向教育大臣报告全国性教育质量状况，督导结果成为全国性评价和相关问题研究的重要基础。我国在以督政为主的时代，评价结果主要作为政府投入、履职、政策制定的主要依据。

此外，在澳大利亚、捷克共和国、英格兰、墨西哥和土耳其，人们认为，学校评价对于帮助教师改善教学技能起到了显著影响。

从评价结果的应用看，外部评价的主要目的是用于学校改进，因此为了改进的外部评价当成为学校外部评价的主流。

第五章　学校自我评价的概念界定

一、学校自我评价的概念界定

（一）自我评价

自我评价是评价主体自己依据评价原理对照一定的评价标准主动评价自身的评价类型。广义的自我评价包括教师对自己工作的总结，部门负责人对本部门工作所做的自我检查；狭义的自我评价特指那些严格按照与他人评价相同的标准所进行的评价。自我评价受到普遍欢迎，并且得到广泛应用是由于具备以下特征：一是不受时间和场合的限制，简便易行；二是省时、省力，耗资较少；三是可在较长时间内连续操作，机动灵活。自我评价的实施有利于激发被评价者的积极性，但客观性不足，因而自我评价极少独立使用。自我评价一般在他人评价之前，或者穿插在他人评价过程当中进行，用以证实或者完善他人评价的结果。①

自我评价是自我检查、自我调节、自我完善的动态过程，评价对象按照评价标准自己评价自己。自我评价是一种重要的评价方式，在工作过程中进行的形成性评价，主要是通过自我评价进行的。自我评价可以是一个人员如学

① 陶西平：《教育评价辞典》，北京师范大学出版社，1998 年。

生、教师、校长以及任何一个人员，也可以是一个单位，如一个班级、一个专业、一个系、一个学校、一个部门。①

（二）学校自我评价

学校自我评价亦称学校内部评价。学校自我评价的概念目前还没有达成共识，学者们对学校自我评价从不同的角度给出了不同的定义。第一种是从目的、方法及对象的角度给出定义。如骈茂林认为，学校自我评价是学校运用专业技术、方法对自身管理和教育活动进行评价，以达到改进办学的目的。②王行晖、王行甫对学校自我评价的解释也是从这个角度出发，认为自我评价是学校根据既定的目的，确定相应的目标，建立科学的指标体系，通过系统地收集和分析数据并依据评价标准，对学校教育活动及结果作出评价的过程。③第二种是从评价的主体和范围角度。如胡咏梅认为，学校自我评价，是学校全体成员主动地对学校各项工作进行评价，以促进学校改进和发展。④ 乐毅也从该角度出发，认为学校自评是全员自主地以学校的规划及其实施为对象，按学校认可的评估标准定期开展的评估活动。⑤ 苏锦丽认为"内部评价是教育机构基于自动自发精神，发挥自我反省与批判能力，由教育机构本身所规划和执行的评价活动，目的在于借由自我管制机构的建立以改进教育机构的品质"。⑥ 第三种是从评价类型的角度。如刘淑兰认为，自我评估就是评估主体依据评估原理对照一定的评估标准主动评估自身的评估类型。⑦ 第四种是从评价机制的视角。该种视角认为，学校自我评估是一个机制，让学校有计划

---

① 李春生：《中国成人教育百科全书　心理 · 教育》，南海出版公司，1994 年。
② 骈茂林：《学校自我评估：意义、问题及其改进》，《当代教育科学》2006 年第 2 期。
③ 王行晖、王行甫：《浅谈自我评估及其作用》，《教育与现代化》1996 年第 4 期。
④ 胡咏梅、薛海平：《小学自我评估现状需改进》，《中小学管理》2005 年第 6 期。
⑤ 乐毅：《学校自我评估的意义、问题及建议》，《中小学管理》2004 年第 2 期。
⑥ 卢立涛：《走向对话：促进学校内外部评价的互动与合作》，《宁波大学学报（教育科学版）》2008 年第 4 期。
⑦ 刘淑兰：《教育评估和督导》，华东师范大学出版社，2000 年。

地、系统化地去收集资料,由学校的老师去检视、分析及讨论学校各方的工作和效能,从而了解学校的强处及弱点,以备策划学校的改进。彭新强也是从这个视角,认为学校内部评价是学校帮助自己检讨教育质量的机制,能使学校不断改进和发展,成为高效能的学校。①

从上述各种定义看,尽管学者们对学校自我评价的表述不尽相同,但从内容上看,都是指学校的内部评价,都强调以下几点:学校主动参与;全员参与;以学校各项工作为对象;以促进学校发展为根本目的。因此,学校自我评价可认为是学校为了解自身的发展情况,实现学校的发展与改进,学校内部全体人员根据一定的标准,主动对学校各方面工作不断进行自我监督、自我反省、自我调节、自我完善的动态过程。

(三)校本评价

从国外的研究文献来看,关于校本评价的概念界定大体上可分三种情况②:第一,把校本评价等同于学校自我评价。较有代表性的观点是由波伦(Bollen,R.)提出的,他将校本评价概括为“由一所学校中的相关部门或个人实施的针对学校实际运行状况的系统检查”。此定义强调了评价视角由学校以外向学校以内转换的趋势。“系统检查”意味着校本评估是学校整个管理程序中的一部分,是对所有工作的检查,强调全面性;另外,特殊的工具将被用到,并且评估结果也将直接用于学校的下一步改进工作中去。第二,把校本评价与行动研究联系起来。较有代表性的观点是由澳大利亚迪肯大学(Deakin University)的凯米斯(Kemmis,S.)提出的,他认为,“评价活动参与者在收集评价数据和信息的过程中,可以有更多的机会了解自己的行为并能够在行为情境中进行反思,获得提高”。“在此过程中,参与者需要关心在哪些地方调查、收集什么数据和如何使用发现的数据进行协商等问题。当评价活动参与者参

---

① 彭新强:《香港学校质素保证机制的发展》,《教学与管理》2003 年第 10 期。

② 田莉:《校本评价的理论内涵、实践样态与分析框架》,《全球教育展望》2009 年第 11 期。

与到评价目标和评价过程的协商中来时，评价的有效性将会得到保证”。该定义认为，一个评价活动参与者的参与和反思过程将会加深其对被公开观察的行为与学校工作框架之间的联系的理解。第三，将校本评价理解为是内部评价与外部评价的结合。最早对校本评价的内涵进行系统探究的是以色列评价专家内伏，他认为校本评价的内涵有两层涵义：一是发展自我评价的机制，由学校内部设计、规划并实施指向特定评价客体的评价，强调其自主性；二是联结内部评价与外部评价，确保评价的有效性和可靠程度。而且，内部评价在学校中的存在是任何外部评价有效建构的先决条件。

与国外学者不同的是，我国学者大多从评价功能的视角来界定校本评价的概念。例如，郭昭佑认为，校本评价是“学校成员在专家协助下，学习评鉴知能且实地执行学校层级评鉴，以建立学校内部评鉴的常驻机制，并透过内外部评鉴的联结与多元参与的真诚对话，以为学校发展改进负有绩效责任的过程”。① 黄葳等学者认为，校本评价是指以学校为主体，在学校层面充分发挥学校作为评价主体的作用，通过对学校各方面工作的评价，以促进学校发展的一种评价活动。② 彭钢认为：校本评价是一种内部评价，而非外部评价，是在本校范围内发生的，由学校自主决定的评价；是以调整和改进本校的教育教学工作，促进学生、教师、学校更好发展为核心价值取向的评价；是基于学校理念和学校特色，达成学校特定发展目标的自我参照评价。③ 胡咏梅、薛莲认为，校本评价是由学校的内部评价机构自发地对学校的内外部教育环境与教育质量进行民主的、系统的调查过程，并且是与外部评价相融合的过程。④ 校本评价是校本管理的重要手段之一，是学校改进和发展的前提与保障，它肩负着向公众证明学校质量的责任。

从以上列举的校本评价的概念来看，尽管对于校本评价的主体尚未达成共识，但对于校本评价的实质的认识是一致的，表现为强调自发、自主决定的，

---

① 郭昭佑：《学校本位评鉴》，五南图书出版有限公司，2000 年。
② 黄葳、贾汇亮：《校本评价：理念与方法》，《教育理论与实践》2004 年第 4 期。
③ 彭钢：《促进发展：校本评价的核心价值取向》，《教育发展研究》2005 年第 17 期。
④ 胡咏梅、薛莲：《校本教师评价理论探索》，《中国教育学刊》2010 年第 7 期。

评价内容是全面、系统的，工作目的是促进学校的改进和发展。这也使得校本评价与自我评价有着密不可分的关系。

二、学校自我评价的指标

学校自我评价的指标如果是建立在自评为外评提供依据的基础上，那么自我评价的指标大多与外部评价的指标相同，如果是基于学校自主、自发的自我评价，通常会自成体系。为了解各国和地区在开展自我评价的时候通常会选择哪些内容作为评价的指标，以下仅对部分国家和地区的评价指标进行分析。

（一）英国学校自我评价内容及其特点

英国学校自我评价作为督导的重要组成部分，为外部评价提供重要的证据，因此，学校自我评价的内容围绕着督导所评价的内容展开。

1.学校自我评价内容

学校自我评价的内容主要包括以下七个部分：

第一部分是学校的特点。此部分主要是对学校的介绍，包括学校和学生的背景、学校教育目标和发展目标。

第二部分是学生、家长以及其他利益相关者的观点。此部分主要简单记述学校是用什么方法收集利益相关者的观点的，他们的观点是什么，学校对这些观点意见采取了哪些行动。

第三部分是成就与标准。成就主要指对学生的知识、理解和技能的衡量。它反映了学生受到挑战的程度、取得的进步以及是否发挥了自身最大的潜能。该部分的关键是对学校增值和学生努力程度的判断。标准主要是指与全国同龄儿童相比，学生的知识、理解力和技能所达到的水平。

第四部分是学生个人的发展与幸福。该部分主要评价学校是否达到了《每个孩子都重要》中关于学生发展和幸福的相关要求，包括学生是否健康、安全地享受学习过程,达到既定目标;学生对社会作出的贡献;学生是否为未来做好了准备。

第五部分是学校教育质量。包括教与学的有效性,课程与其他活动符合学生需要和兴趣的程度,照顾、指导、支持学生的工作做得怎样。以教与学为例,主要包括教学质量和评价两个主题。

第六部分是领导与管理。包括领导和管理者如何设定明确的发展方向、绩效监控的有效性、促进平等参与工作机会的提供、人员和资源是否满足需求、地方行政人员对学校管理的指导作用发挥情况等。

第七部分是学校整体的效能和效率。在这一部分学校要回答以下三个问题:学校教育的总体效能,包括延伸的服务以及学校主要的优势和劣势;上次督导后学校为促进改进所采取的所有措施的效能;学校作出进一步改进的能力。①

英国教育标准局为了保障学校自评的有效性,于2009年颁布了《与学校建立新型关系:通过自我评价提高学校效能》,进一步指导学校进行自评。

2.学校自我评价的工具

学校自评表是学校进行自我评价的主要工具,它是教育标准局提供给学校的评价框架,几乎包括学校管理和教学的所有方面,是学校获取自我评价结果的主要途径,也是教育标准局策划学校督导时使用的主要文件。自评表包括的内容与以上学校自评的内容一致,包括七部分内容:学校的特点,学生、家长以及其他利益相关者的观点,成就与标准,学生个人的发展与幸福,学校教育质量,领导与管理,学校整体的效能和效率。

自评表每一部分的末尾都需要学校给出总结性的判断,并根据教育标准局提供的《学校督导指南:使用评价明细》的标准评定出级别。学校整体的效能和效率是自评表的最后一部分,它是对前面六部分判断分析后的总结性判断。

---

① 姜男:《英国学校自主发展性评估体系概述及启示》,《中小学校长》2010年第10期。

填写自评表时应使用通俗易懂的语言，尽量避免难懂的话语，保证整个自评表准确、清晰、真实。每个问题都要给出清晰的判断，并附上简明的证据说明为什么作出这样的判断。自我评价必须基于大量可靠的事实性证据，但是支撑论断的证据要有选择性地使用，不需要把所获得的大量的数据和细节描述都列上。

除了学校自评表，全国性的统一考试信息，例如《学生学业成就跟踪报告》也是学校自评的重要工具和分析材料。因为成功的学校自评能够为每个学生的学业和个人发展作出准确的判断以及设定清晰的目标，学业成就报告能使大多数学校参照全国其他条件、水平相近的学校，为学生达到的标准和进步的水平提供参照。

英国教育标准局 2009 年 4 月颁布的《每个孩子都重要——学校督导框架》中针对学校的自评提出了基本评价标准与要求，充分体现了学校评价在引导学校教育对学生个性人格的培养与完善中所发挥的重要作用。具体要求见表 5-1。①

表 5-1　英国中小学校自评标准与要求

自评内容	自评标准
学校的特点	学校和学生的背景　学校教育目标和发展目标
学生、家长和其他利益相关者的观点	如何收集不同群体对学校办学的观点，他们对学校的教育与教学一般持何种态度？学校针对不同的观点采取什么行动与措施？
成就与标准	学校目前的发展规划是什么？取得了哪些成就，达到了哪些既定标准？未达标的学生的比例有多少？学校采取哪些有效措施解决所出现的问题？

① 王璐、车金恒：《强化学校自我评价，提高督导效能——英国学校督导评价最新发展趋势》，《比较教育研究》2011 年第 10 期。

（续表）

自评内容	自评标准
学生发展与福祉	学生能够积极、主动、健康地享受学习过程。学生是否为未来的发展做好了准备？学生的学习目标是否明确？学生为社会作出积极贡献了吗？
学校教育质量	教与学的有效性如何？课程与其他活动是否能够满足学生个性人格发展的需要和兴趣？学校如何开展对学生的帮助、指导与关怀工作？
领导与管理	如何设定学校明确的发展方向？如何有效监控学校的办学绩效和对学生的关注？如何促进全体师生平等参与各项教育教学工作？学校与其他社会组织、家长以及其他教育机构的联系如何？
学校整体成效与效率	从上一次督导至今，学校取得了哪些进步？学校是否有足够实力来获取进一步发展？目前，采取了哪些措施来提高教学质量？

3.学校自我评价的特点

英国的自我评价呈现以下特点：

(1)学校自我评价的内容几乎包括学校工作的所有方面，而且给学校提供了自我评价的工具——自我评价表，该表是学校对自我评价过程的记录和总结，学校要及时更新，至少每年一次。并且根据实际情况适时增加自评行为对学生的影响，及时指出还未见效的举措及建议。

(2)评价的目的不仅是为教育督导提供证据，更重要的是为了学校的改进。通过收集、分析有关学校各方面可靠、准确的信息，准确判断学校发展的优势与不足，制订科学的行动计划。

(3)将自我评价融入学校日常管理系统中去，成为学校工作的一部分，而不是作为一项孤立的工作。

(4)学校必须积极听取学生、家长及其他利益相关者的意见，并对他们的意见作出反馈。这样可以及时改进管理中的漏洞，是一种有效的预警机制。

在规范操作的基础上，英国学校的自评工作取得了良好的效果，这既有利于学校全面、详细地了解各方面的工作情况，为学校下一步改进和发展做好准备，又为外部督导提供了翔实的证据。

（二）欧洲“学校教育质量评价”试点计划

1.评价内容

1997 年初，包括挪威、英国、荷兰、奥地利、西班牙、以色列、德国在内的 18 个国家中的 101 所学校参加了欧洲“学校教育质量评价”试点计划。

该计划在评价内容方面，为学校提供了自我评价框架（Self-Evaluation Profile，简称 SEP），这一框架包括 4 个领域层面，其中每个层面包括 3 方面内容：一是输出层面：学术成就、个人和社会发展、学生流向；二是课堂层面：学习时间、学习和教学的质量、学习困境的支持；三是学校层面：作为学习场所的学校、作为社会场所的学校、作为专业场所的学校；四是环境层面：学校和家庭、学校和社区、学校和工作。学校依据这些方面对自身进行全面剖析，找出优势和弱势，确立近期重点改善和评价的内容。

2.主要特点

欧洲“学校教育质量评价”试点计划评价内容遵循了美国学者斯塔弗尔比姆的 CIPP 学校评价模式，即背景评价、输入评价、过程评价、结果评价，注重对学校教育输入、过程和输出结果的评价，并将学生的发展作为对学校“输出”评价的重要指标。

（三）发展性学校评价指标体系

1.经济合作与发展组织的学校评价指标框架

经济合作与发展组织的教育评价专家在综合研究影响学校改进与发展的主要因素基础上，于 1996 年提出了学校评价的指标框架，它是针对影响学校发展的主要因素制定的发展性学校评价指标体系。该评价指标体系包括 18 个一级指标，45 个相对应的二级指标。具体详见表 5-2。①

---

① 卢立涛：《国外发展性学校评价研究综述》，《外国教育研究》2008 年第 10 期。

表 5-2 OECD 学校评价指标框架

一级指标	二级指标
学校的专业领导能力	领导班子团结、坚强有力；权职分工明确；业务能力强
学校教职员有共同的看法和目标	学校发展目标的一致性；实践的连贯性或一致性；权力分享与合作
学校是一个有效的学习环境	井然有序的氛围；有吸引力的工作和学习环境
教与学是学校管理的中心	最大限度地提高学习的时间；以学术性为重点；以成绩为中心
有目的的教学	有效的教学组织；教学目的明确；上课条理清楚、适应学生的差异
高期望	对各个方面的高期望；传达期望；提供智力上的挑战
积极强化	明确和公正的纪律；反馈
监测学生的进步	检测学生的表现；评估学校的表现
学生的权利和责任	增强学生的自尊；形成对自己学习负责的态度；支配自己的学习
家庭与学校有效的伙伴关系	家长参与孩子的学习
学习型组织	学校为本的教职员发展
学校教职员的稳定性	现任的教师和校长与 5 年前就在学校任教的百分比
教育领导与管理能力	校长用于管理活动（非教学活动）的时间；校长用于教学活动的时间
教职工的合作	非正式会议的频次；全体教学人员会议频次；教师在教学上的合作
评估实践	监测学生的进步；评估的频次、方法（标准化测试和自评等）与种类（教师评语、成绩报告单）
区别对待	教学适应各个学生的具体需要；能力为本的小组学习；多年级的班级；班级内的分组；增加班级的教学人员（如小组教学）

（续表）

一级指标	二级指标
成绩取向	注重成绩和对学生表现的高期望；成绩记录的使用（比较不同学校学生达到的标准，比较学生的成绩）；有无明确的成绩标准（学生成绩标准和学校成绩标准）；对优异表现的奖励
家长参与	学校鼓励家长参与学校事务的积极措施；家长积极参与学校各项活动的百分比

2.英国伦教大学教育学院萨蒙斯的发展性学校评价指标体系

英国伦敦大学教育学院的萨蒙斯（Sammons，P.）在其著作《学校效能：在21世纪走向成熟》（*School Effectiveness：Coming of Age in the Twenty-First Century*）中概括了高效能发展性学校的11项指标，具体详见表5-3。①

表5-3　高效能发展性学校评价的11项指标

一级指标	二级指标
专业化的领导	坚定的信念；参与的方法；专业化的领导
共享的目标	统一的目的；前后一贯的实践；分权与合作
学习环境	井然有序的氛围；富有吸引力的学习环境
专注于教与学	学习时间的最大化；强调学术性；关注成绩
有目的的教学	有效的组织清晰的目标；结构化的课程；应用型实践
高期望	高期望；沟通的期望；提供智力挑战
积极强化	严明的纪律；强化
监督过程	监督受教育者绩效；评估学校绩效
受教育者的权利与义务	受教育者的自尊；义务；工作控制
家校合作	家长参与子女的教育
学习型组织	校本员工发展

3.指标特点

经济合作与发展组织的评价指标和高效能发展性评价指标的设计与其他指

① 卢立涛：《国外发展性学校评价研究综述》，《外国教育研究》2008年第10期。

标还是有很大不同,它们直接将具体的评价内容作为一级指标,与其他指标体系的一级指标相比要多一些;在这些指标中体现了影响学校发展的各个要素,包括学校的管理、共同目标、教师的合作、学习型组织、学生的进步、家校合作等。

(四)新加坡优质学校评价模型及其特点

1.卓越学校模型

为了实现国家愿景——“思考型学校,学习型国家”(Thinking School,Learning Country,简称 TSLN),新加坡政府要求学校努力发展成优质学校,赋予它们更多的自主权,使它们可以及时满足学生的需求。并鼓励校长将自己作为他们学校的 CEO(领导),带领员工管理学校系统,产生预期的教育效果。为了支持这种变化,自 2000 年以来政府已经改变了学校评价方式,要求学校使用新的“卓越学校模型”(School Excellence Model,简称 SEM 模型)做好自我评价。

新加坡优质学校评价指标 SEM 模型包括学校可以用来进行评价的 9 个质量标准(Ministry of Educational,2000),具体见图 5-1:①

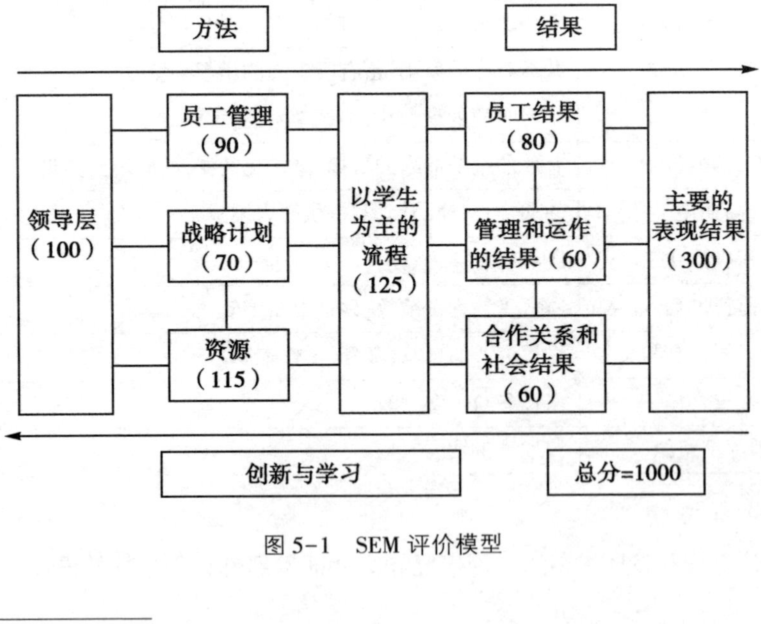

图 5-1　SEM 评价模型

① 宋晓云、王忠明:《新加坡优秀学校评价模型》,《全球教育展望》2004 年第 8 期。

(1)领导层:学校的领导及领导层系统是如何进行价值判断和选择,以及怎样关注学生的学习和优秀表现的;学校对社会是怎样负责的。

(2)战略计划:学校是怎样设置明确战略方向的;开发活动计划用以支持其方向,并实施计划等。

(3)员工管理:学校是怎样开发和利用所有员工的潜力去创造一个优秀学校的。

(4)资源:学校是怎样有效并且高效地管理其内部资源和外部合作关系,以支持其战略计划和流程操作的。

(5)以学生为主的流程:为了提供一个能够加强学生表现的整体教育和工作,学校是怎样设计、执行、管理和改善其主要流程的。

(6)管理和运作的结果:学校完成了哪些与高效和有效相关的任务。

(7)员工结果:学校完成了哪些与培训和发展职工道德风貌相关的工作。

(8)合作关系和社会结果:学校完成了哪些与合作伙伴以及自由社区相关的任务。

(9)主要的表现结果:在学生全面发展方面,学校完成了哪些任务,尤其是学校在何种程度上完成了预期的教育结果。

在用 SEM 模型进行评价的时候,这个模型需要以下依据:一套合理的、综合的能对模型定义的所有质量标准进行系统、持续改善的方法;一套系统的处理方法以及执行度;建立一套规范的评价方法对各项工作完成的结果以及正在进行的活动进行评价和分析,并给予相应的配置;一种确认的、优先的、计划的和可执行的改善活动;一套适当的有挑战性的目标;在 3~5 年内的一种持续提高的结果;一个针对同类学校的表现基准;对好的以及坏的结果的原因的一种确认。

2.SEM 模型的特点

(1)SEM 模型是学校自我评价模型。该模型借鉴各种商业组织的质量模型,譬如欧洲质量管理基金会(European Foundation of Quality and Management，简称 EFQM）、新加坡素质奖模型（Singapore Quality Award，简称 SQA）以及美国马尔科姆·波多里奇国家质量奖模型（Malcolm Baldrige National Quality Award，简称 MBNQA）。它有意识地努力使 SEM 模型和 SQA 模型相匹配，以便各个学校能按照国家基准来定位组织是否卓越。SEM 模型的目的是提供一种方法，客观地确定和衡量学校的强项和需要改进的地方；为客观识别提供一种方式，测量学校的改进强度和改进范围。

（2）SEM 模型体现了学校管理的自主性。学校不再只是接受和执行教育行政机构的命令。SEM 模型为学校管理提供了一个更广阔的平台，学校可以在教育部的指导下实行自己的教育方式和改革措施。这一模型是学校进行自我评价的工具而不是教育行政机构对学校进行评价的工具。

（3）SEM 模型旨在提供一套客观的确定和衡量改善学校实力和范围的方法。它允许学校之间进行基准测试，激发那些能够对整个学校的质量带来积极影响并最终能够提高整个教育体系质量的活动。

（4）SEM 模型具有一系列的核心价值，定义了 SEM 模型的目的和形式。核心价值强调了具有目标管理的学校领导层的重要性：将学生放在第一位，将教师视作是素质教育的关键。SEM 模型认识到了超越学术成就范围的可持续发展方向。在 SEM 模型中，优秀学校不仅仅具有学术上的优秀表现，而且还提供了素质教育和整体教育，能够持续多年达到目标并表现出良好的发展趋势。

该模式自推出以来，对新加坡的基础教育产生了重要影响，极大地推动了学校以学生发展为核心的自评与外评的实施，促进了学生个性健康而又全面的发展。

（五）荷兰学校自我评价

金·希尔德坎普（Kim Schildkamp）和艾德·维斯切（Adrie Visscher）介绍了荷兰学校的自我评价工具ZEBO，该自评框架的指标建立在学校和班级两个层面，前者包含“高成就期待”“教育领导力”“教职工的专业水平”“学校氛围

(人际关系方面)”,后者包括“有组织的教学”“灵活的教学”“监测学生进展”“学生关怀”“学生间关系”“师生关系”等。由爱德华·萨利斯(Edward Sallis)提出、马丁·巴洛斯基(Martin Barlosky)和教授史蒂芬·劳顿(Steve Lawton)编制的学校自评指标,包括入学、顾客服务、领导力、校园环境与资源、高效的教与学、学生、教职工、社会关系、组织、标准这10个指标,各自权重以及5个评价等级。简·范霍夫(Jan Vanhoof)和皮特·范彼得格姆(Pete Van Petegem)提出了自我评价成功实施的7个原则:自评团队要做好准备进行系统的反思;朝着共同目标工作;通过共同的领导来使各方参与;高效交流;尝试创造支持性关系与合作;将自我评价过程融入现有学校政策;及时响应关于自评过程的内外部的期待。他们还对应这7个原则设计了诸多指标,如“自评中反思能力”的指标包括“我们理解学校管理和团队成员对自评的感觉如何”“团队成员已做好批判地考察自身专业水平的准备”等。①

(六)我国部分地区学校自我评价

1.北京市中小学学校评价指标体系及其特点

(1)指标体系。北京市在学校评价方面进行了长期的研究,至今已有十余年,该研究主要面向学校的自我评价,包括方案、工具、自我评价机制、自我评价支持系统,建立了北京市中小学学校发展评价数据库,为学校的自我诊断、自我改进提供了支持。该评价指标体系由一级指标、二级指标、三级指标和评价要素构成,一级指标包括发展规划、干部队伍、教师队伍、德育工作、教学工作、体育卫生工作、心理健康工作、资源管理、学校文化氛围、学生素质发展水平10项,二级指标29项(表5-4)。②

---

① 巫倩雯:《美国基础教育学校评价指标体系研究——兼与中国比较》,南京师范大学硕士学位论文,2015年。

② 北京市基础教育阶段学校评价与数据库建设项目组研制,2014年。

表 5-4　北京市中小学学校自我评价指标体系

一级指标	二级指标	三级指标	评价要素
发展规划	规划制定	制定依据 制定方式	学校有明确的办学理念和发展目标，有体现办学理念和发展目标的发展规划； 学校办学理念和发展目标得到广泛认同并内化于办学行为； 年度计划制定； 尊重学校传统和学校实际，提炼学校办学理念，形成学校的办学特色； 诊断学校发展现状，及时发现和研究分析学校发展面临的主要问题
	规划执行	执行过程 执行效果	
	规划调控	调控方式	
干部队伍	数量与结构	编制、年龄、性别、任职年限、职称、学历	按编制配齐，年龄、专业结构合理
	管理理念	教育理念 管理思想	教育理念遵循教育规律，符合可持续发展的理念； 管理思想体现以人为本，尊重师生，为师生的发展提供条件
	管理能力	领导能力 执行能力 协作能力	具有对课程教学的领导能力； 能够引领教师成长； 管理理念和思想在实践中能够落实； 干部队伍团结协作，形成合力
教师队伍	数量与结构	编制、年龄、性别、任职年限、职称、学历、骨干教师	按编制配齐，学历合格，专业、职称结构合理
	专业理念与师德	对学生的态度与行为 职业道德修养 教育态度与行为	关爱、尊重并信任学生； 具有良好的职业操守和道德品质； 遵循教育规律和学生成长规律，为每一个学生提供适合成长的教育

（续表）

一级指标	二级指标	三级指标	评价要素
教师队伍	专业能力	教学能力 研究能力	具有较强的组织活动、管理班级、个别指导的能力； 能在日常教育教学中积极参与科研活动，应用科研成果； 善于选择适合教学内容的方法，有效实施教学； 掌握多元评价方法，多视角、全过程评价学生发展； 合理使用信息技术手段； 具有良好的沟通能力，师生关系融洽，家校关系和谐
德育工作	德育内容	爱国主义教育 行为规范教育 公民意识教育 理想信念教育	开展社会主义核心价值观教育活动； 注重行为规范养成教育； 培养学生的公民意识和行为
	德育途径	学科渗透 校内活动 校外活动 学校、家庭、社会德育网络	发挥课堂教学主渠道作用，在学科教学中渗透德育工作； 开展丰富的校内外德育活动； 构建学校、家庭和社会三位一体的德育网络
	制度与保障	德育制度 德育时间	贯彻全员全程德育工作方针； 德育工作时间得到保证； 发挥学生的主动性，让学生参与到学校德育制度的制定与实施中来； 积极创设生活化的教育情境，努力实现制度与生活的有机融合

（续表）

一级指标	二级指标	三级指标	评价要素
教学工作	课程建设	课程管理 课程体系建设	建立健全的课程管理制度； 认真执行国家课程标准； 地方课程按要求实施； 校本课程体现学校特色，并能创造性地实施
	教学实施	教学管理 教学组织 教学评价 减负机制	严格执行教学常规管理制度，保障教学有序实施； 积极探索教学改革，满足学生多样化的学习需求； 教学评价方式多元，保障教学质量； 建立减轻学生课业负担的有效机制
体育卫生工作	实施举措	体育教育 课外活动 卫生保健	贯彻《学校体育卫生工作条例》，保证学生每天校内一小时体育锻炼时间； 确保学生休息睡眠时间，加强对卫生、保健、营养等方面的指导和保障
	实施效果	体育运动能力 体质健康水平	全面实施《国家学生体质健康标准》，学生体质健康及格率达到85%以上； 指导学生掌握科学用眼知识和方法，学生近视率得到有效控制
心理健康工作	条件保障	心理教师配备 心理辅导室（或心理咨询室） 心理健康教育工作制度	配备专兼职心理教师； 建立心理辅导室，满足学生需求； 心理咨询制度等
	实施途径	日常教育教学活动渗透 心理健康专题教育 心理咨询 家校合作	心理健康教育要贯穿于学校教育的全过程； 开设心理健康教育活动课或选修课，普及心理健康知识和方法； 开展团体心理辅导和心理咨询活动； 开展心理测试，及时发现问题并进行调节； 密切联系家长共同实施心理健康教育

（续表）

一级指标	二级指标	三级指标	评价要素
资源管理	管理制度	制度建设 管理方式	资源管理制度健全； 管理方式人文、科学
	资源开发	学校内部资源开发 学校外部资源开发	教学资源的开发（教具、课件）； 充分开发家长和社区资源
	资源利用	资源利用方式 资源利用效果	有效地使用可支配（教学、实验、图书等）资源，满足教师和学生的需求； 充分利用家长和社区资源，形成资源良性运转
学校文化氛围	文化建设	物质文化 制度文化 精神文化	学校环境建设充分体现办学理念；环境优美，育人功能明显； 规章制度健全，师生自觉执行； 校风良好，人际关系和谐
	家校协作	家校协作制度 家校协作组织	建立、完善与家长沟通、协作的制度； 成立了家长委员会、家长教师协会等组织并发挥了作用
学生素质发展水平	品德发展	行为习惯 社会公德 社会责任	文明礼貌、诚实守信、珍爱生命； 团结友善、尊重他人、遵纪守法、乐于助人； 爱祖国、有社会责任感
	学业发展	学习态度 学习习惯 学习能力 学业水平	学生具有浓厚的学习兴趣； 形成良好学习习惯； 学习能力达到课标要求，能够关注现实生活、参加社会实践和志愿服务活动、解决实际问题；具有一定的创新意识； 学业成绩达到课标要求，成绩不断提高

（续表）

一级指标	二级指标	三级指标	评价要素
学生素质发展水平	身体发展	卫生与锻炼习惯 运动技能 体质健康	学生养成良好的卫生习惯和锻炼习惯； 掌握体育锻炼的方法和技能； 具有健康的体质和较好的运动技能；学生体质健康达标
	心理发展	自我认识与调节 适应环境的能力 人际沟通	学生群体心理健康水平评价结果良好； 学生能够对自己的情绪进行排解，对行为进行约束； 学生能够应对和克服学习、生活中遇到的困难，具备适应学习环境、社会环境的能力； 师生关系、同伴关系、亲子关系融洽
	艺术素质发展	艺术情趣 艺术表现	具有健康的艺术情趣； 感受美、表现美、鉴赏美、创造美的能力，学生能以音乐、舞蹈或美术等方式呈现基本技能
	劳动技能发展	劳动态度 劳动知识 劳动技能	热爱劳动，正确认识劳动的价值； 了解劳动知识； 掌握劳动技能

（2）评价指标体系的主要特点如下：

第一，该评价指标体系是基于学校管理的全面评价。评价内容关注学校发展的过程性管理，强调管理的制度、实施方式或途径、管理的成效。其中在管理的成效上主要将学生在品德发展、学业成就、身体健康、心理发展、艺术素养、劳动技能六方面的发展情况作为发展的重要指标，凸现学校的发展要以学生的发展为主。

第二，评价要素选取了评价的主要观测点，不仅体现了对二级指标的具体解释，同时也体现了国家及北京市相关文件的要求，既符合学校发展的内在规律，同时也符合政府对学校发展的外在要求。

第三，评价要素体现了评价标准，用不同的程度要求的达成度来反映某项工作的实施情况和学生的培养目标，如：掌握劳动技能；养成良好的卫生习惯和锻炼习惯；掌握多元评价方法，多视角、全过程评价学生发展；等等。该评价指标体系有利于学校在开展自我评价的过程中把握评价的标准，同时也为学校提供了较大的空间。

2.我国香港学校自我评价框架、理念及特点

(1)香港学校自我评价框架。香港学校质量保证在1997年推出，至今不断完善，初期为质量保证视学模式，经过几年的改进及修订，演变为2001年的标准视学模式，并辅以重点视学。至2003年建立了学校发展与问责架构，由以往的分部门视学转变为对学校的整体系统的评价。香港的学校自我评价框架见表5-5。①

表5-5 香港学校自我评价框架

范畴	范围	表现指标
管理与组织	学校管理	策划
		推行
		评估
	专业领导	领导与监察
		协作与支援
		专业发展
学与教	课程和评估	课程组织
		课程实施
		学习评估
		课程评鉴
	学生学习和教学	学习过程
		学习表现
		教学组织
		教学过程
		回馈跟进

① 赵丽娟：《香港学校教育质量保障机制、特点及其启示》，《基础教育参考》2013年第9期。

（续表）

范畴	范围	表现指标
校风及学生支援	学生支援	学生成长支援
		学校气氛
	学校伙伴	家校合作
		对外联系
学生表现	态度和行为	情意发展和态度
		群性发展
	参与和成就	学业表现
		学业以外表现

(2)香港学校自我评价指标理念及特点。

第一,指标所体现的理念。如图 5-2 所示,指标充分体现了以学生为中心的理念,学校的学与教、校风及学生支援要为学生的发展服务,而学校的管理与组织又为学与教、校风及学生支援服务。通过这些关系可以看到学校教育的终极目标、指向,即一切为了学生的发展。整体而言,它是以“学生表现”的两个指标范围为中心,外层包括“学与教”和“校风及学生支援”之下的四个指标范围,并再向外伸展,涵盖“管理与组织”的两个范围。同时也提出学校在运用表现指标时,需充分考虑学校的背景因素。

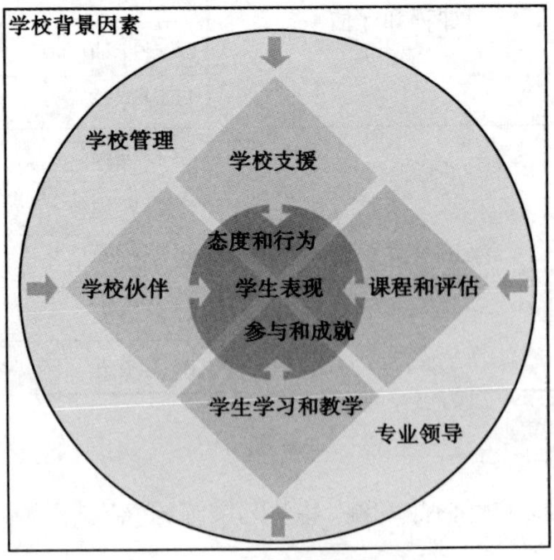

图 5-2　表现指标的理念

第二,学生表现范畴的理念。学生表现既是学校质量的重要表现指标,同时也是学校各项工作成效的检验指标。根据香港教育目标,学校应为学生提供全人发展的机会。学校需检视学生在“态度和行为”及“参与和成就”两方面的表现,以便掌握学生全人发展的状况。同时,学生表现亦是学校教育的主要成果,学校可借着学生在上述两方面的表现,了解学生的需要,以及评估学校在其他指标范畴的工作成效。

第三,学与教范畴的理念。课程和评估是一项整体工作,需要互相配合。学校应根据课程发展议会建议的基本课程架构、教育趋势和学校发展,按学生的需要、兴趣和能力,发展校本课程,有策略地推行适切的“学与教”措施,为学生提供丰富的学习经历,巩固学生的基础知识、发展共通能力、培养正面价值观和态度,以奠定学生自主学习和终身学习的基础。同时,学校亦需制定配合课程目标的评估政策,透过有效的学习评估,提升学与教的成效。

优质的教学能促进学生学习。教师应以学生为本,制定清晰的教学目标,落实校本课程,运用合适的教学策略和资源,促进课堂互动,以协助学生建构知识,启发思考,发挥潜能,并培养学习能力,建立正面的价值观和态度,教师需照顾不同学生的需要,给予他们适切的回馈,并提升他们的学习信心和兴趣;又通过为学生提供全方位的学习机会,延展学生的学习。学校应让学生在学习过程中体现自主学习的精神,鼓励他们积极分享与协作,勇于探索冒险,让他们乐于学习,善于沟通,勇于承担和敢于创新。

第四,校风及学生支援范畴的理念。为使学生得以全面发展和健康成长,学校应营造良好校风,为学生提供适切的支持服务和多样化的活动,并与家长及社会配合。在“学生支援”方面,学校应制定以学生为本及全校参与的政策,有策略地识别学生的成长需要,并为有不同学习需要的学生提供支援,使他们融入校园生活,发挥潜能。学校通过不同的学生成长支援措施,促进学生的个人及群体性发展。学校也需建立校内良好的人际关系,使学生彼此接纳,各展所长;营造积极愉快的学校气氛,使学生建立归属感和团队精神。同时,学校视家长、校友和外间机构为“学校伙伴”,与他们保持良好沟通和紧密联系,包括鼓励家校合作、善用外界资源,促进学校发展,并让学生通过参与小区活动，充实自己，回馈社会。

第五，管理与组织范畴的理念。优质的学校管理与组织建立是基于良好的“专业领导”和“学校管理”两个主要的因素之上，为促进其他三个范畴工作的成效提供有利的条件。学校各阶层的领导在不同的工作岗位发挥专业领导的职能，与员工建立共同愿景及确定清晰的学校发展方向，以实践办学理念，并促进学生学习和成长。为建构学校成为学习社群，学校应设置有效的措施支持、促进教师协作和专业成长。领导层借有效的质素保证机制、监察工作的推行和评估成效，积极向学校的持分者汇报学校表现，以增加管理的透明度和体现问责精神。同时，力促各范畴的工作能有效实践及融入“策划—推行—评估”的自评循环，借此不断自我完善，持续发展。

第六，表现指标使用的理念。按照图5-2所示，为提升“学生表现”，学校须在“学与教”和“校风及学生支援”两个范畴有良好的配合，而优质的“管理与组织”能有效促进“学与教”和“校风及学生支援”相关计划的施行和评估，以达到自我完善。学校在四个范畴的表现相互关联，体现表现指标具有环环相扣、互为影响的性质。因此，学校人员应以整体的角度，重点评估学校的工作。此外，由于每所学校的发展步伐不同，学生的背景也有差异，学校在运用指标进行评估时，应充分考虑本身的背景因素，以配合校情为本，对焦评估的原则。

三、自我评价概念和评价指标问题分析

（一）自我评价的概念分析

关于自我评价的概念尚未达成共识，不同概念的界定对于评价主体、评价内容、评价标准等的描述还不统一。

在评价主体上，是学校全员的一种参与，还是包括学生家长和社区相关人员，参与人员的不同会影响评价结果的全面性，也体现学校办学对谁负责的

理念。

在评价内容和标准上，强调是学校的全面工作，各项工作、规划及其实施情况等，标准是学校认可的评估标准，这样会导致各校的标准不一，可能会造成一些学校的标准过低，使得学校的办学质量不能达到基本的要求。

以上问题实际是学校自我评价的定位问题，学校为谁而进行自我评价？如果学校教育的发展仍然秉持“政府导向”，那么学校自评可有可无，无关大碍。但是处在不断的变革情境中，学校行政的形态已经由“事务性”的静态管理逐渐转变为“人际”“资源”与“技术”的动态经营，如强调时间运用、资源分配、资讯沟通与管理、专业发展与人际关系，因此学校组织就转化为社会参与以适应外部变迁的有机组织。当学校不再只是被动的执行者，而成为改革的主体时，学校作为提供教育服务的组织，理当能够为公众提供满意的“产品”，学校根据学生和家长用户的不同需求结合本校的特点和条件制订课程计划，对课程计划、教学质量的高低及相应的管理和领导都要进行一系列的评价，这样产生的评价是“用户导向”的，为了给学生和家长提供更好的服务而进行不断的反省和跟进。学校自我评价应是学校的“全身检查”，为公众充分了解学校的各种运作提供窗口。

学校只有把自我评价作为不断提升自我发展水平的动力源，从满足学生发展需求的视角出发方能提高自我评价的地位和作用，有了明晰的价值认同，自我评价亦可落位。

（二）自我评价指标分析

目前自我评价指标的制定基本是自上而下的一种方式，由政府、研究机构等部门制定评价指标框架，下发学校后，学校依据框架，结合本校情况制定具体的评价指标和实施细则。从指标的制定上看，属于一种外生性的，而非完全的内生性的建构过程，某种程度上也是一种实现外部对学校发展的希望和要求。从自评的内容上看，已经从关注硬件转变为关注学校软件方面的成就和发展程度，更加关注学校的内涵发展。

很多国家的自我评价指标与外部评价指标是一致的，如英国、日本等。一致性的评价指标可以保证内外要求的一致性,同时实现自我评价的结果为外部评价提供案例,而外部评价又可以检视学校自我评价结果的客观性,有利于自我评价的实施。但统一的评价指标也存在忽略了学校的个性、不能彰显学校个性的特点,因此可以考虑共性指标和个性指标相结合的方式。

大多数评价专家认为,在对某一特殊评价对象进行评价的过程中,使用的指标必须由评价对象的特殊背景以及评价的功能来决定。尽管在很多情况下,评价者无权在各种可供选择的指标中进行挑选,但是不管这种选择是评价者做出的还是由其他人做出的,必须注意做出这样一种选择以及能够为这种选择提供可靠的理由是评价者的责任。因此自我评价指标的确定要考虑学校的实际情况以及自我评价是为了促进学校改进的功能。

总之,就学校内部评价而言,很多现有的学校评价理念具有明显的功利主义倾向,过分强调学校的当前利益,忽视教育的长远目标,这直接导致了学校评价实践中存在着诸多弊端。比如:指标体系建构随意,评价重结果、轻过程,过多依赖定量评价,评价结果不公开,等等。上述做法导致现有学校更多地表现为一种鉴定性评价和水平性评价,是一种面向“过去”的评价,往往是静态的且终结性评价占重要地位。很大程度上,这种评价突显了评价的鉴定和评比功能,评价的引导、激励和教育功能处于缺失状态。

四、理想的自我评价

基于学校自我评价目前存在的动力不足、评价过程不够规范、结果应用不当等问题,未来的学校自我评价需要在以下方面着力:

(一)变外控式的自我评价为内控式的自我评价

学校自我评价是指向自我发展的评价。所谓指向自我发展,就意味着学校自我评价是一种内控机制,是学校自主发展机制的一个重要组成部分;还意味着将学校评价看作是一个动态的过程,并和日常教学、管理结合起来,自评在周期的循环运作中将每一阶段的结果进行对比,衡量其进步程度,不断反省、及时总结成功经验和采取改进措施。学校自评是一种内控机制,循序渐进地提升自我力量,成效较慢但却长久。当前督导对学校自评的控制力极为强大,学校自评基本上是在督导的框架下进行,结果也要受到督导的核实。但是,外在核实的影响力越强,学校越会失去自我发展的空间,自力更生的能力便越弱。因此,学校自我评价的依据是学校自身的发展状态而不是督导要求,目标也是可接受、可达到的而不是外界强行赋予的、不可控的,需要将外控式的自我评价转变为内控式的自我评价。

(二)学校自我评价与学校发展阶段相适应

目前在学校的发展阶段和状况方面有比较多的理论支撑,如生命周期理论和第二曲线理论。按照生命周期理论,学校的生命周期可划分为:一是成长阶段,包括孕育期、婴儿期、学步期;二是再生和成熟阶段,包括青春期、盛年期、稳定期;三是老化阶段,包括贵族期、官僚化早期、官僚期(含死亡)。① 但是学校作为一种组织形态,除非极特殊的原因,一般不会死亡。这也为第二曲线理论提供了发展的基础,学校发展的第二曲线理论认为,在办学成功或陷入困境之后,学校管理者为了寻求新的突破、达到一种新的办学目标会采取一种面向未来的学校发展策略,进而促进学校向新的发展阶段迈进。也有研究认为一所学校的发展周期由以下几个阶段组成:创业发展阶段、规范发展阶段、个性发展阶段和成熟发展阶段。② 按照这些理论至少可以判断学校的发展是呈现阶段性特点的,而在不同的发展阶段学校所面临的发展问题不同,这也就需要学校自我评价要基于学校的不同发展阶段去制定评价的相应目标,它们在实施和操作上都会有所不同。

马克斯·韦伯指出:“一个组织可以是自律的或他律的,自治的或他治

---

① 韩保清:《生命周期理论视野中的学校组织生命周期》,《教育理论与实践》2011 年第 16 期。

② 刘军:《学校管理之周期性》,《中小学管理》2001 年第 9 期。

的。自律意指组织的秩序是由组织成员凭借自身的特质建立起来的……自治意指领袖和管理干部皆是依据组织自己的秩序规章所产生，而不像他治的情况，完全由外人指派。"①在学校发展过程中，进行自我改进，必然会面临矛盾与问题，创新举措与旧有习惯势力会形成抗争之势。有的学校在组织变革中成立了课程研发中心，中心的职能设计、制度体系构建、运行方式等都会对学校中的人产生新的冲击与挑战。校本研修的各种活动设计、听课评课活动的开展、教师论坛的开设、小课题研究、教育博客的撰写、名师工作室的运作等活动中组织成员自我的能动性体现在组织运作的各个环节，同时又具有相互合作、交流与分享的特点。学校从他律走向自律需要不断打破固有模式，打破的动力来自自我评价。

（三）建立学校自我评价制度，形成学校评价文化

"制度的奥秘就在于：制度的精神重于形式。通过制度创新来促进学校发展的关键不是求取制度的形式，而是催生内在制度精神。"②制度创新成功的关键是改变制度中的人的共同信念，因此，制度的重要作用既是规范、约束，更是引领、指导。评价的反馈与激励制度，可以有效激发师生的工作、学习动力。学校自我评价制度是基于学校发展的需要，以发展性评价理念为指导，在学校内部建立起来的学校各个评价主体共同遵守的规程和准则。自我评价制度的建立，可以解决自我评价动力不足的问题，减少自我评价的随意性，通过规范的实施流程，引导学校各评价主体客观评价学校的发展，在评价的过程中形成良好的评价氛围和评价文化。在评价的过程中要提供切实、经常的培训和训练。这种培训和训练不仅包括对工具的使用，更包括对评价流程的管理。教职工的培训要求评价服务提供者、外部咨询者和校长付出实质性的努力。

---

① 马克斯·韦伯著，顾忠华、康乐、简惠美译：《社会学的基本概念　经济行动与社会团体》，广西师范大学出版社，2011 年。

② 杨全印、孙稼麟：《学校文化研究——对一所中学的学校文化透视》，教育科学出版社，2005 年。

（四）学校自我评价的参与主体须多元化

学校自我评价是与学校发展相关的全体利害关系人参与的评价。学校自我评价并不是由管理层的少数人员垄断的，而是由所有与之相关的利害关系人参与的过程。自评过程中教师、学生、家长和社区代表共同参与，可以提升学校运作的透明度，为各个利害关系人全方位了解学校运行提供渠道，保障他们的知情权和参与权。其实，将学校自评定位为全体利害关系人参与的评价不仅是理论上的要求，也是实践中最大限度减少工作阻力的必然选择。一所学校的发展和变革涉及多方面的利益冲突与整合，在自我评价过程中如果能最大限度地纳入各方利益的代表，一方面可以从全局把握学校现状，最大限度降低决策过程中的局限性，更重要的是，可以降低后续改进行动的风险和反对率。因为，问题是大家一起发现的，改进措施是共同协商的，个体的抵触、消极情绪就会大大缓和。①

（五）自我评价需要外部系统的支持

学校对自我评价的态度取决于评价在以成绩为导向的问责制或以学校改进为导向的框架中是否占有一席之地。尽管前者更容易受到抵制，但以改进为导向的评价文化，也同样不可能理所当然地为学校全体人员所接受，而必须经常受到外部评价的激发。挪威的学校自我评价实践表明，自我评价的推进需要外部系统的支持。在挪威的学校评价系统中，自我评价是其中的一个组成部分，这就是从国家层面上确立了自我评价的地位，而国家颁布的校本评价手册的出台也使得实验学校先前在自我评价方面取得的发展得到进一步的巩固。专家以研究者和指导者的双重角色介入，参与概念的界定、方案的确定、实施过程中的系统调查和及时调整，使学校自我评价得以在一个较高的平台上起步，在可以持续得到反馈和指导的过程中进行。因此，自我评价要获得持续发展，需要外部的专业支持与指导，否则自我评价容易流于形式，没有成效。

① 崔允漷、夏雪梅：《试论学校自我评价的问题及对策》，《全球教育展望》2004 年第 8 期。

第六章　学校自我评价的历史回顾

一、学校自我评价的起源

（一）“校本管理”运动引发学校自我评价的发展

受商业、企业界追求质量管理的理论和实践的影响及鼓舞，20世纪七八十年代，企业界自我评价的许多做法开始被引进教育领域，国际上的学校自我评价应运而生。20世纪70年代西方国家掀起了“校本管理”运动，主张扩大学校自主权。许多国家纷纷开始尝试变革学校管理体制，自我评价因此越来越受到关注。在此背景下，以英国为代表的督导评价开始逐步关注学校自我评价。

1.英国学校自我评价的发展历程

1988年颁布的《教育改革法》是自《1944年教育法》通过以来，对英格兰和威尔士影响最大的一项立法，使英国教育体制产生了很大变化。为了适应教育体制的新变化，20世纪90年代以来教育督导也不断变革，并且日益重视学校自我评价的作用。

（1）学校自我评价开始受到重视。《1992年教育（学校）法》规定要对英格兰所有公立学校进行督导，为了完成督导任务，成立了专门的督导机构——教育标准局，管理全国督导工作，同时还就督导机构、过程和报告等问题作出明确规定。1993 年,教育标准局颁布《学校督导框架》,开始启动大规模的督导计划,1994 年 9 月开始着手对小学进行督导。1997 年至 1998 年完成了第一轮督导并发布了一系列指导学校进行自我评价的文件,例如 1998 年颁布了《学校评价事项》,详细介绍了学校自我评价的方法、依据和流程,还就许多优秀学校自我评价案例进行了分析和评价,指导学校自我评价;同时教育标准局还对学校自我评价人员进行培训,帮助他们掌握评价方法。以教育标准局颁布的《中学督导手册:自我评价指南》为标志,1999 年被认为是英国重视学校自我评价的转折点,该手册明确指出了自我评价是学校改进的关键。① 以上各种措施的实施表明学校自我评价已经开始逐渐受到教育标准局的重视。

(2)学校自我评价在督导中的地位逐渐确立。为了提高督导效能,教育标准局不断强调学校自我评价。《2003 年督导大纲》更加强调学校自我评价,它规定"必须通过持续的内部评价去补充定期的外部督导。为了促进学校形成严格的自评文化,要求督导过程保持透明,督导大纲公开发行"。同时教育标准局给学校自我评价提供了记录表(即 S4 表),要求学校记录以下几方面内容:学校优势和劣势;学生达到的标准;学校教育质量;学校管理和领导能力。② 同年的督导手册也明确要求督学必须报告学校自我评价的效能。2004 年教育标准局出台了一份咨询报告,对 1992 年至 2003 年的督导实践进行了回顾与反思,指出督学要转变角色与学校发展新型合作关系,将学校自我发展规划与自我评价结合起来,充分发挥学校的积极性。③ 这表明英国的督导重心从只重视外部督导转向注重学校自我评价,外部督导越来越倾向于对学校自我评价进行督导和再次评价。

2005 年以来,英国教育标准局已经完成了对所有中小学的第三轮督导评价工作。在教育标准局与技能部关于《与学校建立新型关系:通过自我评价提高学校效能》和《与学校建立新型关系:下一步》的报告中都强调要通过学

---

① 王代君:《英国基础教育领域中学校自我评价研究——以艾略特·班克小学为例》,东北师范大学硕士学位论文,2015 年。

② 同上。

③ 同上。

校自我评价促进学校改进。通过对以前督导的反思，2005 年教育标准局又修改了督导框架，进一步指导学校如何进行自我评价。在新框架中自我评价表代替了原来的 S4 表，规定学校进行自我评价时要填写自我评价表，并且要适时进行自我评价，更新自我评价表，以确保学校能对自身进行严谨、细致的自我评价。自我评价表是学校自我评价的基础，也是教育标准局策划学校督导时使用的主要文件。

2005 年 9 月开始使用的《学校督导大纲》中明确指出，从 2005 年 9 月开始，督导过程将增加学校自我评价，并将之作为督导过程、学校内部规划和发展的起点，以此来重点突出学校改进。至此，学校自我评价已经被成功地整合进新的督导过程之中，成为督导过程的起点，其重要地位和作用无论在法律文件中还是在实践中都得到了充分认可。

(3)学校自我评价继续受到教育标准局重视。重视学校自我评价已成为督导变革的主要趋势，教育标准局重视学校自我评价的传统一直延续至今。2006 年教育标准局出版了《自我评价的最佳实践：对中小学、大学和地方教育当局的调查》，高度称赞在自我评价和学校管理中取得显著成功的学校和教育当局，要求把自我评价纳入学校管理系统中去，并出台《通过学校自我评价和改善计划提高绩效：进一步指导》继续指导学校完善自我评价。2009 年的《学校督导框架》继续强调要对学校的自我评价进行督导，增强学校自我评价与改进的能力。2012 年《学校督导大纲》指出，“学校要向督学提供书面性的自评报告，学校自我评价为外部督导提供可靠依据，使学校自我评价成为学校改进与发展能力的动力”。① 由此可见，教育标准局继续注重学校自我评价，将其作为学校持续发展的内在动力，在与外部督导共同合作的基础上，判断学校发展中存在的不足，明确改进目标，完善学校发展计划，从而激励学校的发展。

---

① 王代君：《英国基础教育领域中学校自我评价研究——以艾略特 · 班克小学为例》，东北师范大学硕士学位论文，2015 年。

2.日本学校自我评价的发展

日本的学校自我评价始于二战后初期,当时主要有两种评价理论:一种是从推进学校运营民主化的观点出发,在学校管理上为了体现全体教职员的总体意志,主张实行学校自我评价。另一种是以外部评价为核心所设想的学校评价理论,主张通过学校外部机构对学校进行"访问评价"。但是这种理论也不排斥自我评价,认为虽然自我评价有缺乏客观性的弊端,但是从促进学校自我更新的观点出发,它能够唤起教师们自我改善的愿望,能够构成积极引进外部评价的基础。实践层面也是两种评价方式并存。

到了20世纪50年代中期,学校评价大大衰退了。到了20世纪六七十年代,学校评价再度受到重视,日本重新确立了学校自我评价的原则。在实践层面,更加注重作为学校评价子系统的"学校经营评价",把学校评价的重点放在了学校内部改善上。

随着日本教育改革从中央集权转型为地方分权,确立"学校的自主性、自律性"成为重要的课题。1998年9月,日本中央教育审议会咨询报告《今后地方教育行政的应有状态》提出了"自律学校"构想。咨询报告指出学校必须就教育目标和据此制订的具体的教育计划及其实施状况的自我评价,逐一地向监护者与社区居民说明。根据这些规定,《高等学校(高中)设置标准》等文件也明确地规定,学校应致力于对教育活动及其他学校的管理状况,进行自我检查和评价,并且公布结果,对监护者积极地提供信息。①

2006年3月27日,日本文部科学省颁布了以"促进学校自律、持续的改善与发展"为基本理念的《义务教育学校评价指导方针》②,对学校自我评价提出具体的要求。至于选择何种方法还是给了学校较大的自主权,即学校评价可以采用自我评价的方法,也可以采用外部评价的方法,也可以二者结合进行。但无论采用哪种方法,都要把评价的结果向学生家长、学区居民等进行说

---

① 钟启泉:《对话教育:国际视野与本土行动》,华东师范大学出版社,2006年。

② 李广、马云鹏、高山达雄:《促进学校自律、持续的改善与发展——日本〈义务教育学校评价指导方针〉解读》,《外国中小学教育》2007年第6期。

明与公布。

（二）第四代评价理论对学校自我评价发展的影响

20世纪80年代，倡导民主协商、为改进工作而评价的第四代评价观兴起，以英国为首的一些发达国家开始摒弃注重鉴别和奖惩的教育评价制度，逐渐采用发展性教育评价。发展性教育评价是以建构主义哲学观为基础的评价理论，最早由英国开放大学教育学院的纳托尔（Latoner）和克里夫特（Crift）于20世纪80年代初提出，是一种以教育的发展为评价对象，又以教育的发展作为目标的评价。其特点在于以“协商”为基础，评价者与评价对象共同建构评价过程，为发展而评价，以评价促发展。发展性教育评价强调评价主体的多元，注重自评和互评。也由此，西方许多国家的学校评价开始呈现出自外部评价向内部评价转变的趋势，开始倾向于以内部评价或自我评价的方式在学校层面实行新的评价方法。参与式评价（Participatory Evaluation）、赋权增能评价（Empowerment Evaluation）、全面质量管理（Total Quality Management）和行动研究等，都是在学校层面应用内部评价的新探索。如美国著名的认可制度，其最初目的在于淘汰不符合最低标准的学校，但随着时代变迁的要求，以及受到教育评价理论方法的影响，认可标准有逐渐转变的趋势。如由“量的标准”转为“质的标准”，认可重点由强调“统一”转为“鼓励特色”，评价方式由“外部人员评价”转为“内部人员评价”，实施目的由“认可”学校转为“协助”学校实施自我改进。

20世纪80年代后，在英国，受到“国际学校改进计划”（International School Improvement Project）、“学校内部发展与评论纲要”（Guidelines for Review and Internal Development in Schools）等计划的影响，也逐渐由外部评价转为学校教职员进行自我诊断的整体学校评价或校本评价，借以达到学校改进与发展的目的。①

① 姜超：《转型期西方学校评价的发展与启示》，《当代教育科学》2007年第Z2期。

二、学校自我评价的基本模式

（一）英国：提高学校自主管理的问责模式

学校自我评价是学校督导评价整个过程中的重要组成部分。近年来，英国教育标准局为了提高督导效能，强化了学校自我评价，要求学校形成有效的自我评价文化，一方面作为外部督导评价的可靠依据，另一方面作为学校实现自我改进、提升自我发展能力的重要机制。

1.评价方式

英国的学校自我评价以促进学校进步为目标，其具体评价方式有：

（1）所有教职工参与学校计划的制订，利用评价获得的信息来改进学校计划，并将自主评价计划包含于学校计划之中。

（2）以有效学习为核心，管理者创设条件促进教职工的学习，教师们不断质疑自己的教学，改善质量，学生家长和教育行政人员对学生的学习提供支持，学生作为学习者也参与自我评价。

（3）营造相互信任的评价工作环境，人人参与评价，公开评价过程，表彰好的做法，让教师和学生以积极的心态对自我评价充满信心。

2.操作模式

在操作模式方面（自我评价标准、工具和评价方法，也可以成为资源包），英国的学校还是有许多选择的，如教育行政当局模式、教育督导机构模式、顾问模式、基本技能质量模式、商用模式、投资人模式、斯特拉思克莱德区（英国苏格兰行政区名）模式等。① 虽然操作模式种类较多，但是更多的学校还是选择了教育标准局提供的学校自我评价表，教育标准局的资源包受到学校欢迎

---

① 史晓燕、王桂平：《关于学校自我评价的研究——来自英国国家教育研究规划基金会的研究报告》，《教育评价研究》2005 年第 2 期。

的原因主要有三：一是学校对此评价模式较为熟悉，而且其简单清晰、易于操作，该资源包对学校发展具有导向作用，提出了学校改进的五个阶段，并对各阶段的具体行动作了详尽的解释，被概括为“从目标到行为”；二是更为贴近学校实际，教育行政当局人员与学校管理人员（主要是校长）充分协商，听取评价专家的意见，并结合当地的具体情况，不断地对评价资源包进行修改，形成了反映学校及地域特点的评价模式；三是教育行政当局提供的评价资源包含有成套的评价工具和可供参考的评价实例，如其中有针对教职工、学生和家长的问卷，还有供学校参照的课堂观察方案计划。为了保证自我评价的有效性，英国教育标准局 2009 年颁布了《与学校建立新型关系：通过自我评价提高学校效能》，指导学校进行自我评价。该文件规定，在进行自我评价时，学校要回答以下六个问题：①自我评价是否能对学校为其所有学生提供的教育服务作出判断？②学校如何与具有可比性的优质学校进行比较？③自我评价是否已经融入学校的关键管理体系中？④自我评价是否建立在广泛的有效证据之上？⑤自我评价是否使学校关键人员参与进来，是否征求了家长、学生、外部顾问和机构的意见？⑥自我评价是否有助于学校实现其长期发展目标？

作为一种提高学校自主管理能力的问责模式，英国在学校自我评价中强调四点：第一，学校自我评价不应仅为教育督导的目的而进行，而应有助于学校的发展；第二，学校以自我评价为契机，并将其融入学校日常的管理系统中去；第三，学校必须听取其利益相关者的意见并针对他们的意见作出改变；第四，学校应及时更新有关自我评价过程的记录和总结，至少每年更新一次教育标准局提供的自我评价表，并且应包括自我评价行为对学生的影响，以及指出还未见效的举措及建议。

英国的学校自我评价因不同的评价目的可以分为不同的类型：一是全面（或长期）学校自我评价；二是短期（或称年度）学校自我评价；三是专项（或称主题）自我评价。无论哪种自我评价方式，都需要基于确凿有力的事实证据来制订学校发展计划。

完成学校发展计划后，学校会将发展计划实施于日常管理中。

在此基础上,我们可以构建出学校发展进步之环,如图 6-1 所示。① 它以学生的有效学习为核心,通过对愿景、核心价值与道德观、领导力、教学与学习策略、数据和协作六个主题的关注,回答以下问题:①我们现在处在哪个阶段?做得好不好?②最需要我们关注的是什么?③目前的计划是什么?④如何才能知道我们做得好不好?

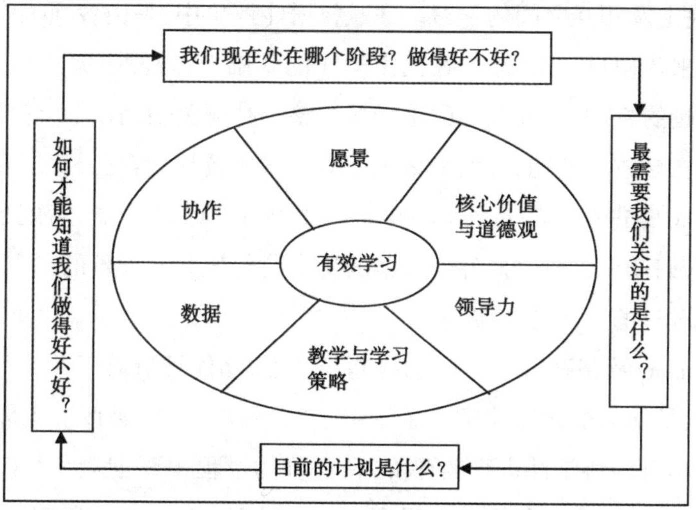

图 6-1　学校发展进步之环示意图

学校在自我评价中,主要通过科学、系统、动态的自我评价活动来准确判断学校的优势与劣势,以及需要改进之处;明确学校目前的发展重点,根据自我评价表制订促进发展所必需的行动计划。可以说,学校自我评价的效果主要是通过行动计划的实施情况具体体现出来的。

(二)赋权增能评价模式

赋权增能评价是由美国学者费特曼(Fetterman)于 1993 年首先提出来的,但并非是美国所独有的,在其他国家,如英国、澳大利亚、加拿大、瑞典、南非、印度等国,赋权增能评价都是热门议题。但由于在美国有较多的实践,赋

① 贾慧、刘朋:《注重学校自我评估:英国教育督导评估的新走向》,《外国中小学教育》2006 年第 1 期。

权增能评价的理论与实践带有浓厚的地域特点。

1.赋权增能评价模式的内涵

关于赋权增能评价的定义，学者们有不同的说法：Fetterman(1996)认为它是一种运用评价的概念、技术及方法，来创造方案改进及自我决定的环境；苏林斯(Sullins)(2003)则主张，它是使用评价的教育、历程及发现，以促进改进、自我决定及相互之间的学习。在赋权增能评价中，是由各项工作方案制定的参与者来建构自己的评价，在民主运作的基础上，鼓励方案成员主动参与，运用质与量的方法，以开放性的论坛检验整个社群关切的议题；外部评价人员只是提供指导或额外的辅助，来帮助方案中的成员帮助自己，并以自我评价与反省的形式改进方案的运作(Fetterman，1996)。评价人员不能授权给任何人，而是人们授权给自己。评价方案的优点与价值并非评价的终点，而是评价持续改进过程的一部分。

Fetterman 及艾勒(Eiler)(2001)指出，赋权增能评价对于评价及方案的效能，以及人员能力的建立非常有用。由于在评价过程中是评价主体自己对方案或工作本身的科学性进行的评价，在评价的过程中要创造一个赋权增能及自我决定的环境，产生的评价结果也会用于对方案的改进和决策。因此，赋权增能评价是在例行工作的基础上，促进方案的实施并形成方案推动策略的有效保障。在人员能力建立方面，通过内部评价与外部评价，对方案的制定能力与评价能力均会有所帮助。在赋权增能评价的机制中，外部评价是受邀而来而并非被完全依赖，是用来促进自我评价及其改进的。

2.赋权增能评价模式的架构

(1)赋权增能的历程。福塞特(Fawcett)等人(1996)将赋权增能评价的历程划分为六大要素，如图 6-2 所示。①

---

① Fawcett, S. B., Paine-Andrews, A., Francisco, V. T., Schultz, J. A., Richter, K. P., Lewis, R. K., Harris, K. J., Williams, E. L., Berkley, J. Y., Lopez, C. M., &Fisher, J. L. (1996) .Empowering community health initiatives through evaluation.In D. M. Fetterman, S. J. Kaftariam, &A.Wandersman (Eds.), *Empowerment evaluation: Knowledge and tools self-assessment and accountability* (p.170) .UK: Sage Publication, Inc.

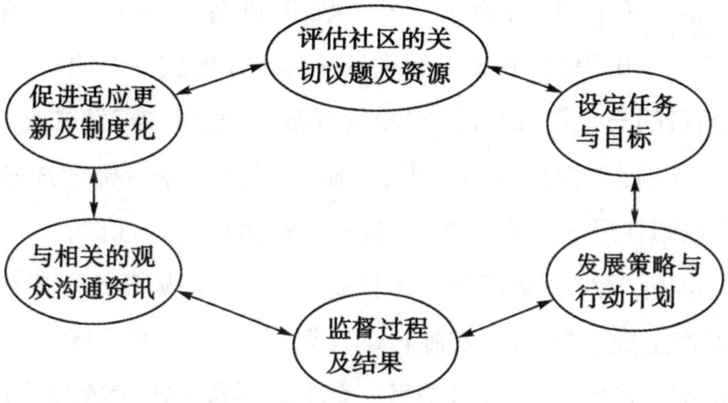

图 6-2　赋权增能的历程要素

（2）赋权增能评价：参与者与历程的一般模式。殷（Yin）等人（1996）在《联邦及地区层级的赋权增能评价》一文中，以参与及历程的观点，提出赋权增能评价的一般模式，如图 6-3 所示。① 在图中将赋权增能评价模式的焦点放在描述外部评价指引与方案参与者间的关系上，其中，外部评价指引包括专业评价人员、评价手册；通过外部评价指引的引导历程，方案参与者获得了增强自身在方案执行能力与评价能力方面的成果。

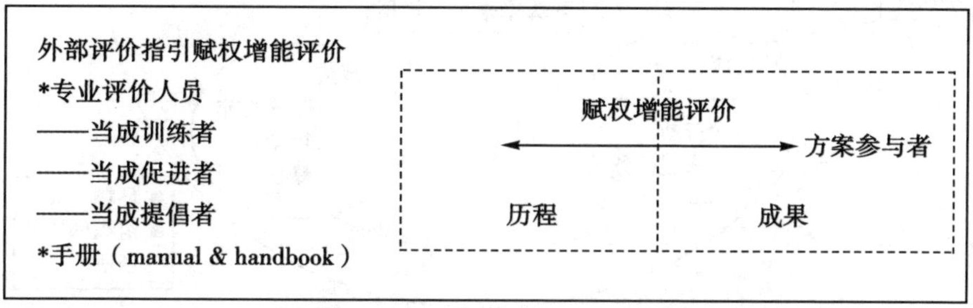

图 6-3　赋权增能评价：参与者与历程的一般模式

（3）赋权增能评价的循环结构。Fetterman 及 Eiler（2001）在《赋权增能评价与组织的学习：通往主流评价的路径》一文中提出赋权增能评价的循环结

① Yin, R. K., Kaftarian, S. J., & Jacobs, N. F.（1996）.Empowerment evaluation at federal and local levels.In D. M.Fetterman, S. J.Kaftariam, & A.Wandersman（Eds.）, *Empowerment evaluation: Knowledge and tools self-assessment and accountability*（p. 190）. UK: Sage Publication, Inc.

构概念，如图 6-4 所示。[①] 外面是一个大循环，里面是一系列的小循环。大循环强调团体的行动历程，从方案中的成员一起工作形成一个团队开始，然后建立一个评价的目的与焦点，研究拟定测量方案活动的基准，发展改革缺点及发扬优点的行动计划，考验假定与优点，并确保朝向团体目标的成长与达成迈进，长期的焦点则在形成一个成熟的、具有生产力的工作社群。

赋权增能评价中的小循环代表团体每日的行为，从开始形成团队反应工作、解决问题、产生概念与策略、实施行动计划，到改进方案实践，每一个小循环的反应及行动都是发展型的，并且是另一个小循环的基础，直至整个历程结束。

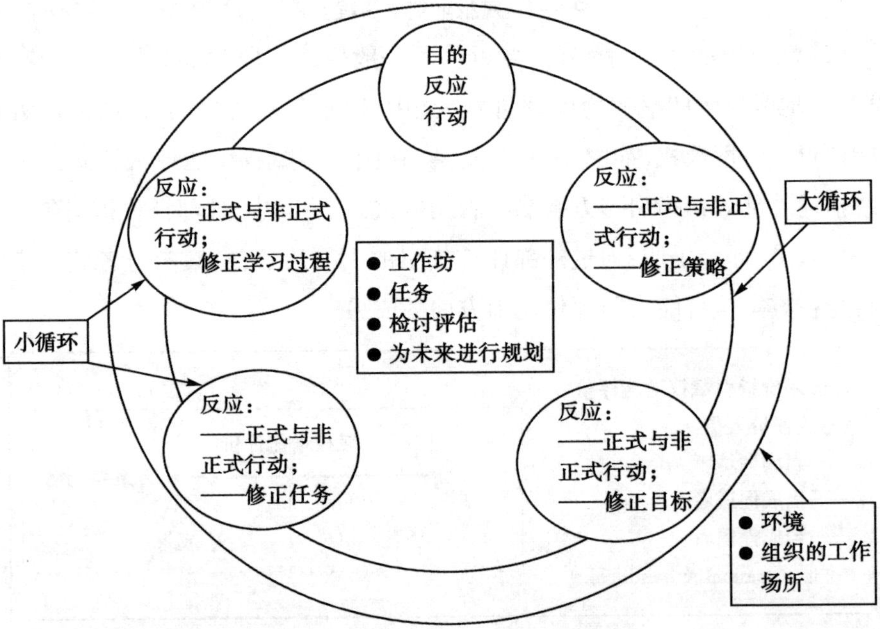

图 6-4 赋权增能评价的循环结构

3.赋权增能评价模式的实施步骤

Fetterman 在 2001 年将赋权增能评价用来帮助方案成员学习如何评估自

① Fetterman, D. M., &Eiler, M. (2001). *Empowerment evaluation and organization learning: A path toward mainstreaming evaluation.* Retrieved March 14, 2003.from http://www.stanford.edu/avidf/empowermentmainstreaming.pdf, p.4

身所处方案的步骤，界定为三项：定义任务、愿景或统一的目的；检讨评估或决定方案的定位，包括优点及缺点；借由建立目标与帮助参与者决定达成目标的策略，为未来进行规划。另将评价人员帮助方案成员及参与者决定所需证据的历程，分成发展策略、将进步情形加以文件化两个步骤。

(1)定义任务。赋权增能评价中的第一个步骤，是要求制定方案的成员及参与者以开放性的论坛来讨论并定义方案或计划实施的主要任务，甚至在方案的任务已经预先设定好的时候，也必须采取这一步骤，让方案新的参与者有机会提出对方案的愿景，允许任务的更新，并让团队成员有学习对方案分歧性观点的机会。

对讨论后的结果，所有参与者不一定百分之百喜欢，但至少愿意去完成，这个程序的目的在于创造一个组织对目标形成共识的经历。

(2)检讨评估。这一步骤有两个主要程序：一是产生一系列目前方案的主要活动清单；二是将活动清单加以评定等级。在前一程序中，评价人员扮演促进者的角色，以投票、每人对每项目计点等方式，让参与者列出方案中十到二十个最主要的特征与活动，以优先列入评价。后一项程序中，评价人员让所有参与者以评定等级的方式对每项活动加以评分，并说出自己的理由。在经过讨论修订后，算出最终的评定等级结果，并为每个评定等级的分数提出简要的描述或解释。

(3)为未来进行规划。在这个步骤中，评价人员扮演教练、促进者及评论性朋友的角色，只在适当的时候加入讨论，主要的任务是让参与人员总结研讨评价阶段所产生的结果，为每项活动设立特定的目标，定下达成目标的策略，评价所完成的工作，形成带有证据支撑的文本，以监督方案的实施，并确定目标的达成。同时，评价人员也要注意在所有参与人员之间维持平衡。换言之，在此阶段中要产出的三大要素包括目标、策略及证据，所形成的内容也为方案的运作逻辑提供了核查的基础。

以上实施步骤，与评价理论中在规划阶段的各项内容相似。实施赋权增能评价的主要目的，并不在为受评主体的运作成果进行价值判断，而在于借助规划阶段所习得的知识与技能，以及对改进方案运作策略的思考，通过评价的历程达到赋权增能的实际效果。

（三）校本评估模式

1.校本评估的兴起

1982年，经济合作和发展组织通过其研究和创新中心（Centre for Research and Innovation，简称CERI），设立了一个名为“国际学校改进计划”的跨国研究项目①，该项目由来自14个国家的150多名专家参加。项目涉及五个方面的研究，校本评估是其中之一。项目组成员通过互访所在国家，考察不同文化背景下校本评估的实施情况，对校本评估在学校改进方面的有效性进行评价，并总结校本评估的实践经验。从此，校本评估在挪威、英国、美国、以色列等国家开始兴起。

校本评估源自校本管理，校本管理致力于提高教育质量及学校效能。校本管理将学校的外控管理转为民主式的自我管理。传统的中央集权管理常常忽略学校的需要，由于低效能及过于欠缺灵活性，很难形成学校的主动性及满足变化中的学校需求。目前的学校改革鼓励把教育权力从中央下放到学校层面，主张学校自主、自我管理及学校成员参与管理，以增强学校发展的主动性。

校本评估是校本管理的重要环节，它可以为校本管理提供决策依据，为教师参与管理提供机会，为提高学校效能提供保障（学校效能评估是校本评估的内容之一），为教师专业发展提供建议，为回复公众对学校教育的问责提供证据。因此，各国开始重视对校本评估的研究与实验，英国、美国、以色列等地方的学者在学校自我评价的基础上开始研究和探讨校本评估的理论与实践。

2.以色列的校本评估

1998年至1999年，在著名的教育评价专家内伏教授的指导下，以色列教育当局联合地方教育权力部门，开始对一些国际上流行的试图联结内部与外

① 薛海平、胡咏梅：《校本评估理论探索》，《外国中小学教育》2008年第5期。

部评价沟通与对话的发展性学校评价计划产生兴趣。此类计划的主要目标是协助学校发展其自我评价系统,并结合内、外部评价,以互补而非抵触的途径,提供学校内在与外在的决策,这一取向被称为学校本位评价。在中央教育部门及地方教育当局的大力推动下,这类评价计划在以色列得以大范围推广。概括而言,以色列学校本位评价计划的运作主要包含四个主要阶段。①

(1)基本训练阶段。校本评估的历程始于一个区域性在职训练工作坊,它使校长与教师对校本评估产生兴趣。一个单一的工作坊约能容纳代表10~12所学校的30位参与者,每校由校长及1~3位教师代表参加,每周研讨1~2次,或在假期中一个星期进行集中研讨。之后再进行几个月一次的会议加强等,提供50~80小时的基本训练,主要包括方案评价、测验、资料收集程序及资料分析等内容。

(2)建立学校评价团队阶段。决定执行校本评估的学校需建立起内部评价团队,由3~4位教师组成。参与团队的教师至少要有部分参与过基本训练工作坊。评价团队建立后,必须选择一个评价对象。评价对象可以是学校计划、教学方案或一些校内的活动,评价团队将在外部评价巡回专家的协助下,练习其内部评价能力,实际学习如何进行评价。在此期间,专家独立行动,原则上每周到校1~2次指导学校进行评价训练。

(3)评价制度化阶段。当学校经历了几个不同计划的评价,并借由内部评价的执行、认同评价的有效性以及评价与学校行政和教学活动形成密切关系后,即到了学校评价制度化的时机。此时,内部评价团队须成为学校组织机构中的重要组成部分。团队组成的阶段性改变,使所有有兴趣的教师在其教学生涯的特定阶段,都能有参与学校评价团队的经历。

(4)建立内外部评价的对话阶段。这一阶段亦可与第三阶段同时实施。在这一阶段,学校必须准备好接受由国家或地区教育权力机构所执行的外部

---

① 内伏著,卢立涛、安传达译:《校本评估与学校发展》,中国轻工业出版社,2007年。

评价。当然，这里有一个很重要的前提，对于决定发展内部评价团队的学校，除非已经具备内部评价能力，否则不应接受外部评价。

具体来说，在每一阶段的实施过程中，都有一些步骤与细节。现将以色列的校本评估实施历程归纳整理如表 6-1。①

表 6-1　以色列校本评估实施历程表

历程	步骤	实施方式
基本训练工作坊		●区域性（各校 2~4 位代表，含校长） ●每周 1~2 次，50~80 小时；或假期中一个星期的集中讨论，再随时加强 ●内容：方案评价、测验、资料收集、资料分析 ●方式：讲授、应用练习与小组讨论和分享 ●成员：专业评价者、有经验的学校评价者、曾受训且担任学校评价成员者
建立学校评价团队	成立评价团队（基本训练结束时）	●由 3~4 位教师组成（至少部分参加过基本训练工作坊） ●免除团队成员 4~6 小时、协调者 4~8 小时授课任务
	选择评价对象	●选择学校中的某一个评价对象以练习内部评价能力
	评价实施	●外部评价巡回者专业协助（每周 1~2 次） ●6~8 个月完成一个周期
	了解评价问题	●与相关人员访谈 ●收集相关文件 ●收集图书馆相关资料 ●问题暂存表及责任的安排

① 卢立涛：《国外发展性学校评价研究综述》，《外国教育研究》2008 年第 10 期。

（续表）

历程	步骤	实施方式
建立学校评价团队	制订评价计划	●转化评价问题为操作用语 ●选择测量工具及资料收集程序 ●抽样 ●选择资料分析程序 ●设定实施时间表及责任的安排
	资料收集	●根据计划多元化地收集相关资料 ●将资料转化为信息
	资料分析	●对所收集的资料进行分析
	撰写报告	●报告其发现，并对问题给出回答
	提供评论与建议	●提供评论与建议 ●内部评价团队成为学校结构的重要组成部分
评价制度化		●每年应有1~2位成员替换 ●妥善汇总所有评价结果、样本与工具 ●应对学校全体成员持续训练，使其了解评价
内外对话		●接受国家或地区教育权力机构的外部评价 ●亦可由学校主动委托专业评价者、家长团体或其他学校教师团队进行外部评价 ●内外部评价对话，共谋学校发展改进与绩效责任

参与以色列的校本评估计划后，内伏提出了若干实施原则与条件：①评价者与评价对象间应是双向的关系，包含信息的双向流动及相互学习的过程；②内外部评价者之间必须相互尊重与真诚互信：两者必须相信彼此对利害关系的了解，有诚恳的关心，且能对此了解作显著的贡献；③评价者须适度地了解其限制；④评价应被理解为一个持续的历程，而非一次的活动；⑤对于以各种方式进行对话的两个群体必须公平对待；⑥评价必须是相关的，假如议题与人们所关心的事项无关，则他们易倾向于避免对话；⑦内外部评价者均应对评价结果负责：假如外部评价及内部评价之间的对话被发展，则必须有一个评价

结果的共同责任感，评价的结果不能由学校独自承担；⑧学校评价必须提供评价的形成性与总结性功能，不仅为计划及改进，也为证明及责任提供信息；⑨“做中学”是学习如何评价的最好方法；⑩在校本评估中，内部评价是外部评价有效性的先决条件。

总之，以色列的校本评估是大规模、区域性的实施，且经由教育部及地方教育当局大力推行，在评价过程中亦建立了明确的步骤，但其顺利实施仍需要创造合适的组织环境。

3.校本评估与学校发展的关系[①]

爱德华兹·戴明(Edwards Deming)提出了全面质量管理的理论。全面质量管理理论最大的贡献是承认学校质量的问题不在于校长、教师和学生，而在于学校系统本身存在问题。因此，学校需要建立基于质量观的过程控制的重构系统，采用分权管理方式，并形成一个支持学生自主学习的学校氛围。

校本评估与学校发展的关系如下：

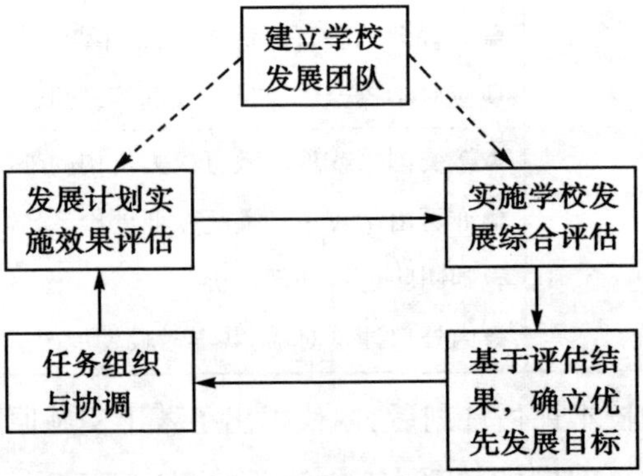

图 6-5　校本评估与学校发展的关系

由图 6-5 可以看出，校本评估是学校发展过程中的一个重要环节和必经阶段。学校发展首先要有学校发展管理团队，并且使与学校发展密切相关的利益主体在学校发展计划制订及实施程序上达成共识；然后通过收集学校发展综合评估目标所需要的基本数据信息，进行学校发展综合评估；在解释评估

① 胡咏梅：《校本评估理论初探》，《教育理论与实践》2004 年第 19 期。

数据的基础之上,形成对学校发展的基本判断,明晰学校发展的优势和存在的问题,确定优先发展目标,制定为实现优先发展目标所需要完成的具体任务,组织协调相关人员完成各项任务;最后对学校发展计划实施效果进行全面评估,接着又开启新一轮的校本评估。

(四)发展性学校评价模式

发展性学校评价模式在评价的目的上,由侧重鉴别和选拔转向侧重发展,从关注结果的评价转向关注诊断性评价和过程性评价;在评价的内容上,注重全面质量管理,从办学的理念与目标、办学条件、领导与管理、课程与教学、教师队伍建设、学校办学效益等多个方面进行全面、综合的评价;在评价方法上,强调多样化,注重把质性评价与量化评价结合起来;在评价主体上,强调评价主体的多元化,重视自评和互评的作用,强调评价对象的参与性,改变了过去那种自上而下、评价对象被动接受结果的状态。①

1.评价目的

发展性学校评价承认和关注不同地区、不同学校之间存在的差异,主张采用个体内差异标准,在充分了解和掌握学校既有发展状况的基础上,通过对话和协商,设计出符合学校实际的校本评价指标,发现学校发展的优势和不足,并制订相应的改进方案,促进学校效能的提升和发展氛围的和谐。

2.评价主体

发展性学校评价的评价主体既包括外部评价者也包括学校内部的人员,评价主体不仅包括教育行政部门的领导、校外专家,而且还包括学校内部成员(校长、教师、学生、家长等),强调建立相互对话与协商的机制,通过多渠道收集信息、多视角了解学校,获得更加全面、客观、公正的评价结果。

3.评价的实施流程

由于发展性学校评价人员的多样性,且评价更加强调建立相互对话与协

---

① 卢立涛:《从鉴定、奖惩到促进发展——发展性学校评价的兴起》,《基础教育参考》2008 年第 10 期。

商的机制，因此在各国实施的过程中，比较多地关注如何指导学校内部开展自我评价的实施，这里仅以欧洲学校教育质量评价为例权作说明。

欧洲学校教育质量评价：大规模的发展性学校评价的实践始自欧洲“学校教育的质量评价：欧洲试点计划”。1997 年初期，来自欧洲 18 个国家的 101 所学校参与了该计划，包括挪威、英国、荷兰、以色列、德国等国家。在评价的过程中，为了确保校本评价的顺利实施，欧洲教育部长会议建议学校采用以下步骤：

(1)尽可能广泛地讨论评价活动的目的、人员、潜在的挑战和可获得的奖励。

(2)任命或者选拔一个群体组织制订规划。

(3)形成利益相关者群体。

(4)每组独立完成学校自我评价，形成初步结论不需要找到所有问题的解决办法，而是要达成最初的对话，得出学校发展的优势和不足是什么。

(5)每个独立的小组给学校评价团提交陈述报告。

(6)形成一致的自我评价结论，给出具体领域的建议，以便形成进一步评价或改进行动的目标。①

三、我国学校自我评价的发展

我国的学校自我评价是在督导评价过程中提出的，所查到比较早的文件出处是 1989 年北京市人民政府督学室在《北京市区县教育工作质量评价试行方案(征求意见稿)》中提出的：根据北京市关于《评选表彰教育先进区县的条件》，为了便于区县党委和政府对本区县教育工作的自我评价，起到对教育

① 卢立涛：《国外发展性学校评价研究综述》，《外国教育研究》2008 年第 10 期。

工作的导向作用。[①] 这是在区域教育督导的过程中强调了自我评价。同年，西城区人民政府督导室《普通中学学校工作质量综合评价方案(草案)》中也提出“本方案以学校群体工作为评价对象，以学校管理科学化为重点，既是学校经常性自我评价的依据，也是教育行政部门进行日常检查，督导综合评价的依据”。[②]

在CNKI搜索到比较早的文献是1994年《广西社会科学》第3期中黄桂江、吴唐庆所发表的《论学校管理中的自我评估》，其中比较详细地介绍了学校自我评估的内容和方法。评估内容主要包括：教学目标的自我评估、学生管理的自我评估、人力资源的自我评估、物力资源的自我评估、财力资源的自我评估、信息资料的自我评估。

对自我评价进行明确概念界定的文献是1996年王行晖、王行甫在《浅谈自我评估及其作用》中，从广义和狭义两方面对自我评估进行了界定，从广义上说，自我评估是指评估的主体根据既定的目的，确定相应的目标，建立科学的指标体系或设计一系列概括性问题，通过系统的信息收集和定性定量分析，依据客观的价值标准，对主体的行为及其结果作出评价和估价的过程。其本质是价值判断，其特征是评估的客体是主体的教育行为及其结果。[③]

从20世纪90年代末期开始，国际上发展性学校评价的理论研究与实践探索引起了国内教育督导界和教育评价研究工作者的关注，部分教育先进省市和地区开始率先在教育督导评估工作中尝试实施。

比较有代表性的是香港特别行政区，在1997年发布的《第七号报告书》，提出了“优质学校教育”，提高香港教育的水准和保证质素，并在2000年提出了校本管理的理念，当权力下放至学校时，如果学校和教师不能合理使用，就难免产生一定程度的混乱。因此在权力下放的同时，需要建立学校的问责制

---

① 北京市人民政府督学室：《北京市区县教育工作质量评价试行方案（征求意见稿）》，《中小学管理》1990年第S1期。

② 北京市西城区人民政府督学室：《普通中学学校工作质量综合评价方案（草案）》，《中小学管理》1990年第S1期。

③ 王行晖、王行甫：《浅谈自我评估及其作用》，《教育与现代化》1996年第4期。

度来保证学校教育的质素成为一种必然的选择，同时也是政府向公众或社会交代和负责的表现。《第七号报告书》建议用一个“内外相控”的方法来保证学校教育质素：①由教育署在1998年成立“质素保证视学组”向学校问责；②鼓励学校进行自我评估，并制订自我完善的改进计划。学校可通过自我评估，自我检查审核学校发展的现状，分析优点、缺点、机会和威胁等情况，协助学校制定短期、中期和长期的发展策略，创建本身特有的质素文化。实质上，内控式的质素保证机制，包括实践学校自我评估和建立校本质素文化是专业问责和市场问责模式的体现。[①] 为了更好地推动学校的自我评估，香港中文大学在2000年推出一项名为“学校自我评估与校本表现指标”的学校改进计划，在10所小学和10所中学试行。该计划的目的是：①协助学校在学校管理新措施的指导下实践校本管理；②在学校建立一套长效的自我评估机制；③培训教师，让他们掌握发展校本表现指标的技术；④提升学校的组织学习能力等。经过两年的试验，计划的经验被推广至其他学校。为了方便学校进行自我评估，2003年制定了表现评量架构，为学校提供自我评价工具，如持分者问卷、表现评量报告；2005年更新持分者问卷，推出了“学校发展与问责”电子平台，供学校收集和管理自评数据，包括进行网上持分者问卷调查、学生情意及社交表现评估、分析自评数据和制作相关的报表等，以促进学校自评的效能，并减轻教师的工作量。

在1999年，上海市与英国签订了“学校可持续发展督导评估方案研究”的合作项目，并于2003年进一步颁布了《上海市积极推进中小学“学校发展性督导评价”的实施意见（试行稿）》和《上海市中小学“学校发展性督导评价”指标纲要》。2002年，《北京市区县政府、教委、普通中小学全面实施素质教育评价方案（修订·试行）》中引入了发展性评价的概念，提出把自主发展作为学校评价的一级指标，学校可以根据自己的情况设定三级指标，制定发展目标和规划。青岛市也在2002年在全市范围内进行了“学校依法办学自主发展督导评估实践研究”，逐步形成了发展性学校评估的基本思路。2005年

---

① 彭新强：《香港学校质素保证机制的发展》，《教学与管理》2003年第10期。

起，济南市市中区启动了“区域性学校自主发展性督导评价的实践研究”，在发展性学校评价的评价指标和操作模式方面进行了卓有成效的探索。应该说，自本世纪初以来，随着学校评价理论和实践的发展，发展性学校评价的理念已经为我国教育评价界所普遍接受，成为我国大多数地区开展学校督导评估改革的指导思想。北京市自 2006 年起对全市中小学进行了连续多年的学校自我评价的研究，为学校提供自我评价的相关工具，学校自主实施，依据评价数据形成学校自我评价报告，结合问题制订改进计划，形成了自上而下实施学校自我评价的有效机制。2015 年，浙江省普通高中以五大领域（学校组织与管理、课程建设与实施、教师素养与发展、学生学习与发展、学校特色与校外互动）为维度的选择性评价指标体系及自主发展性评价的操作模式，将学校自我评价划分为七个步骤，如图 6-6 所示①，同时提出了促进学校自我评价、主动评价的动力机制和保障机制。

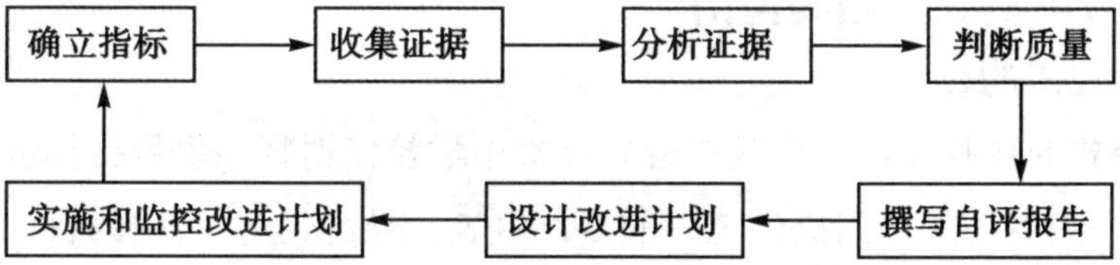

图 6-6　学校自我发展性评价七步骤

四、自我评价的形式及其演变

学校自我评价是一种内控机制，是学校自主发展机制的一个重要组成部分。学校自我评价经历了从非结构式的自我评价到结构式的自我评价，从外控式的自我评价（督导评价中的自我评价）到内控式的自我评价，从外部支持的自我评价到自主评价。下面仅从非结构式和结构式的视角进行分类阐述。

---

① 洪松舟：《普通高中自主发展性评价的体系建构与实施——从浙江省的做法谈起》，《上海教育评估研究》2015 年第 6 期。

（一）非结构式的自我评价

非结构式的自我评价是指学校在日常管理中对一项或几项工作进行过程或结果评价的一种方式。这种评价方式一般常见于：对教学工作的过程和结果评价，如课堂教学评价、学生学业评价；班级管理评价，如量化计分方式，依据评价结果进行表彰奖励；教师发展评价，从教学过程、教学结果、论文发表、获奖等情况对教师的发展进行的评价；学生体质健康发展情况的评价，依此改进学校的体育卫生工作；等等。这些评价完全是出自学校对自身工作发展的考量，目的是促进学校某方面工作的发展，一般的学校都会去做，但每所学校的方式不尽相同，其结果也仅用于学校自身工作的改进。一般是一事一评，没有系统的评价指标体系，相对零散，是学校管理中的一个部分、一个环节。

（二）结构式的自我评价

1.外控式的自我评价

外控式的自我评价主要是指督导评价中学校依据督导评价指标进行的自我评价，一般由督导部门提供统一的自评量表，学校依据量表中的自评内容进行评价打分，评价方法既有质性描述，也有量化结果。这种自我评价主要是为外部督导做准备，为督学小组准备相关材料。在这一过程中，学校始终处于被动状态，而且在评价过程中参与人员有限，追求评价结果尽可能好，往往与学校的实际情况不完全吻合。这种自我评价是任务驱动式的自我评价，并没有对学校的自我改进发挥太大的作用。

2.外部支持的自我评价

外部支持的自我评价是由校外政府机构或专业机构为学校开展自我评价提供专业的评价工具，学校依据一定的评价流程开展的自我评价。以最早开展学校自我评价的英国为例，20 世纪 70 年代，英国借鉴全面质量管理的理念，开发出学校自我评价的工具；到 90 年代中期，由于英国地方教育当局形成了各自的评价方法，其学校自我评价得到迅速发展；90 年代末，英国负责监督学校的政府机构——教育标准局鼓励各地采取更为一致的学校自我评价方法。而近些年来,英国又开始对学校自我评价进行反思,认为外部提供的评价框架降低了学校领导者和教师在自我评价过程中的主体性,并可能会减弱对学生学习和教学过程的关注,提出学校自我评价的重要意义在于如何运用这种对学校发展的自我批判、质疑及其结论来为决策提供信息,使学校的现状得到改善,以更好地实现学校质量的全面提升,使学生的利益得以体现。

欧洲的学校自我评价基本采用两种方法:一种是为学校提供现成的数据收集和分析框架;另一种是增强学校自身运作的数据生成能力。有些欧洲国家使用详细的评价框架和形式强制性地指导学校运用特定的方式进行自我评价,有些国家则尝试为学校提供能够讲述自身故事的评价框架的机会。这两种做法各有利弊:对于第一种方法而言,固定的学校自我评价框架或许能够减轻学校的工作负担,但是僵化模式也可能会导致在数据收集及自我评价效果方面的问题。与此相反,第二种做法虽然有利于凸显各个学校在发展过程中的特色,但会加重学校负担,同时,在自我评价的专业化方面对学校的要求也很高。正是基于这两种做法在实践中产生的问题和困惑,学校自我评价的倡导者和实践者对建立学校网络,即建立起对增强自身评价能力感兴趣的学校个体和专业人员间的网络,达成了共识。一些观点认为,这些网络非常重要,因为它们允许不同观点的出现,并对深植于所有学校团体的先入之见提出挑战。同时,建立起一个独立于国家的机构来减轻单个学校和教师的数据收集和分析负担或许也将是必要的。

3.校本评价

校本评价(估)是在政府教育权力下放的背景下提出的,学校自治权的扩大,为学校进行校本评价提供了条件。以色列的内伏认为校本评价既不能被看作是内部评价的同义词,也不能被理解为外部评价的反义词,而是二者的融合,其关系为互补,而非对立。校本评价期望通过内、外部评价的结合,互补其功能,并建立学校内部的评价机制,以使评价有助于学校的发展、改进和满足对绩效、责任的要求。国内校本评价目前在理论层面上的探讨有一些,实践层面还较少见。

4.自主评价

自主评价是学校自主发展的表现，也是发展性学校评价理念指引下的一种学校自我评价的形式。从政策发展看，2007年我国教育部颁布的《关于规范普通中小学校检查、评估工作的意见》强调学校自我评价的作用，要求“检查评估要以学校自检、自评为主”，提出“学校应建立自检、自评制度”。意见还十分重视学校自评的作用，强调“有关部门视学校自评情况进行抽查，无特殊情况的，一般不进校检查”。这为学校自主评价提供了有力的支持。关于自主评价，有研究者认为其不等同于自我评价和校本评价，认为学校自主评价应该从学校的内在需要出发，依据教育方针的要求，对学校办学水平作出价值选择，在明确的办学目标指引下，由学校自己决定的评价主体，通过系统、民主的调查过程，对各项工作整体的价值作出判断，以改进工作，促进学校、教师、学生更好地发展。① 学校自主评价，能有效解决学校评价中的自主性问题，使学校评价获得质的飞跃，从而进入一个更高的发展境界。上海市自2003年开始实施发展性督导评估，将学校发展规划自我评估作为督导评估的重要方面，也将自我评估称为自主评估，分为三个阶段：学校发展规划制定、规划实施、规划评估。在自主评估的过程中建立评估领导小组和评估专题小组，评估过程分为三个阶段十二个程序，在评估过程中部门、组室、教师、家长、社区等主体共同参与。

自主评价具有以下几个特点：一是发展性。学校自主评价是一种发展性评价，以促进和改进学校及其相关人员的发展为目的，是一种面向未来的评价。通过这种评价可以帮助学校更好地认识自身发展的优势、劣势、外部机遇以及潜在的威胁，通过评价为学校提供进一步努力的方向和目标，提供解决自身发展问题的依据，同时也为学校提供发展自我、完善自我的动力。二是自主性。学校自主评价是一种发生在学校内部的评价活动，是由学校内部自主组织与实施的评价。这种评价的目的在于加强内部的自我认识、自我反馈、自我

① 屈咏梅：《从自我评价走向自主评价——上海市浦东新区中小学评价的现状和改进研究》，华东师范大学硕士学位论文，2007年。

改善与自我提高。这种内部评价是内驱式的,是以学校自身发展需要为导向的评价。三是增值性。学校自主评价是一种增值性评价,体现个体内差异标准,关注学校在原有基础上的提高和进步,评价要正视学校、教师、学生的差异性。四是参与性。学校自主评价是全员参与的学校民主管理的一种形式。在学校自主评价过程中必须调动全员参与的积极性,体现学校民主管理理念。五是开放性。学校自主评价不是关起门来自己评价自己,而是要借鉴其他学校的有益经验,同时在发挥学校主体性作用的同时,也要适当吸收上级主管部门、社会专业评估机构的参与,使评价结果更客观。六是主体间性。学校自主评价的主体是学校,其评价的客体也是学校自身,这就构成了主客体之间的"主体间性"。

五、学校自我评价的发展趋势

(一)自我评价的价值得到普遍认同,越来越受到各国的重视

自我评价有利于学校的自我改进,且不受时间、人员等的限制,可以经常进行;自我评价在实施的过程中广泛听取干部、教师、学生、家长及利益相关者的意见,能够对学校的发展计划与实施进行回顾和反思,监控自身表现,评估自身效能,同时发现自身存在的问题,从而直接或间接地促使学校寻找解决问题的策略,比外部评价更能激发学校的主动性和创造性。同时,自我评价的质量和效果本身可以很好地反映学校的管理水平,有利于提升学校的管理质量和学校自我改进的能力。因此,越来越多的国家开始重视学校的自我评价,并通过为学校提供自我评价的工具、支持系统等多种方式帮助学校开展自我评价,提高自我评价的科学性和实效性。

雅普·斯切闰斯(Jeep Scheerens)等人认为,人们对学校自我评价的兴趣增加主要是基于以下几种原因:

其一,学校实施自我评价是学校自主权增加的一种体现,同时也是强调消

费者作用下市场机制调节的结果。由于受教育政策的影响,学校会或多或少地被推动着进行自我评价,实现评价结果应用于市场的目的。让学校向消费者证明其教育质量,可以被看作是一种特殊的问责。

其二,自我评价在学校改进进程中有着不可替代的作用。随着学校的不断改进,学校主动进行自我评价的动力也会增加。

其三,越来越多的学校自我评价程序或相关程序的出现为学校的自我评价提供了便利,如学校信息管理系统、学生检测系统等越来越实用和有效,学校购买并应用这些系统也越来越容易了。①

(二)评价主体:重视多种利益相关者的参与

依据第四代评价理论,评价在本质上是一种通过“协商”而形成的“心理建构”的过程,因此自我评价应更加体现价值多元性的理念,充分调动各利益相关群体的参与、协商与对话。英格兰、荷兰、奥地利等国家和地区的学校在开展自我评价时,都是在积极创造条件让多种利益相关者主体参与到自评中。其中包括学生、教师、家长以及学校管理委员会成员,他们在自我评价的过程中都会深入地参与。而捷克和比利时将督学也作为自评的重要利益相关者,丹麦将学校发展顾问也作为自评的重要主体。学校自评是一个民主参与的过程,对自评数据和学校表现进行讨论和对话,恰好为各种利益相关者群体提供了互动的平台,能有效地增进管理民主,改善学校内外的人际关系,团结各种力量共同参与学校改进事务之中。

(三)自我评价的功能:强调问责和改进的平衡

问责与改进是学校办学质量评价的两个核心功能,两者既相互对立又相互统一,没有问责的改进和没有改进的问责都不能够促进学校的发展。但是在现实中,很多人将外部评价和自我评价、问责与改进对立起来,认为外部评价主要具有问责功能,自我评价主要发挥改进功能。实际上自我评价和外部

---

① 姜超:《转型期西方学校评价的发展与启示》,《当代教育科学》2007 年第 Z2 期。

评价都具有问责与改进的功能。在地方分权和学校自治的背景下,学校自我评价也具有问责的功能。一方面,学校要向政府、教育督导部门、学校董事会提供自我评价报告,分析学校教育的质量、效率,这是垂直问责;另一方面,学校还要基于自我评价向社区和各种利益相关者群体汇报工作,说明学校为学生提供了公平而有质量的教育,这是平行问责。学校自我评价要将问责与改进统一起来,学校只有通过自我问责发现发展中的问题,才有可能通过自主改进促进教育质量的进一步提升,学校自我评价在学校教育质量保障体系中的地位才能够稳固。荷兰特温特大学的詹森斯等人(Janssens, F. J. G. et. al., 2008)在对荷兰、比利时、丹麦、英格兰、德国、北爱尔兰和苏格兰等七个欧洲国家和地区的学校自我评价进行探索性研究后发现两个现象:

其一,在强调学校自我评价问责取向的国家和地区(如英格兰、荷兰、北爱尔兰和苏格兰),学校自我评价的地位比较高;而在强调发展取向的国家和地区,学校自我评价的地位比较低。

其二,随着欧洲教育权力下放进程的加快,加强学校自我评价问责取向的趋势有所增强,学校自我评价要综合发挥改进和问责双重功能,在两者之间寻求平衡。

(四)自我评价不断与外部评价相融合

自我评价的优势包括评价者熟悉学校的发展脉络、对被评价者较不具威胁感,因而容易与被评价者进行良性的沟通和获取所需要的资料,且内部评价需要经费较低,并可根据情况随时调整。但其与外部评价相比,却在评价的客观性、专业性、公信力、独立性等方面略逊一筹。从上述对比也可以看出,内外部评价的优劣势为消长关系,一般自我评价的优势往往是外部评价的缺点。因而,两种评价的优劣势是相对的,单一的评价可能无法避免其缺点,而两者互补式的结合却可以取长补短,是一种较为理想的评价方式和解决办法。

以芬兰为例,1991 年芬兰学校督导全面终止,1999 年自我评价成为学校法定义务,学校自评受到地方当局的高度重视。各校在一个相对统一的框架下进行自我评价,但是各校在评价的过程中表现出差异性,自我评价的质量参差不齐。近些年,为了有效改变这种局面,当局又开始重视与加强外部评价:一方面鼓励学校参加国内外学生学习成就调查,使自我评价有客观的参照标准;另一方面,芬兰开始启动对学校的审计工作,政府虽然强调这种审计不是督导,但是审计工作需由接受过培训的校外同行进行,有审计计划、评价检核表,并提供书面反馈报告。实际上这也属于外部评价,在一定程度上发挥着问责的功能。在芬兰,自我评价与外部评价的合作已经开始。

在实践中不断发挥自我评价和外部评价的优势,规避存在的问题,实现自我评价与外部评价的融合(或者说是合作),使二者互补、互相支持,共同促进学校的发展已经成为学校评价的趋势。

第七章　学校自我评价的要素分析

系统理论认为,结构是系统内部要素间稳定的联系形式或方式。根据系统的结构功能原理,系统只有具备一定的结构,才能具有特定的功能,在系统的发展变化中,系统的结构决定系统的功能。学校自我评价要素包括评价目标、评价主体、评价方法、评价过程和评价结果应用,通过各要素的组合形成自我评价系统的结构,发挥其应有的效能。

一、评价目标

评价目标反映的是评价观和评价理念。自我评价基于第四代教育评价理念,体现评价主体的多元性及协商建构的特点。学校自我评价的目标在于通过评价发现学校发展中的问题和优势。学校可针对问题制定改进措施,可将优势发展成为学校的特色,不断促进学校的发展。由此形成自我诊断、自我改进、自我发展的学校自我评价模式。在具体实施的过程中,评价目的要通过具体的评价目标体现,下文将从评价目标的特点和类型进行阐述。

(一)评价目标的特点

自我评价目标应该具有以下几个特点:具体的、可测量的、可实现的、相关的、有时间限制的。

(1)具体的:目标既不模糊也不笼统。例如希望学生之间的相处更加和谐,那么该目标的表述可以为:学生的欺凌行为降低50%。

(2)可测量的:好的目标是可测量的。例如评价学校社团活动受学生欢迎的程度,可以将目标描述为:学生选择某社团活动的人数达到学生总数的百分比为×(视学校人数而定)。

(3)可实现的:好的目标应该比现有水平略高,但不应高得太多,应属于学校的最近发展区,否则不能实现。合适的目标是对现有水平的一个可控的发展,旨在激发动力而不是阻碍发展。除此之外,有挑战性但能达到的目标可以促进全体教师的团结和共识感的形成。在实现目标的过程中,学校的教职工能够形成合力,在工作中充满活力,并且在追求共同目标的过程中实现自身的发展与成长。

(4)相关的:好的目标与学校的整体目标是相适应的。有价值的目标需要考虑到学校的核心办学理念,而不是那些琐碎或是特别容易测量的方面。比如,一所学校如果规定"86%的学生自带午餐",这个表述尽管详细且可测量,但是与学校的发展目标之间缺少关联。

(5)有时间限制的:好的目标有明确的时间限制,不能泛泛地定在未来某个时候,而应该是类似于"明年7月之前"这样的具体时间点。时间上的限制使人们有紧迫感。当然,最后的期限和目标的难度有密切的关系。

(二)评价目标的类型

评价目标可分为两种类型:一种是基于外控式的自我评价目标,一种是基于内控式的自我评价目标。

1.基于外控式的自我评价目标

督导评价中的学校自我评价,其评价目标建立在外部督导评价方案的基础上,是为了检视学校是否达到办学条件标准、执行相关政策的情况及学校各项管理实施成效等。一般是由外评机构给学校提供明确的评价内容和标准,学校参照其内容和标准进行自我评价。自我评价是外部评价的一个环节,学校处于被动执行的状态,是"要我评"而不是"我要评"。

2.基于内控式的自我评价目标

内控式的自我评价是学校主动发起的一种自评行为。其目的在于学校希望通过自我评价了解学校现状及未来发展方向。通过对这些问题的分析和回答,深入分析学校发展中面临的优势和不足,可以客观评估自身运营情况和教育目标达成的水平,明确需要优先解决的问题,并在此基础上形成质量改进与提升的行动计划。以英国学校自我评价为例,英国学校自我评价以提高学校教育质量、促进学校改进与发展为首要目标,通过学校内部评价,自己为自己把脉,准确判断出学校存在的不足,明确改进目标,完善学校发展计划,从而促进学校的发展。

3.外控式自我评价和内控式自我评价的比较

表 7-1 外控式自我评价与内控式自我评价的不同侧重点

外控式自我评价的侧重点	内控式自我评价的侧重点
自上而下	自下而上
一次性的活动	连续的活动
提供静态的"照片"	提供了一个不断变化的蓝图
较花费时间	较节省时间
重点在于问责	重点在于改进
基于统一标准的框架	基于学校的发展需求,更加灵活多样
使用已有的标准	建立学校的标准
影响教学和学习	促进教学和学习质量
不强调改进,故而可以避免风险	强调改进因此需要承担风险

从表 7-1 可以看出,由于学校自我评价的发起主体不同,直接影响到学校自我评价的动力不同,前者是不得不做,后者是积极去做。由此带来二者评价目标的不同,前者是为了完成外部评价的要求,核对标准进行自我检查;后

者是为了自我诊断，自定标准进行数据收集和分析。外控式自我评价是一次完成的，需基于已有标准集中人员实施，重点在于问责，因是外部要求下进行的，在操作过程中学校各主体一致为完成评价任务，很少产生对抗或矛盾。内控式自我评价是不断进行的，具有随时性，是为了学校改进的评价，其评价内容、标准由学校自定，因此在实施过程中会引发一些矛盾，学校在实施中需要考虑并承担各种风险。

二、评价主体

（一）评价主体构成结构

1.学校内部人员及利益相关者

学校自我评价的主体主要由学校内部成员和利益相关者构成，包括学校管理者、教职员工、学生及家长、社区人员、教育专家等直接或间接利益相关者。所谓利益相关者，即“因评价而不可避免地被涉及或受到影响的任何人，例如，学生、学生的父母或监护人、教师、指导顾问、学校的心理专家和其他作出决定会影响到学校教育的人”。让利益相关者参与学校评价，主要基于以下考虑：每位校长都应该知道在什么条件下教职工的绩效水平最佳，专业能力最为突出；每位教师都应该善于反思自己的教学实践效果，以提高教学水平；每个学生都应该参与学校评价，以便对自己的学习成就有更深入的了解；家长和社区对学校起着重要的监督和支持作用；教育专家则应该为学校评价提供专业建议和技术支持。因此，不同学校应根据自身实际情况，吸纳上述人员参与学校自我评价，以推动学校评价的实施。

这里以英国艾略特·班克学校为例介绍学校自我评价主体的构成，以及自我评价主体在参与学校自我评价的过程中需要承担的责任。①（见表 7-2）

---

① 夏宝红：《英国学校自我评估体系的研究》，南京师范大学硕士学位论文，2015 年。

表 7-2　艾略特·班克学校对利益相关者评价的收集

主体	收集评价信息的方式
学生	学校委员会收集学生的建议并将其纳入学校发展计划中；每学期有定期的评估集会，学生可向教师们反映他们在学习上觉得顺利轻松的以及还想取得更多进步的方面；整个学年都会有一系列的问卷“倾听”到学生的声音
家长	向家长发放问卷，每年 7 月家长要就学校的优势和劣势发表自己的观点
管理者	通过定期的会议，确定学校需要进一步发展的地方
教职员工	学校改进小组评估数据和其他证据，明确学校待发展之处，每年 9 月向全校成员汇报他们的反馈
更多的社群	访问专业人员，听取他们的评论
助教员工	助教员工在 7 月确定他们认为的学校需要改善的方面，并于 9 月向全校成员汇报他们的反馈

2.学校发展合作伙伴

在学校实施自我评价的过程中，如何保证每个主体能毫无偏见地反思自身的实践并采取与反思结果相一致的行动？学校内部人员在自我评价过程中评价的目的是什么？他们又是如何进行批判性自我反思、发现自身的盲点的？这些都值得考虑。由此学者沃克（Alvik）认为人们通常倾向于将注意力放在他们想看到的地方，而学校可能会采取错误的或不必要的行动措施。因此，很有必要变换立场来批判性地看待学校自身获得的发现。他建议邀请外来者作为学校的“诤友”，因其没有参与到自评过程中，作为旁观者可能看得更清晰。外部机构（诤友）的反馈可以帮助学校发现盲点并重新在自评的基础上开展行动。那么在这一过程中外部机构作为“诤友”应该扮演什么样的角色，如何处理好与学校自我评价间的关系呢？英国在这一方面积累了相应的经验。

2009年英国教育与技能部和教育标准局在《与学校建立一种新型关系——通过自评提高学校效能》报告中提出学校发展合作伙伴（School Improvement Parter，简称SIP），它作为新型关系中的要素之一，与其他六大要素环环相扣，紧密联系。SIP也就是上文提到的“诤友”（又叫“关键性朋友”），是中央政府、地方和学校之间的“导管”。他们与学校开展单一会话（Single Conversation），学校通过与SIP的交流互动而帮助推进自身发展。目前，英国SIP分为三类：服务型校长发展合作伙伴，由服务型校长担任；全职教育当局者发展合作伙伴，由教育当局的全职员工担任；外部咨询发展合作伙伴，即教育当局聘请的外部咨询人员。不同类别的发展伙伴所发挥的支持作用也有区别，全职教育当局者发展合作伙伴比服务型校长发展合作伙伴在评价进展和提供支持等方面更胜一筹。显然，学校发展合作伙伴可以通过多种方式来帮助学校推进发展。比如：帮助校长及管理团队了解自身的绩效问题，有效地规划并确定学校优先发展事项，帮助学校聚焦于结果（特别是学生群体的相关结果）、提高数据运用分析的能力、完善自评策略，等等。

3.学校评价“共同体”

内伏认为：要成为一位能够胜任工作而又值得信任的评估者，需要具备各种各样特征的结合。这些特征除了组织上的权威和责任感，还包括在测量领域和研究方法方面的技术能力、对社会背景和评估对象的实质的理解力、处理人际关系的技巧以及个人的正直和客观性。由于要找到一个具备所有这些条件的人是非常困难的，因此由一个评估小组来实施评估，或者为一个具体的评估任务选择一个最适合的人选就显得相当必要了。① 这就是“共同体”的意义所在。

首先，“共同体”作为评价主体，它的人员构成既来自学校之内，也来自学校之外。但是，所有人员在评价过程中是平等的，他们都被赋予一定的评价权力，这种权力相对而言是平等的，不存在某一“共同体”成员在评价过

① David Nevo：《校本评估与学校发展》，卢立涛、安传达译，中国轻工业出版社2007年版。

程中拥有凌驾于其他成员之上的特权的情况。其次，“共同体”成员之间是一种伙伴关系。之所以能够形成这样一种关系，主要缘于学校评价与每个评价主体之间构成的利害关系。利害关系成为联结共同体成员的纽带，正因为利害关系的存在，共同体成员才能够相互合作，通过协商来完成评价任务。以“共同体”作为评价主体是自主式自我评价的主要特征。“共同体”吸纳成员的主要依据是：他是否与学校评价产生利害关系，即是否属于利益相关者。他们在评价中必然承担风险，评价的每一环节都将导致他们获得或失去更多利益。

（二）评价主体分类

评价主体按照所属地域和专业属性可以有以下两种划分方式，首先以学校为分界线可分为“内部评价者”和“外部评价者”，其次按照专业属性可分为“专业评价者”和“业余评价者”。如果将这两种维度进行组合，则评价主体的类型总共可以划分为以下四种：内部专业的评价者、内部业余的评价者、外部专业的评价者、外部业余的评价者。在自我评价中这几类主体都可以参与进来。[①]

1.内部专业的评价者

内部专业的评价者一般是校长和教师。校长和教师均来自学校内部，由于他们常年参与各种教育评价活动，所以具有一定的教育评价专业知识。在学校评价中，他们分别充当评价决策者和主要执行者的角色。目前，我国中小学实行校长负责制。所谓校长负责制，就是学校工作由校长统一领导和全面负责。[②] 基于校长所拥有的权力，在学校评价中校长更多地担当决策者和指挥者的角色。此外，校长还拥有组建“共同体”的权力，并在财政上给予学校评价必要的支持。由于校长掌握着关于学校的大量信息，而且在学校中具有

---

① 田莉：《校本评价研究——教师专业发展的视角》，华东师范大学博士学位论文，2009 年。

② 萧宗六：《学校管理学》，人民教育出版社，2001 年。

最高行政权力，所以校长作为评价主体主要发挥以下作用：负责“共同体”的组建和召集工作；参与学校评价目标的制定；参与学校评价方案的制订；组织“共同体”成员进行培训；听取评价结果和信息反馈，为后续的办学质量改进做准备。

除校长外，教师也是内部专业评价者。在学校里，教师是与学生关系最密切的人，他们较了解学生的学习情况，而且教师具有专业的学科教育知识，经常参与各种教育评价活动，这些条件为教师充当主要评价执行者角色提供了基础。教师是“共同体”的骨干，需要承担大部分评价工作，并起到协调其他评价主体的作用。只有依靠他们，学校评价才能平稳持续地进行。在学校评价的初始阶段，教师也许是评价工作的新手，但是在亲身投入到评价活动以后，教师通过“做中学”的方式，很快就能灵活开展学校评价工作。简言之，教师的作用主要是：参与“共同体”关于各种评价决策的协商；接受学校评价的相关培训，为评价做好充分准备；跟踪整个评价过程，并承担部分技术性工作，如评价信息的收集和分析、评价报告的撰写等；获取“共同体”成员的信息反馈，并根据他们的建议改进学校质量。

2.内部业余的评价者

内部业余的评价者通常是学生。学生是学校实施教育教学的对象，同时他们普遍缺乏有关教育和评价方面的专业知识，也没有经过专业训练。他们之所以对学校办学质量拥有发言权，就在于学校办学质量与他们的学习活动息息相关，他们对学校办学质量水平有直观的感受。此外，学生是学校评价最直接的利益相关者，学校办学质量会影响他们的学业水平。因此，他们应该出现在“共同体”中。作为“共同体”的重要组成部分，学生主要在以下方面发挥作用：一是对自己和同伴的学习过程进行评价，并指出自己在学习过程中遇到的困难以及解决困难所需的支持和帮助；在改善学习环境、学习过程和提高学习能力等方面为学校管理者和教师提供决策信息。二是对学校的课程与教学水平进行评价，指出课程与教学存在的不足，并向学校管理者和教师提出改进建议。三是对校园环境、校风校纪和学校文化进行评价，帮助学校营造有利于提升教育质量的人文环境。虽然学生只是内部业余评价者，但这一角色并非可有可无，通过参与评价，学生在学校的主体地位能进一步得到尊重和认可，学生自身的评价能力和管理能力也能得到充分发展。

3.外部专业的评价者

外部专业的评价者主要是来自校外的教育专家。与学校评价联系密切的教育专家一般包括两类：一是隶属教育行政部门的督导人员，他们普遍具有扎实的教育学知识和丰富的教育评价经验。这类教育专家既可以担当外控式督导评价的"裁判员"，也可以担任学校内控式自我评价的"顾问"，指出学校存在的问题，帮助"共同体"成员反思评价过程并加以完善。二是高等院校和科研机构的研究人员，他们有着丰富的评价理论和优异的评价技术，一般充当决策智囊和专业技术人员的角色。这类教育专家与学校大多属于合作关系，他们可以利用自身的优势为学校提供制定评价目标和计划等方面的建议。在学校评价实施初期，除了教育专家，"共同体"其他成员在学校评价方面的专业化程度相对较低。这时，教育专家的作用尤为重要，缺乏他们的指导，学校评价将很难持续而深入地开展下去。

4.外部业余的评价者

外部业余的评价者主要是学生家长和学校所在社区的相关人员。他们来自学校之外，通常缺乏专业的教育与评价知识。不过，他们却最为关注学校教育质量的好坏，他们对学校教育质量的重视程度丝毫不亚于校长和教师，因为这将会对家庭和社区的发展产生深远影响。学生除了接受学校教育，其余大部分时间与家长共处，所以家长对子女的学习情况也较为了解，家长参与学校评价对提高学校教育质量大有裨益。家长作为重要的评价主体，其角色在以下方面发挥着作用：对子女的学业水平进行评价，指出不足及有待改进之处，为学校管理者和教师提供关于提高学生学业水平的决策信息；对学校的课程与教学进行评价，为学校管理者和教师提高课程与教学质量提供建议；对学校的校园环境、校风校纪和学校文化进行评价，帮助学校营造有利于提升办学质量的人文环境；对学校管理者的管理水平和教师的教学水平进行评价，指出存在的问题，帮助其提升专业素质；对学校的教育资源状况进行评价，指出需要改善的地方。

学校作为一个开放系统，其资源输入和输出主要来自所属社区。因此，社区的资源、文化和环境会对学校产生重要影响。另外，学校主要满足社区居民的教育需求，所以学校不仅普遍受到社区的重视，而且还会受到社区居民关于学校声誉评价的影响。在学校评价中，社区主要扮演舆论监督者的角色，社区在学校评价中应着力发挥以下作用：对影响学校的环境因素进行评价，如学校的周边环境，通过改进学校外部环境来帮助学校提升办学质量；对社区内适龄入学儿童进行评价，为学校提供生源信息；对学校的社会声誉进行评价，为社区居民了解学校提供信息渠道，也为学校了解社区居民的教育需求构筑平台。

三、评价方法

学校自我评价主要采用量化评价和质性评价相结合的评价方法，包括问卷调查法（如香港的持分者问卷）、观察法（如课堂观察）、访谈法（不同主体对学校的感受）、测量法（学生学业成绩的监测）等方法。这里仅以部分实践案例进行诠释。

（一）问卷调查法——以持分者问卷为例

在自我评价实施的过程中，通过问卷的方式收集不同主体就学校发展提出的意见或建议是比较常见的方法，因为问卷采集信息比较便捷，容易获取较多主体的建议。这里以香港的持分者问卷为例介绍问卷调查法在自我评价过程中的使用情况。

持分者问卷是香港学校开展自我评价的工具之一。为方便学校有效采集持分者的意见，我国香港特别行政区政府教育局设计了一套经过验证的持分者问卷，供学校采集教师、专责人员、学生和家长对多个调查项目的意见，从而帮助学校开展自我评价。持分者问卷适用于以下人员：教师（包括校长、副校长、所有全年任教的教师及代课超过十三周的教师）、家长、学生和特殊学校的专责人员。持分者问卷调查范围是根据《香港学校表现指标》制定的,涵盖下表①(见表7-3)各个项目。

表 7-3 持分者问卷调查范围

范畴	范围	调查项目	问卷			
			教师	专责人员*	学生#	家长
管理与组织	学校管理	持分者对学校管理的观感	√	√		
	专业领导	持分者对专业领导的观感,包括对校长、副校长及中层管理人员/部门主管在领导与监察及协作与支援方面的观感	√	√		
		持分者对教师专业发展的观感	√	√		
学与教	课程和评估	持分者对课程和评估的观感	√			
	学生学习和教学	持分者对教学的观感	√		√	
		持分者对学生学习的观感	√	√	√	√
校风及学生支援	学生支援	持分者对学生成长支援的观感	√	√	√	√
		持分者对学校气氛的观感	√	√	√	√
	学校伙伴	持分者对家校合作的观感				√

注:*特殊学校适用;#特殊学校需要依据就读学生的能力适当采用。

问卷调查的频次由学校决定。为配合学校的发展周期,学校应在每个学校发展计划完结前进行问卷调查,以评估学校发展计划的成效,促进学校持续发展。

问卷调查主要是利用学校的数据电子平台进行,在完成问卷调查后,学校

① 资料来源于香港特别行政区政府教育局网站。

可运用学校的数据电子平台获得持分者问卷报告供学校自评参考。持分者问卷设有适用于特殊学校的版本，包括专为特殊学校而设的专责人员问卷，及因应特殊学校情况加以调整的教师、学生及家长问卷。

下面以评价中使用的教师问卷①为例做一介绍：

教师问卷(中学及小学适用)填写说明

本问卷由教育局设计，目的是收集你对学校工作的意见，以帮助学校自评。

问卷采用不记名的方式。

请从以下的选项中，选出一项最能表达你对句子所描述的情况的观感：

5 非常同意

4 同意

3 中立(即没有同意或不同意倾向)

2 不同意

1 非常不同意

如你不知道句子所描述的情况，或者句子所描述的情况不适用，请选择“不知道/不适用”。

本问卷共有57道题目。请全部作答。

请用铅笔或黑色原子笔涂黑你的选择，每题只能填上一个选择。

例：

非常同意	同意	中立	不同意	非常不同意	不知道/不适用
○	○	○	●	○	○

① 资料来源于香港特别行政区政府教育局网站。

教师问卷(中学及小学适用)

学校名称：　　　　　　　　　　　　　　　　　　　　日期：

我在本校任教的年期是(计算方法:6个月或以上、不足1年的作1年计算,不足6个月则作0年计算。例:在填写问卷时,任教年期为5年5个月的教师应选0~5年;而5年6个月的教师应选6~10年)	0~5年	6~10年	11年或以上
	○	○	○

Ⅰ.我对学校管理的观感	非常同意	同意	中立	不同意	非常不同意	不知道/不适用
1.学校有清晰的发展方向	○	○	○	○	○	○
2.学校按发展方向有策略地制订发展计划	○	○	○	○	○	○
3.学校的决策具透明度	○	○	○	○	○	○
4.学校能有效监察校内工作的推行	○	○	○	○	○	○
5.学校有系统地搜集学与教的数据,以监察学生的学习表现和进展	○	○	○	○	○	○
6.学校积极向教师、学生及家长汇报自评结果	○	○	○	○	○	○

Ⅱ.我对学校专业领导的观感	非常同意	同意	中立	不同意	非常不同意	不知道/不适用
7.校长能有效带领学校持续发展	○	○	○	○	○	○
8.校长能有效发挥监察职能	○	○	○	○	○	○
9.校长能有效调配资源	○	○	○	○	○	○
10.校长能赋权展能,使教师发挥所长	○	○	○	○	○	○

（续表）

Ⅱ.我对学校专业领导的观感	非常同意	同意	中立	不同意	非常不同意	不知道/不适用
11.校长与教师建立和谐关系	○	○	○	○	○	○
12.副校长能有效统筹各科组工作	○	○	○	○	○	○
13.副校长能有效监察各科组工作	○	○	○	○	○	○
14.副校长能促进科组间的协作和沟通	○	○	○	○	○	○
15.副校长能有效促进管理层与教师的沟通	○	○	○	○	○	○
16.科组主管能有效带领科组工作	○	○	○	○	○	○
17.科组主管能有效检视科组工作成效	○	○	○	○	○	○
18.科组主管能推动教师专业交流及协作	○	○	○	○	○	○
19.科组主管与科组教师的工作关系和谐	○	○	○	○	○	○

Ⅲ.我对教师专业发展的观感	非常同意	同意	中立	不同意	非常不同意	不知道/不适用
20.学校积极表扬教师在个人或工作上的成就	○	○	○	○	○	○
21.学校举办的教师专业发展活动对我的工作很有帮助	○	○	○	○	○	○

（续表）

Ⅲ.我对教师专业发展的观感	非常同意	同意	中立	不同意	非常不同意	不知道/不适用
22.学校的专业交流风气已形成	○	○	○	○	○	○
23.学校考绩以促进教师的专业成长为目的	○	○	○	○	○	○
24.学校考绩制度能公平地评鉴教师的工作表现	○	○	○	○	○	○
25.学校考绩有助我的专业成长	○	○	○	○	○	○

Ⅳ.我对学校课程和评估的观感	非常同意	同意	中立	不同意	非常不同意	不知道/不适用
26.学校的课程发展能配合教育发展的趋势	○	○	○	○	○	○
27.校本课程目标及政策清晰	○	○	○	○	○	○
28.学校能有效调拨资源支持各学习领域课程的推行	○	○	○	○	○	○
29.学校有策略地按学生的能力、兴趣和需要，为学生提供不同的学习模式及学习机会	○	○	○	○	○	○
30.学校能有效监察课程的实施	○	○	○	○	○	○

（续表）

Ⅳ.我对学校课程和评估的观感	非常同意	同意	中立	不同意	非常不同意	不知道/不适用
31.科组能监察课程的实施情况，如系统地运用学与教的资料和评估所得数据以回馈课程的实施	○	○	○	○	○	○
32.科组采用的学习评估方法能有效评鉴学生的表现	○	○	○	○	○	○

Ⅴ.我对教学的观感	非常同意	同意	中立	不同意	非常不同意	不知道/不适用
33.我经常教导我的学生学习方法，如做课前预习、运用概念图、工具书及网上资源等	○	○	○	○	○	○
34.我经常检查学生的学习情况，让他们知悉学习表现和进展	○	○	○	○	○	○
35.课堂上，我经常向学生提问不同层次的问题	○	○	○	○	○	○
36.课堂上，我经常让学生主动探索和建构知识	○	○	○	○	○	○
37.课堂上，我经常根据学生的学习进度调节教学内容和策略	○	○	○	○	○	○

（续表）

Ⅴ.我对教学的观感	非常同意	同意	中立	不同意	非常不同意	不知道/不适用
38.课堂上,我经常安排不同的学习活动,例如小组讨论和口头报告等	○	○	○	○	○	○
39.课堂气氛良好	○	○	○	○	○	○

Ⅵ.我对学生学习的观感	非常同意	同意	中立	不同意	非常不同意	不知道/不适用
40.学生对学习有浓厚的兴趣	○	○	○	○	○	○
41.学生能自动自觉地学习	○	○	○	○	○	○
42.学生对学习有自信	○	○	○	○	○	○
43.学生经常认真地完成课业	○	○	○	○	○	○
44.学生喜爱阅读	○	○	○	○	○	○
45.学生经常运用不同的资源学习,例如互联网、图书馆等	○	○	○	○	○	○

Ⅶ.我对学生成长支持的观感	非常同意	同意	中立	不同意	非常不同意	不知道/不适用
46.学校推行的训辅工作能配合学生的成长需要	○	○	○	○	○	○
47.学校能提供足够的机会让学生发挥领导才能	○	○	○	○	○	○
48.学校能帮助学生发展与人相处的技巧	○	○	○	○	○	○

（续表）

Ⅶ.我对学生成长支持的观感	非常同意	同意	中立	不同意	非常不同意	不知道/不适用
49.学校积极帮助学生建立正确的价值观	○	○	○	○	○	○
50.学校积极鼓励学生参与课外活动	○	○	○	○	○	○
51.学校的课外活动能丰富学生的学习经历	○	○	○	○	○	○

Ⅷ.我对学校气氛的观感	非常同意	同意	中立	不同意	非常不同意	不知道/不适用
52.教职员相处融洽	○	○	○	○	○	○
53.教职员合作愉快	○	○	○	○	○	○
54.师生关系良好	○	○	○	○	○	○
55.教职员的士气良好	○	○	○	○	○	○
56.我认同学校的发展方向	○	○	○	○	○	○
57.我在本校工作有满足感	○	○	○	○	○	○

问卷完，谢谢你的意见。

这份问卷由57道题目构成，调查内容包括学校管理、学校专业领导、教师专业发展、学校课程和评估、教学、学生学习、学生成长支持、学校气氛等8个维度，分别对应了学校表现评估的“学校管理”“专业领导”“课程与评估”“学生学习与教学”“学生成长支持”等多个评价范畴。用5点分值计分便于进一步统计与分析，同时可将教师主体的评价结果与其他主体进行对比；可以将本校情况与常模团体表现进行比较；还可以与上一年度的情况进行比较，分析学校的变化程度。

自评问卷可由专业机构提供，或由学校自主研发，在使用的过程中要注意调查过程的科学性与规范性，确保问卷作答的客观性，保障回收率。例如，北京市学校自我评价的问卷主要由专业机构提供,并通过电子平台实施数据的采集、分析,对结果作出解释,为学校提供自我评价模板报告,学校在此基础上作进一步的分析和解释。这种方式为学校自我评价提供了有效的支撑,降低了学校自我评价工作的复杂程度。

(二)观察法——以课堂观察为例

观察法一般用于对课堂教学、校园环境、师生精神面貌、学校文化等的观察。观察者自身的资历与经历不同,观察到的问题也不相同。因此,在使用观察法时需要确定观察内容、具体的标准,明确在观察时如何结合观察到的现象进行价值判断;需要在观察中不断比较分析,判断自己观察到的现象是否是真实的。例如在观察学生课间操的时候,要看学生的动作是否到位,队伍是否整齐。从中既可以看到学生的精神状态也可以看到学校的管理情况。对课堂教学、师生关系、课堂文化等的观察,通常会有课堂观察表或者观察要点。下面以北京市教育督导与教育质量评价研究中心学校评价项目组研制的课堂教学评价表①(见表 7-4)为例阐释课堂观察中的内容和方法。

表 7-4　课堂教学评价表

评价人：　　　　　　　　　　　　　　评价时间：

授课教师________　　学校________　　授课地点________

授课科目________　　章节________　　年级班级________

评价指标	评价标准	评价结果			
		很好	比较好	一般	不太好
教学目标	符合课标要求,符合学生生活实际和认知规律				
	清晰准确表述“三维”目标的基本要求,力戒空话、大话、套话				
	目标设计有助于学生主体作用的发挥				

① 北京市基础教育阶段学校评价与数据库建设项目组 2014 年编制。

（续表）

评价指标	评价标准	评价结果			
		很好	比较好	一般	不太好
教学环境	教师善于观察学生、调整学生情绪				
	教师及时调控课堂环境和教学节奏				
	营造共同学习的氛围				
教学过程	教学活动设计与教学内容密切相关，尊重学生的特点				
	注重情境创设，将教学知识与学生学习生活实践相融合				
	教态亲切自然，教学语言表达条理清晰				
	课堂评价及时公正，积极鼓励学生，保护学生的学习热情				
	引导学生反思总结，整体梳理所学知识与方法				
教学方法	关注学生的参与和投入状态，注重学生生成，适时适度点拨				
	面向全体学生，注重个性差异，教学手段灵活多样，能够照顾到不同类型的学生				
	注重启发引导、接受与探究方式有机结合				
	诱发学生积极思考，有助于学生开拓思维，适时教给学生学习方法				
教学效果	学生精神饱满，善于思考，思维活跃，积极与他人合作				
	学生在自主学习、观察体验、合作探究和汇报展示中完成学习任务				

（续表）

总体评价结果	
整体评价（总体印象，突出优点、存在不足，改进建议等）	

学校在进行自我评价的过程中，课堂观察要做到学科全覆盖、班级全覆盖，通过对全校教师教学情况进行量化评价和质性评价的统计，分析学校教学中存在的共性问题，形成关于课程实施的意见和建议。

观察法在实施的过程中对观察者本身的要求比较高，观察者就是研究工具，所以需要在实施前对观察者进行培训，提高观察者的能力，以克服观察者个人的偏见和主观性，减少观察者效应，确保观察的信度。

（三）访谈法

在自我评价的过程中，访谈法是一种获取质性信息的主要方法，通过访谈可以了解不同主体对学校发展提出的问题与建议，可以采用集体访谈和个人访谈相结合的方法。但是个人访谈更易获取真实的信息。

1.访谈法的实施步骤

访谈前的准备工作包括确定访谈主题、研制访谈提纲、确定访谈对象、制订访谈计划。

访谈主题的确定取决于自评内容的需求，与综合自评还是专题自评有关。

研制访谈提纲时需要注意三个方面：一是访谈提纲的研制要依据评价指标，问题要明确，言简意赅；二是访谈提纲中的问题要有一定的逻辑关系，以便访谈时可以从一个问题自然转入下一个问题，问题的设置可以由简单到复杂，或由宏观到具体；三是访谈问题不要过多，一般以 3~8 个为宜，访谈时间控制在 20~45 分钟，时间过短或过长对访谈而言都不合适。

确定访谈对象：自评中的访谈对象主要包括学校管理者、教职员工、学生和家长。由于访谈的人员较多，因此需要抽样。抽样时要考虑样本的代表性，同时兼顾各利益相关者都有表达的机会，对弱势群体要特别关注。

制订访谈计划：访谈计划中要明确访谈实施的关键程序和细节，主要包括受访者、访谈的起止时间、访谈的地点、访谈提纲、访谈注意事项、访谈记录表等。

下面就某校以教师队伍建设为主题的学校自我评价为例，列举不同访谈对象的访谈提纲。

一是学校领导干部访谈提纲，主要包括：(1)近两年学校在教师队伍建设方面主要的举措有哪些？最有成效的举措是什么？(2)您认为在教师队伍建设方面最主要的问题有哪些？急需解决的问题是什么？

二是教师访谈提纲，主要包括：(1)学校为教师的发展提供了哪些帮助和支持？您最受益的是什么支持？您最需要学校提供哪些支持？(2)您认为学校教师队伍目前最需要解决的问题是什么？(3)您认为目前学校的奖励制度对教师的发展影响如何？(4)关于学校教师队伍建设您有哪些建议？

三是学生访谈提纲，主要包括：(1)你认为老师在教学中是否能够关注每一个同学？(2)你最喜欢哪位老师？为什么？(3)你最不喜欢的学科是什么？为什么？(4)你在班上的学习处于什么水平？每天回家后，你大约需要多长时间做作业？(5)老师一般是用讲授的方式还是用同学合作学习的方式上课？

2.访谈法需注意的问题

集体访谈要尽可能不受利益相关人的影响。比如：向学生访谈以了解教师教学情况时，尽量避免教师在场，访问者可以是学校的中层干部，确保访问者与访谈对象没有直接利益关系；在访谈的过程中，访问人员的发言和解释不要太多；访问人员要引导访谈对象多发表自己的意见和观点，不要对其观点进行评论，不能引导受访者回答带有某种倾向性的问题；对一些重要问题要进行深度的访谈与追问，要给每一个受访者发言的机会。

个人访谈时要避免两种问题：一是过度追问，导致出现追问误差；二是追问不足，该追问的时候没有追问，以致失去有价值的信息。

（四）国外学校开展自我评价的方法案例

学校在实施自我评价的过程中一般是多种方法同时使用，因为单一的方法不足以获取学校需要的所有信息。这里以英国、日本的学校自我评价方法为例进行介绍。

1.英国学校自我评价的方法

在英国，学校自我评价普遍采用量化评价和质性评价相结合的评价方法，具体包括收集事实性证据和数据信息、分析个人发展计划和学校管理计划是否可行、观察和评估教学和管理情况、追踪和观察学生的个人发展情况和取得的进步。

收集的事实性证据与数据信息包括：学生在其他关键学段的表现、学科成绩、学生群体的整体水平、全国性统一考试的成绩和学校背景信息，以及学生、家长、教师和其他利益相关者关于学校教育质量的意见和看法等。

个人发展计划与学校管理计划的可行性分析包括：分析学生、教职工和高层管理团队所设定的目标是否可行，以及参与学校日常工作的学校社区和外部机构的相关情况。

对教学和管理情况的观察和评估包括：评价学生的个人发展水平及其他方面的表现；与目前当地及全国范围内的优质学校在财务、教职员工情况、出勤率和失学率等方面的数据作对比，并进行评价；评价学校长期规划的进展情况，以及行动计划对学生的学习和健康状况的影响；评价学校管理成效和资源的利用情况；等等。

在追踪和观察学生的个人发展情况和取得的进步方面，根据评价内容的不同，具体方法包括听课、常规检查、个案调查、群体访问、座谈及访谈等。

除了这些具体的方法，还有很多方面都体现了量与质的结合。比如，学校在评价“每个孩子都重要”这一目标的实现情况时，不仅要对学校采取的一切行动作出评价，还要对这些行动给学生造成的影响进行评价。再比如，不但要评价学生的出勤率，还要分析出勤率低或高的原因，包括学生对上学的态度，准时出勤的态度等。

学校自评表是学校进行自我评价的主要工具。它是英国教育标准局提供给学校的评价框架,几乎包括了学校管理和教学的所有方面,是学校获取自我评价结果的主要途径,也是英国教育标准局策划学校督导时使用的主要文件。

学校自评表包括七部分内容:学校的特点,学生、家长以及其他利益相关者的观点,成就与标准,学生个人的发展与幸福,学校教育质量,领导与管理,学校整体的效能和效率。具体内容第五章已介绍,此处不再赘述。

学校自评表每一部分的末尾都需要学校给出总结性的判断,并根据英国教育标准局提供的《学校督导指南:使用评价明细》的标准评定出级别。学校整体的效能和效率是自评表的最后一部分,它是对以上六项判断分析结果的综合论断。

填写学校自评表时应使用通俗易懂的语言,保证整个自评表准确、清晰、真实。对每个问题都要给出清晰的判断,并附上简明的证据,说明为什么作出这样的判断。自我评价必须基于大量可靠的事实性证据,但是要选择性地使用这些论据,不需要把获得的大量数据和细节描述一一列举。

除了学校自评表,全国性的统一考试信息,例如《学生学业成就跟踪报告》也是学校自评的重要工具和分析材料。因为成功的学校自评要能够为每个学生的学业和个人发展作出准确的判断并设定清晰的目标,学业成就报告能使大多数学校依据全国其他条件、水平相近的学校,为学生达到的标准和进步的水平提供参照。

2.日本的学校自我评价方法

日本的学校自我评价方法按照评价的先后顺序可分为诊断性评价(事前)、形成性评价(事中)和终结性评价(事后)。这些评价方法是与学校的日常活动密切结合在一起的。①

---

① 张德伟:《日本的教育督导制度与学校评价》,《哈尔滨工业大学学报(社会科学版)》2006年第2期。

日本的学校自我评价方式主要有以下三种①：协议一括型、文章记述式调查型、照合表(check-list)式调查型。这些学校自我评价方式虽然有易于长期收集资料和进行观察的优点，但是也存在难以进行客观分析的弊端。为了克服这些弊端，日本学者木冈一明主张，提高学校的自我评价能力要注意以下几点：实行应对学校所面临课题具体的、限定性的评价；制作并灵活利用观察记录和实践记录；促进日常性评价活动的组织化，实行形成性评价；与其他学校进行比较分析；从多视角确定评价的观点，灵活利用地方的人才。

四、评价过程

不同国家和地区的学校在开展自我评价的过程中会受到评价目的、评价内容、评价主体、评价方法等不同的影响，在具体实施自我评价的过程中呈现出不同的特点。下文以英国、爱尔兰、日本、以色列和我国北京的学校为例阐述自我评价的过程，为开展自评、建立规范的流程提供依据。

（一）英国学校自我评价的过程

英国的学校自我评价是学校向自己提出一系列问题并逐步解答问题的过程，这些问题渗透到学校教学及管理的各个方面，是学校全方位地审视自己以进一步促进学校发展的过程。它主要包括三个步骤：一是回答“我们的学校有多好”。在此步骤中，学校首先要收集有关学校教育各方面的信息和数据，对学校总体状况进行客观描述，看是否达到预计的发展目标，并准确地判断出学校在哪些方面做得好，在哪些方面需要进一步改进。二是回答“我们是怎么知道的”，即学校自评的工具和方法。该步骤是对评价方法科学性的检测：检验在前一步骤中学校得出的结论是否基于大量可靠的事实性证据，检查这

① 张德伟：《日本的教育督导制度与学校评价》，《哈尔滨工业大学学报（社会科学版）》2006 年第 2 期。

些数据是否遗漏了某些群体的观点，验证得到的数据是否真实。三是回答“下一步我们怎么做”，该步骤是根据前期的信息为学校制订切实可行的改进计划的过程，前两个步骤为该步骤做了准备和铺垫。

下面以英国的艾略特·班克小学的自我评价为例作诠释。① 该校的自我评价已经完全融入了学校日常活动之中，是一个连续的过程，并且形成了不断向前循环的自我监测与评价周期。

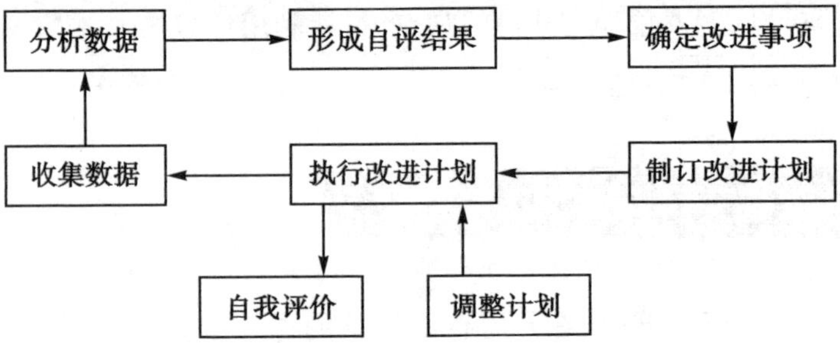

图 7-1　艾略特·班克小学自我评价过程示意图

如图 7-1 所示，如果将一年看作一个自我评价周期，从每年 7 月开始，学校高层领导、团队领导、学科领导以及教师先分析不同的数据和监控信息。这些数据和信息不仅包括学生的表现、教师的表现、领导和管理者的表现，还包括教师和管理者、学生、家长、社区、地方教育以及支持学校发展的相关人员对学校的看法。每个人都分工明确，对信息进行详细的分析和判断，每个人的工作都会对自评结果产生影响。

在 9 月的前两天，所有的教职工汇总他们的分析结果，每个团队得出一份评价结果报告。然后将每个团队的结果汇总到一起再次进行分析和判断，得出学校总体评价结果。9 月第一个周末之前要完成以下四件事：第一，确定学校优先改进的事项。学校召开年度专业发展会议，在会议上团队领导通过竞选获得优先发展项目。这就要求他们必须清楚学校哪些方面存在不足，提前明确需要优先发展的事情，并以足够的理由说明为什么此方面需优先发展，同

① 王代君：《英国基础教育领域中学校自我评价研究——以艾略特·班克小学为例》，东北师范大学硕士学位论文，2015 年。

时展示团队为实现该目标作出的具体规划及行动计划。第二,制订学校改进规划,对学校如何发展达成一致意见。教职工都认为花费大量的时间用于制订改进计划是自评工作成功的关键。计划是动态的,每学期末要对改进的计划进行审查和调整。每个团队、学科以及个人的发展计划也应当不断修改。第三,对不同的团队和个人为学校发展应做的工作进行明确分工。第四,分配资源。之后的工作是将行动计划付诸实践,在日常工作中用行动促进学校改进。在计划付诸实践的同时,对学校活动进行监测,记录各方面工作进展情况并作出评价。只要学校开展了教育活动,监测和评价就随之开始,相关人员根据评价结果不断调整计划,形成小规模的不断循环的自评周期。

在循环的自评周期中,学校的每个成员不断自我反思、自我批评已经成为学校日常工作的一部分,保证了学校不断发展。以教师自我评价为例,教师可以相互听课,相互评价,对别人作出评价的同时也反思自己,因此能够不断完善教学计划,提高教学水平。对学生的评价会在每学期期末用一周时间进行,评价结果收录进学校数据库;新学期的第一周召开学生进步会议,鉴定出哪些学生个体和学生群体没有取得应有的成就,并据此采取相应的措施帮助学生达到他们应该达到的程度。

学校的教育活动与监测评价活动同步进行,自我评价贯穿于学校日常工作的始终。自我评价的周期性循环,保证了学校的不断改进与发展。

(二)爱尔兰学校自我评价的过程

爱尔兰学校自我评价(School Self-evaluation,SSE)包括六个步骤,具体为:采集证据、分析证据、对优势以及需要改进的方面进行评判、撰写学校自我评价报告、设计学校发展规划以及执行和监测改进计划。学校自我评估过程和学校改进计划是基于评价信息制定的。学校会以学校自我评价报告的方式记录学校绩效、学校工作质量方面的结果并向全校公布。学校改进计划是学校自我评价过程的最后一个环节,履行改善教学与学习活动的指导性功能,学校会向全校公布计划的主要内容。爱尔兰学校自我评价的信息主要来源于评价主体，在评价中注重发挥不同参与人的作用，具体见表7-5。①

表7-5 爱尔兰学校自我评价中不同评价主体的作用

评价主体	在SSE过程中发挥的作用
学生	参与关于“我是如何学习”的讨论；完成调查；合作完成相关的学生咨询，帮助完成SSE过程；适合的时候，对学校的全面发展作出贡献
家长	家长是最重要的教育合作伙伴，他们能够为学校提供有价值的意见，参与SSE和相关的活动，参与调查，参加家长采访或焦点团体，在学校需要改进的时候提供帮助，对学校需要改进的方面进行排序，协助家长委员会在SSE过程中履行职责
教师	所有的教师都必须参与SSE并从中获益，他们在确定SSE评价重点的过程中扮演重要角色。当他们确定了SSE的重点之后，SSE就成为他们每天工作的一部分。许多搜集证据的过程就成了教师的工作，比如搜集包括标准化阅读和计算测试结果在内的评价数据。他们将参与课堂教学的反思，对学生的意见进行重要性排序。教师将从SSE过程中的专业对话中获益。具体而言，教师应该做到：对SSE所关注的领域保持敏感；与同行开放地分享经验；搜集必要的数据对优势和需要改进的地方作出判断；关注学生的心声；熟悉评估标准的一级主题和二级主题；为了帮助学生改善学习方法、提高学习成绩，应注重对自己的教学事件作出改变
校长	校长应该领导学校自我评估的整个过程。他们应该将SSE作为学校实施变革的工具，应该对评估过程持积极的态度。他们也许会把SSE的领导责任委派给一个管理者或者一个小团队。一旦确定了学校自我评价的重点，学校领导应该对数据的采集、核对和分析以及提供的反馈负有责任。具体而言，校长应该做到：让学校自我评价成为学校日常工作的一部分；确保SSE的核心是帮助学习者改进学习成果，为全体教师参与SSE提供条件；使所有的教师都了解他们在SSE过程中的角色和职责；提供确认优势和改进领域的整体的方法；听取学生和家长的意见；鼓励教师在搜集证据和开展改进行动时，超越他们目前的水平

① 李晓：《爱尔兰学校自我评估探析与启示》，《现代教育科学》2013年第10期。

（续表）

评价主体	在 SSE 过程中发挥的作用
管理委员会及其成员	学校管理委员会成员在自身的文化背景和精神特质的范围内，全面负责为学生提供合适的教育，还对学校发展规划的安排等负有责任。具体而言，管理委员会及其成员应该做到：使学校有技术和能力参与 SSE，要求部分或全体教师实现专业化发展；培养持久的氛围，使得管理委员会、校长、教师、家长和学生能够对 SSE 过程作出诚实、有效的贡献；使 SSE 成为管理委员会会议议程，以便管委会成员能够就学校的进步和改进提出问题；每年要向全校师生公开 SSE 报告和学校改进计划的总结，每年都结合立法和监管清单对学校义务的范围进行评价，对还没有达到条件之处要采取措施
赞助人	赞助人授权管理委员会代表其管理学校，学校赞助人对学校为学生提供合适的教育负有责任。学校赞助人应该做到：要求学校管理委员会在参与学校自我评价时坚持学校的办学理念；接受学校的自评报告和学校发展规划的总结

学校自我评价给了学校更多的自主权，学校可以讲述各自的故事。每一所学校及其工作都是独特的，通过自我评价，学校能够对自己的工作成绩进行自我确认与自我肯定。不可否认，每一所学校均有其独特的发展历史和社区背景。因此，学校发展的目标和重点也必然是多元的、个性化的。

（三）日本的学校自我评价

日本的“义务教育学校评估指南”也比较看中学校的自我评价，要求全体教职员工都要参加自我评价。通过收集各方面信息，评估学校预设目标的达成情况、存在的问题等，并撰写学校自我评价报告、将报告提供给家长等利益相关主体。为了促进学校持续地开展自我评价、改进工作，日本“义务教育学校评估指南”还给学校提出了一些具体的开展自我评估的建议，主要有：(1)自我评估报告应该简明扼要地陈述各种具体的目标及计划、目标的达成情况、工作的过程、工作合理性的检验结果以及改善方案等；(2)为了检验目标的达成情况，也为了分析其原因，在自我评估中要重视成功事例、失败事例等具体事实的收集；(3)各学校应该利用收集到的事例和预先设定的指标，来把握和整理目标的达成情况及所做工作的进展情况；(4)检验工作是否得当时，应该努力把握目标达成情况与为了达成目标所做的工作之间的因果关系；(5)学校还应该把设定的目标以及各种具体的计划本身是否合理作为检验的对象。①

（四）以色列的学校自我评价

以色列的学校自我评价通常由学校内部的评价小组来实施。评价小组成员属于业余评价者。由于他们了解学校的教育环境和社会环境，因此不会对学校的全体员工和行政管理构成威胁。其缺点是缺乏评估技能与评价经验，但是可以通过培训和技术援助来弥补这些不足。学校的教师可以轮流在学校的评价小组工作1~3年，很多教师希望成为评价小组的成员，并为此展开竞争。因为通过参与评价小组的工作，可以获得更多经验，这对自己的教学、职业发展都会产生重大的影响。

在收集与学校发展相关的信息时，可分为以下情况：

一是已经成立了评价小组的学校，他们在收集信息时相对容易。因为有些信息通过评价小组的早期活动已经获得了；其他一些信息可以从学校的档案或正式报告中查到；有些特定的信息，需要通过对学生、家长、老师或者学校毕业生的观察、访谈、问卷调查等来收集，或者对样本学生、样本班级开展自我开发的成绩测试或者标准化成绩测验来收集。数据收集完毕后，评价小组依据一定的方法进行数据分析，并依据学校的评价方案组织材料，拟定出关于学校优点、缺点以及各指标之间关系的完整文件。文件中可以提出改进工作的建议，这些建议经教师和学校行政管理人员进一步讨论后转变成行动计划。

二是没有成立评价小组的学校，可以在自我评价时组建一个自我评价小

---

① 赵德成、张东娇：《当前美、英、日三国学校评估的新特点及启示》，《比较教育研究》2010年第6期。

组,或者成立一个特别工作小组,或者由特别委员会来审查学校整体质量状况。根据学校的实际情况,特别工作组可由 3~4 名教师、学校的其他教育者、学校行政管理人员、家长或学生组成。这个团体在数据收集和分析方面需要一个外部顾问提供技术援助。

三是学校聘请一位专业评价者,由专业评价者承担数据收集、分析、形成报告的职责。学校需要与专业评价者密切合作,使其熟悉学校的工作及所处的社会环境和教育环境。为确保数据收集的客观,学校需要指定一个代表学校全体员工的指导委员会直接与专业评价者交流工作,并参与数据的收集选择及对评价结果作出解释和提出建议的过程。

相比较而言,运用学校内部评价小组进行自我评价是一种较好的途径。

(五)我国北京市学校自我评价的实施

北京市的学校自我评价是由专业机构支持的自我评价,专业机构为学校提供了一套自我评价支持系统,包括自我评价的工具、数据分析的软件、自评报告模板、结果解释等。(见图 7-2)

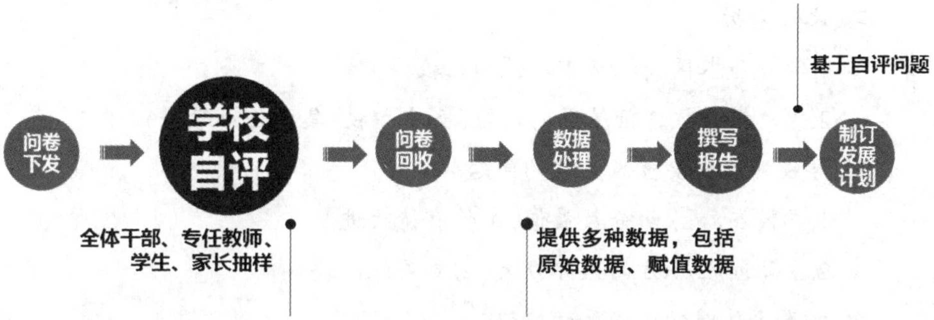

图 7-2 学校自我评价实施流程

学校在开展自我评价时一般会采取如下步骤:

1.自评前培训

学校组织干部、教师进行集中培训,明确自我评价的意义和作用、评价对于学校的发展所发挥的作用,并以问卷为例介绍评价标准。班主任对学生和家长进行培训,强调评价的意义和作用,要求认真对待评价,如实作答,并对评价标准作出解释说明。

2.信息采集

信息采集主要以干部、教师、学生和家长四类主体问卷调查和访谈相结合的方式获取。其中问卷通过“北京市中小学学校发展评价服务平台”和机读卡两种方式采集。

3.评价结果分析

各主体自评结果由“北京市中小学学校发展评价服务平台”进行统计分析,形成学校自我评价报告,学校可以查看、下载数据和报告(见报告模板),结合评价结果作进一步的数据解释和分析,形成更完善的学校自我评价报告。

××学校××年学校发展自评报告(模板)

一、学校总体情况分析

1.学校各项工作发展情况分析

发展优势

发展劣势

2.四个主体九方面评价比较图

二、比较分析

1.学校与本区和北京市均值的比较

2.同类型学校评价结果的比较(如中心校、集团化办学等)

三、学校发展需要重点关注的问题

1.学校在××方面分数最低,工作有待改进

2.主体间在××方面差异较大,需要关注

四、四类主体对学校发展的建议

其中就学校的优势和存在的问题可作深入的分析,尤其要就具体问题进行分析,必要时可进一步深入调查。除了对学校的数据作基础分析,专业机构还研发了学校评价结果解释模型,为客观解释评价结果提供了依据,通过电子平台呈现三种结果解释模型①:

① 结果解释模型由北京市教育督导与教育质量评价研究中心王薇研制。

（1）基于生命周期理论的学校评价结果解释模型。该模型将学校的发展划分为四个阶段：成长阶段、成熟阶段、高原阶段、再生阶段。学校各项工作的发展对应这四个阶段，基于不同的发展阶段、结合学校的实际提出不同的改进建议框架，学校再结合自身实际进行深入的分析。

（2）基于耗散结构理论的学校组织结构评价结果解释模型。该模型将学校组织分解为制度结构、人员结构、文化结构、信息结构，将学校的结构有序度水平划分为低度有序、中度有序、高度有序，从内部和外部双重作用探讨影响学校有序发展的诸多因素，并提出关于从低一级有序向高一级有序转化的内部改革和外部扰动的对策建议。

（3）基于协同理论的学校主体协同评价结果解释模型。该模型从立场、需求和信息等角度分析学校干部、教师、学生、家长四类主体间的差异，将主体间的协同程度划分为强协同效应水平和弱协同效应水平，判断并解释在学校各项工作中干部与学生、干部与家长、教师与学生、教师与家长主体间的协同效应水平，提出增强各类主体间协同程度的对策建议，为促进学校相关教育主体的协调配合提供量化模型和质性分析。

依据结果解释模型，学校可以对已有的数据作更深层次的分析和解释，从而制订更符合学校发展实际的改进计划、采取相应措施。

综上所述，不同国家和地区在实施学校自我评价的过程中，或给学校提供自我评价的工具，或学校自主设定评价内容和标准，通过多主体参与收集学校的相关信息，形成学校自我评价报告，报告会在不同范围内进行公示，并依据评价结果制订学校改进计划，最终促进学校的改进与发展。

五、评价结果应用

各国的学校自我评价结果主要是用于学校的自我改进，也有部分国家将学校自我评价的结果作为外部评价的重要依据。例如：

（一）英国学校自我评价结果主要应用于学校改进，同时为外部评价提供依据

英国的学校自我评价作为外部督导的有力补充发挥了重要作用，使督导覆盖到学校所有的重点问题。《与学校建立一种新型关系：通过学校自评提高学校效能》中明确指出，学校自我评价不仅为外部评价提供基础与依据，更重要的是为学校的改进与发展服务，将学校自评纳入学校管理的过程中，使之成为一种持续发展的机制；文中还指出如何利用自评为学校的发展和改进服务。

学校自评结果的应用之一是制订学校的发展计划。一份完整的发展计划要达到以下要求：明确短期的年度可操作性的首要发展重点和长期的发展目标；将国家和地方的优先发展重点整合到计划中；使学校管理者和教职员工熟知每一年度的发展重点和关键领域，并且对当前行动与未来目标有清晰的认识；①所有教职员工都应该参与制订计划的过程，并将“每个孩子都重要”放在优先考虑的位置；不定期地对学校发展计划进行监控和再评价；在发展计划中还应包括一份完整的自我评价计划。

学校发展计划通常会包括以下内容：(1)以学生的发展潜能为重要指标，确定一定数量的优先行动计划和发展重点。(2)关注学生的持续发展，将促进学生的学业成就和个人发展作为学校发展的关键驱动力。(3)确定具体的后续评价日程和明确的责任，中期审查数据，可测量的有关学生获得知识、取得进步与成功的标准和目标。(4)通告绩效管理目标和下一学年的专业发展项目。在制订好学校发展计划后，学校会将其纳入日常管理，所有教职员工都将根据学校发展计划的相关步骤开展关键领域的工作、完成相关任务，且对自己的行动将产生的影响有深入的了解。

为确保学校发展计划能够得到有效实施，英国学校也建立了相关的保障机制。

---

① 王璐：《英国教育督导与评价：制度、理念与发展》，高等教育出版社，2010 年。

首先,发挥利益相关者的作用,鼓励其参与。在学校自评的过程中,学生、教师、学校管理者和家长分别从不同角度对学校的发展提出发展性建议。作为学生,要对自己的学业水平有深入的了解;作为教师,对自己的教学实践要不断地反思、学习,不断提高教学质量,且对学生的学习方式、提高学生学习效果的方法非常清楚;作为管理者,应知道在什么条件下教师的学习最有效,最能发展其专业性;家长则对学生的学习起重要的支持作用。

其次,通过自我评价营造相互信任的工作环境。由于是校内人员参与学校的发展评价,因此易于实现各主体间的相互信任关系。大家对自我评价结果的认识具有一致性,而且可通过自我评价实现各自的发展。

再次,外部督导对自我评价具有监督作用,保证发展计划的实施。随着英国越来越重视发挥学校自我评价作用的潜力,外部督导的重点逐渐倾向于对学校自评的监督和再评上,以更多地帮助学校实现其发展目标,而不是重复地鉴定。

(二)北京市的学校自我评价结果在市、区、校三个层面的应用

北京市的学校自我评价形成了市、区、校三级基础数据库,因此可以为区域决策、学校改进提供参考依据。

1.市级层面

通过纵向分析、区域差异分析揭示北京市不同学段学校发展的趋势,为政策的制定、实施及成效评价提供支持;通过城乡差异分析、区域间差异分析、不同功能区之间的差异分析,以及区域内校际间的差异分析等,为优化人、财、物等教育资源的均衡配置,促进义务教育均衡发展提供参考;利用学校发展现状评价数据库,为预测市、区未来学校发展趋势提供基础信息。例如,在北京市初中建设工程实施过程中积累的全市初中三年的学校自我评价数据,在工程结束时为工程对学校的影响变化提供了量化参考依据;2013 年北京市小学规范化建设工程结束时,学校评价项目依托五年全市小学学校自我评价数据,为该工程总结提供了重要的支撑,为北京市各项举措在学校层面产生的积极变化提供了量化佐证。

2.区域层面

结合学校自我评价结果，每个区对本区中小学发展的现状进行分析，为区域教育发展规划及确定年度重点工作提供依据。

3.学校层面

通过数据发现学校发展中的优势和存在的问题，一是改进学校薄弱工作环节，二是发展优势形成办学特色，三是为制订学校年度工作计划提供依据。(见图 7-3)

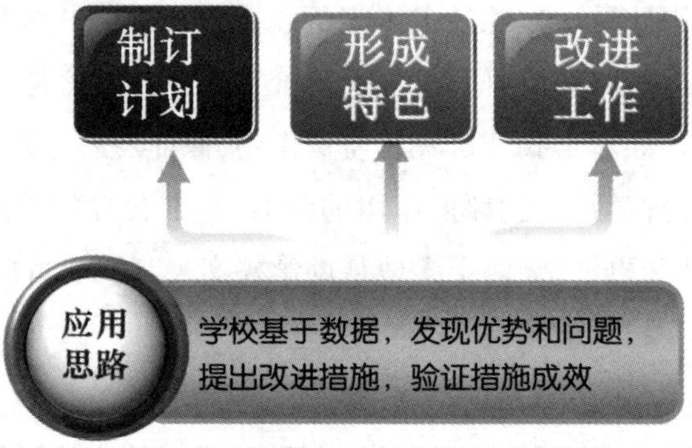

图 7-3　学校评价结果应用

首先是基于数据的学校改进。学校自评后会发现自身相对薄弱之处，如教师专业发展、学校资源管理、家校沟通、教学工作、心理健康教育等方面，学校对此开展进一步调研，确定问题与实际的吻合度，再制定改进举措，改进举措实施一年后再通过自评数据检视此方面工作的改进情况。部分学校还基于数据对学校管理进行改革，如北京市朝阳区呼家楼中心小学依据自我评价结果，发现管理中的问题，重新组建了学校的管理体系，建立了“以人为本的发展性评价管理体系”；北京市顺义区杨镇第一中心小学建立了内审制度，通过自我评价数据发现学校的问题，根据问题制订学校内审的方案，通过内审进一步理清问题，限期整改，整改后再进行督查，直至问题得以解决，并结合每年的学校自我评价数据考核各部门的整改情况。

其次是将优势工作发展为办学特色。学校通常会将自评结果中学校具有优势的工作逐渐发展为学校的特色。如北京市顺义区板桥小学近几年在心理健康工作方面进行了很多有益的探索，使心理健康工作成为学校的优势，由此学校进一步将心理健康教育课程化，使其成为学校发展的特色。

最后是制定学校发展规划。通过自评可以看到学校发展的优势与劣势，学校运用SWOT分析法，制定学校未来三年或五年的发展规划，并在年度执行规划的过程中运用自我评价结果检视落实情况，进行监控调整。如北京市第十四中学运用评价数据，规范学校管理，研制了《学校发展规划与校长任期目标责任书》，运用评价结果引领学校的发展。北京市育才中学在每年实施自我评价后，分别召开小学、初中、高中以及国际部部分教师的座谈会，就学校发展中存在的问题听取大家的意见；在此基础上学校召开中层以上干部会，专题研讨，拟定具体实施方案，并将其列入新学期部门工作计划之中。

学校自我评价的核心目的是改进。通过实施自我评价，学校不断对照评价指标和标准，制订学校改进计划—实施计划—总结成效，再进行评价—改进……如此往复，形成学校发展的良性运行机制。

六、学校自我评价容易出现的问题

（一）学校自我评价动力不足

学校自我评价在实施的过程中常常不被重视，或者被学校视为负担。由于外部评价一直处于主导地位，且多以学校是否达标作为评价的目标，整齐划一的标准使得学校的特色难以彰显，学校的自我评价得不到应有的关注。同时，政府为了激发学校的积极性，往往将评价结果与学校和校长的切实利益挂钩，通过奖惩的方式凸显评价结果的重要性，过于强调评价的鉴定性，这会使学校为了获得好的评价结果而采取各种应对的措施。虽然在外评的过程中也有自我评价，但是这种自评是基于外评的指标进行的，是外控式的，是为了应对上级的督导，没有充分以学校自主发展需求为基础，缺少校内成员的认同基础。因此，其内生动力不足，往往流于形式，对学校发展产生的影响有限。

（二）学校自我评价的目标定位不准

学校自我评价在目标定位上还存在不够准确的问题，表现在对自我评价的内容和标准的把握不全面、不客观，如对学校教育质量的认识，较多地关注学生的学业成绩，忽略了与学生成长过程相关的学校管理、课程设置、学校活动、课堂教学等方面的评价。同时，在自评的过程中容易关注显性的、易观测的硬件设施，虽然硬件设施在校际间的确存在差异，但是在评价中更要关注硬件的使用情况，如学校有图书馆，却较少向学生开放，这样的资源再多也无益于学生的发展。另外，在学校自我评价的过程中更关注学校的自我评价，也就是自我“增值”，适用于个体内差异标准，而不是与其他学校进行横向比较。

（三）学校自我评价的价值不被认可

外部督导的自我评价更多的是为督导服务，并未完全体现自我评价的价值。而学校对自我评价的价值认识也不足，看不到自我评价对学校发展的价值和意义，很多时候各利益相关主体甚至会将其视为一种负担。为督导而做的自我评价，仅会成为档案的一部分被束之高阁，在外评结束后也没有成为学校自我改进的依据。因自我评价的操作过于草率，一方面评价主体的参与面不够，利益相关主体未能参与或知晓；另一方面评价的内容未能触及学校发展中的核心问题，因此得不到应有的重视；此外，自我评价会花费较多的时间和精力，正如有学者所说：“是什么样的兴趣使得一位富有经验的教师愿意将大量的时间和精力花在学校评价的过程上，而且还要承受由此带来的种种困难?”。① 以上原因使得自我评价的价值得不到有效发挥，制约了学校自我评价的开展。

（四）学校缺乏有效的自我评价方法

学校自我评价在学校中被极大地简化了，这种简化主要是因为学校缺乏

① 波·达林：《理论与战略：国际视野中的学校发展》，范国睿主译，教育科学出版社，2002 年。

自我评价的方法和工具,在实施的过程中存在以下问题:首先,没有把学校自我评价作为学校管理中的一个环节,认为评价是临时、短期的行为,没有长久的规划;其次,自我评价是某个部门的一项临时工作,并没有建立学校的自我评价工作小组,缺乏统筹和机制保障;再次,自我评价的过程中缺乏有效的数据收集方法,收集数据的方法和来源比较单一,仅限于完成督导指标中的内容,主观地进行打分或描述现状。

以上问题虽然在部分国家和地区有一些解决的办法,但是自我评价尚未成为所有学校的制度,因此以上问题还客观存在,只有这些问题得到有效解决,学校自我评价方能在实践层面得到普及和推广。

第八章 学校外部评价与学校自我评价的关系

一、学校对两种评价的态度

外部评价和自我评价对于学校的不同发展都有促进作用,从政府的视角来看,政府比较看重外部评价,因为外部评价可以检视政府的履职情况、督导学校的办学行为和办学质量,进行校际间的比较,督促政府和学校进行改进。从学校的视角看,学校更加看中自我评价,因其是内部人员的自我诊断,是一种无压力但有动力的自检过程,基于学校的发展目标设定评价内容和标准,能够形成自我诊断—自我改进—自我发展的良性循环。

(一)外部评价——恭而敬之

由于外部评价是督导部门对学校的教育教学、办学水平、办学方向等方面进行的综合评价或专题评价,使得外部评价具有一定的权威性和效益性,往往评价结果直接与学校的经费划拨及评优奖惩挂钩,甚至还关系到学校领导及教师的任用及罢免,所以任何学校对外部评价的权威性和效益性都是非常关注的。同时,由于外部评价以统一的标准来衡量不同发展水平的学校,导致不同发展水平的学校对评价标准心存异议而又不敢表态。加之外部评价给学校提出的指导性建议对学校的改进、发展作用并不明显,从而滋生教育上的形式主义,影响了教育评价的导向、监督、激励功能。

1.外部评价重督轻导

督导作为外部评价的一种主要方式,是政府对教育工作进行视察、监督、检查、评估和指导等的行政监督行为和教育管理活动。以督导评价为代表的外部评价更多地关注了督政和督学的功能,主要看政府颁布的各项政策文件在学校层面的执行情况,以及学校利用已有的教育资源所达到的办学质量水平,而较少考虑如何引导学校改进学校的管理工作。督的作用明显大于导的作用,或者是督而不导。

2.外部评价关注结果忽略过程

外部评价通常会给学校评等级或打分,形成鉴定性的结果。由于外评组织入校收集信息的时间较短,所以较多关注学校目前取得了什么成绩,达到了什么水平,而对学校的发展过程关注不够,对学校如何取得这些成果以及曾经历过怎样的困难关注不多。

3.外部评价的利害取向明显

外部评价的结果会影响到资源的分配、评优、校长的任免等与学校利益直接相关的权益,因此学校是非常重视的,学校想尽各种办法达到外部评价各项指标的要求,在外部评价时,学校所呈现的样态是非常态的。

基于外部评价的特点,学校对外部评价的态度恭敬有加,而对其发挥的指导作用却不是特别关注。

(二)自我评价——曲高和寡

由于自我评价还没有与外部评价建立有效的互动机制,因此从学校层面虽然认为自我评价对学校的发展有益,但是并没有得到学校的足够重视,因为自我评价结果仅限于学校的自我改进,还未能得到外部评价部门的认可,加之自我评价需要专业评价技术的支持,很多学校限于没有科学的自评工具而没有能力开展自我评价。造成学校存在这种态度的主要原因如下:

1.认识上存在误区

北京市教育委员会基教二处 1997 年的一项抽样调查表明,有 13.4%的教师和 31.3%的校长认为评价的目的是鉴定、考核。因而没有把教育评价作为反馈信息、改进工作、提高质量的有效途径，而仅仅作为一种管理手段。还有部分校长、教师认为自己工作很忙，根本没时间搞评价，把日常工作与评价工作对立起来或割裂开来，认为评价是游离于日常工作之外的事情。

2.技术上存在短板

自我评价在技术上需要专业的评价工具和评价方法，对于一所学校而言，研制评价指标、评价工具是比较难的。目前大部分学校还不具备这些条件。首先，学校自我评价缺乏管理制度的支持。作为学校的一种组织行为，自我评价活动需要相关的组织制度与活动规范。一项调查①显示，只有16%的学校具有完善的自我评价制度，60%的学校自我评价制度还不完善，另外还有24%的学校基本上没有建立自我评价的制度。其次，学校自我评价缺乏专业评价技术、方法的支持。当前，学校在评价理论、技术、方法等方面还缺乏有效支持，对评价活动的科学性、有效性产生了明显制约，自我评价仍然停留在工作总结层面，具体表现为：一是信息收集方法简单，技术含量低，信息收集渠道狭窄。较多运用档案资料整理的方法，调查问卷、座谈会、个别访谈等方法运用较少，自然观察、深度会谈等质性研究方法基本不用；二是评价结果分析处理技术运用欠缺。分析停留于感性的表面现象，较少对不同要素之间，局部与整体之间，以及原因与结果之间的关系进行系统分析和科学判断。

3.学校自我评价结果的解释力低

自我评价活动的一个重要特点是评价主客体重叠，即评价人员既是实践者，又是评价者，既是评价主体，又是评价客体。这种特殊性容易影响学校自我评价结果的解释力，具体表现为两点：一是评价标准选择对自我评价结果科学性的影响。由于主体和客体的统一，主体既实施教育活动又对教育活动进行评价，容易将对教育的自我认知活动和自我评价活动混淆，导致评价结果具有不确定性。“在自我评价中，分析水平低，就表现为对评价尺度自觉地加以把握的程度低”。在外部评价中评价标准是明确的，被评对象要达到客观的评价标准，则有意识地按评价标准来从事实践活动。以自我发展目标作为参

---

① 胡咏梅、薛海平：《小学自我评估现状需改进》，《中小学管理》2005年第6期。

照系时,评价标准往往需要随着办学实践深入而不断调整,而学校尚不具备调整评价标准的能力。二是评价使用的语言、符号对自我评价结果解释力的影响。受实践者的身份影响,评价活动中使用的话语、符号主要是教育实践话语,与具有较强概括力、解释力的语言相比具有一定局限性。因此,学校难以通过自我评价获得有价值的认识。

基于以上原因,学校虽然希望开展自我评价,但是囿于存在的困难,往往望而却步,或者因为学校所处的发展阶段的不同,对自我评价的需求不同,带来自我评价动力的差异。

二、学校如何从外部评价获得发展动力

(一)外部评价能够为学校提供发展目标

学校在接受外部评价时也是规范自身管理的过程。一般外部评价都会依据相关文件,对学校的办学条件和办学行为进行评价,学校依据外评标准可以检视办学条件还有哪些不足,需要政府提供何种支持;同时将自身办学还没有达到规定和要求的方面,作为自身改进的目标和方向。因此,外部评价的标准能够规范学校管理,为学校发展提供目标,推动学校的发展。

对于不同发展阶段、不同类型的学校,通过外部评价所获取的动力是不同的,如新建学校,一般在硬件配备上起点较高,学校在办学条件上不会有特别多的问题,但是在学校的发展定位上需求会很多。通过外部评价可以帮助学校找准发展定位,确立学校发展规划,从而助力学校的发展。

(二)外部评价能够为学校发展找准切入点

学校发展的过程中总会面临这样或那样的问题,一些问题不仅是发展过程中难以避免的,而且是学校系统进行自组织的契机和动力。但是由于当局者迷,学校对自身的问题容易视而不见,而外部评价能够帮助学校发现问题。

在外部评价专家诊断出学校的问题后,学校内部人员要对问题进行深入反思,否则,就不能真正意识到问题所在。在此基础上,双方可以共同协商问题解决策略。在现实中,很多学校缺乏有效的专业指导,而且专业指导作为一种外源性支持必须经过当事者消化、吸收才能切实发挥作用。学校存在的问题往往不止一个,在繁杂的问题群中,抓住主要问题及最亟待解决的问题是学校发展的难点所在。问题找准之后,学校要针对问题协调各种资源,制定切实可行的措施并在行动中落实,经过一段时间的努力使问题得到解决。解决问题的过程往往也是促进主体发展的过程。因此外部评价能够为学校的发展找准问题和发展的切入点。

(三)外部评价为学校自我评价提供可借鉴的方法

外部评价通常由专业机构或组织来实施,因此具有相对科学的评价工具和评价方法,这些工具和方法可以为学校自我评价提供参考和依据。一般而言,外部评价和自我评价所用的指标体系是一个,只是在具体的操作过程会有差异,如评价主体、实施过程、结果公开范围、结果使用等。但是外部评价的方法还是给学校开展自我评价提供了参考,如听课、访谈、问卷调查等方式,在自我评价的过程中这些方法也是适用的。可以说,学校通过学习外部评价的方法可以使自我评价变得更加规范、客观,有利于学校的自主发展。

三、学校自我评价的动力来源

评价动力是评价活动能否取得成效的重要因素。学校自我评价的动力主要来自两类:一类来自政府,政府希望指导学校开展自我评价,并将评价结果作为外部评价的依据,同时公开自我评价的结果,将之作为家长择校的依据。另一类来自学校,学校将自我评价作为诊断自身问题、促进学校改进的重要依据,将之纳入学校的管理制度。在自我评价的过程中,上述两种动力存在以下四种具体的动力机制类型(见图 8-1)。

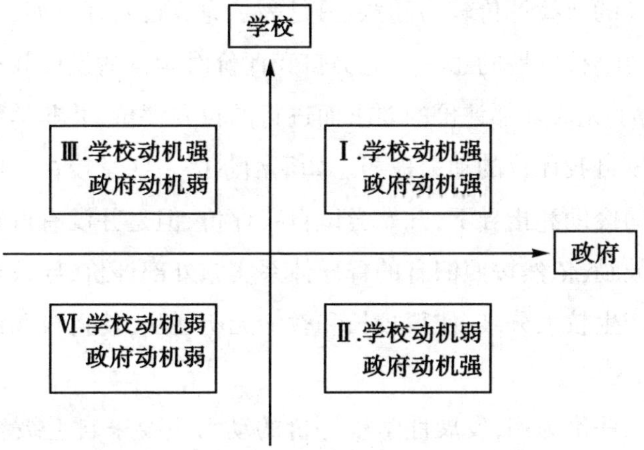

图 8-1 学校自我评价动力机制类型图

第一种:学校动机强、政府动机强的学校自我评价动力机制。在这一类自我评价中,学校和政府的自我评价的动力都很强,学校希望开展自我评价,同时政府可以为学校的自我评价提供相关支持,如英国的自我评价,就是在政府的指导下,学校主动开展的自我评价。

第二种:学校动机弱、政府动机强的学校自我评价动力机制。此类自我评价中,政府的主导力量强于学校自我评价的力量。政府为学校自我评价提供了相关支持,如自评的工具,但是学校自我评价的动力不足,不愿进行自我评价,或者是虽然做了但仅限于完成了一份工作,而没能将之作为学校改进的有效过程。如目前的一部分督导评价。

第三种:学校动机强、政府动机弱的学校自我评价动力机制。此类自我评价中,学校的自我评价的驱动力强于政府,学校拥有一定的自治权,而政府缺乏对学校实施全面评估的条件,因此将权力下放到学校,学校可以优先考虑事情、设计教育活动、调整课程以及改革他们的组织机构。当然赋予学校自治权的同时,也还是要接受政府监督。但是对学校如何进行自我评价并不是特别关注。如以色列的学校自我评价。

第四种:学校动机弱、政府动机弱的学校自我评价动力机制。此类自我评价中,学校和政府的力量或者说需求都很弱。学校没有能力做自我评价,而政府也没有为学校提供自我评价的相关支持,对学校的自我评价结果也不很重视。因此学校的自我评价较为随意,只是为了完成自我评价而自我评价,不清楚自我评价对学校发展的意义。此类自我评价对学校的发展并没有实际的作用,完全是为了完成外部评价的要求而进行的自我评价,并非学校自觉、自愿,因此此类学校自我评价的动力极弱。如尼泊尔的一些学校在一些国际机构和非政府机构的援助和指导下,开始尝试自我评价,但是并没有得到教育督导部门的重视与鼓励,依然按照旧有的督导体系实施外部评价,导致自我评价与外部评价结果产生较大分歧,使得校长和教师无所适从,使得自我评价变得有形无实。

以发展性评价为例,发展性学校评价的动力主要来自上级教育督导部门和社会期望等外部的动力和学校自身寻求发展的动力,而学校自身需求的评价才是最根本、最有力、最能推动学校持续发展的评价。然而,由于我国目前尚未形成促进学校自主发展的外部环境和内部机制,学校自主发展的意识还处于萌芽状态,"基于学校、通过学校、为了学校"的理念还没有完全确立。因此,对指向促进学校持续快速发展的发展性学校评价,多数学校还缺少真切的、现实的内部需要。由于缺少这种内部需要,评价主体的参与意识就不强,自身的内部压力不大,动力也不足。具体表现为在评价实践中,多数教师对发展性学校评价中除自己的教学效果和学生的学习成绩指标外的其他方面并不关心。教师参与学校内部评价的意识不强、积极性不够,以及学校管理者的组织工作、激励措施不到位,都充分体现出了发展性学校评价的动力不足,这将严重影响发展性学校评价真实作用的充分发挥。外部评价对学校的规范作用已演变成一种约束,使学校教育、教学活动受到僵化的规则限制,学校的自主发展无法充分显现。从这些方面来看,外部性评价起着主导作用,学校内部评价盲目地跟随外部评价,只注重学生的学习成绩和学校的排名,而忽视了发展性学校评价关注过程、促进学校发展的功能,导致当前学校评价过分强调学校当前利益,忽视教育的长远目标,这势必会削弱发展性学校评价动力。

四、评价结果如何转化为一种教育力量

无论是外部评价还是自我评价,只有将评价结果转化为教育力量方能发挥评价的真正作用,实现学校的发展与改变。

在评价结果转化为教育力量的过程中有如下几种途径:

(一)外部评价的结果转化为学校改进的外援动力

由于外部评价的结果相对客观,因此局外人对学校的观察与判断弥补了局内人的局限性,有助于发现学校存在的不易发现的问题;同时也可以帮助学校发现自身的优势,为学校的特色发展指明方向。因此外部评价的结果能够成为学校发展的助力,也可以称为是外援性动力。这种动力具有即时性。

在外部评价结果转化为学校改进动力的过程中,需要外部人员与学校人员进行良好的协商和沟通,对学校的问题和改进举措进行讨论,在实施的过程中外部评价人员可以定期到学校进行指导和回访,这既是对外部评价结果的可靠性进行检视,同时也是对学校改进情况的监督,以确保外部评价结果成为学校发展的动力。如上海浦东新区开展的需求式督导即实现了将外评结果转化为学校的动力。需求式督导首先由学校提出督导需求,此过程由督导人员进行具体的指导,确保需求的准确;督导室根据学校需求选择督导专家,通过专家讨论形成学校督导方案;督导人员依照督导方案设定的指标要求进入学校(督导的现场),通过采集信息进行价值判断,最终形成评估意见;专家组综合所搜集的信息形成学校督导报告;学校根据督导报告中的整改意见进行改进;督导人员定期回访,检看问题的改进情况。这种督导很好地实现了评价促进学校改进的目的,发挥了外部评价的作用。

(二)自我评价的结果转化为学校改进的内生动力

学校改进是一个与学校自我评价相伴相生的过程,要检测学校改进的有

效性，必须对学校改进的连续过程进行检测，而要对学校进行持续有效的改进，就必须不断对改进的进程进行评价，寻找下一步改进的基点。自我评价是学校改进流程中的一个环节，为确保自我评价结果得到有效运用，需要在实施的过程中鼓励利益相关者参与；营造相互信任的工作环境。在自评结果形成后需要将结果向全体参与者公布，使所有成员明确学校需要改进的方面，并形成明确的改进计划，大家共同为之努力。这种力量具有持续性，会对学校的发展产生长远的影响，也是促进学校主体进行持续改进的内生动力。

学校自我评价在促进学校改进的过程中主要指向四个目的：一是对学校改进的目标及落实的水平进行评价，即哪些目标得到了很好的落实，哪些目标落实的不理想，而哪些目标根本就没有引起大家的关注；二是对这种改进水平进行基于证据的解释，即这种改进状况是如何形成的，是什么因素促进和阻碍了目标的落实；三是对原先的改进目标进行评价和调整，为下一步改进目标的调整和制定提供证据；四是为下一步的改进行动提供思路。

学校改进的动力有很多，人是关键的要素，但是驱动人进行行为的改变还需要一种力量，如同照过镜子才知道自己哪里不够好，学校自我评价正是给学校中的干部、教师、学生及家长等相关人员提供了“镜子”，让他们想去改变，从而产生内生动力。

五、自我评价与外部评价的关系及走向

（一）自我评价与外部评价的关系

自我评价与外部评价的关系一直是各国在实施评价的过程中不断研究探索的问题。如果外部评价过于强势，会引发被评价主体的抱怨，这时自我评价就会慢慢受到关注；而自我评价成为主导时，外部人员就会质疑自我评价的科学性和客观性，外部评价也会介入到学校的评价中来。如何在二者之间找到一种平衡，更好地促进学校的发展，一直备受学者的关注。泰瑞德·沃克曾把

学校自我评价与外部评价的关系分为三种模式:平行模式,两者同时根据自身的标准与体系开展独立的评价;顺接模式,督导评价在学校自评之后进行,并以自评结果为外部评价的基础;合作模式,督导评价与自我评价合作,寻求学校发展的共同路径。

从各国的学校评价发展趋势看,自我评价与外部评价逐步走向一种融合的趋势,在融合的过程中,联合国教科文组织国际教育规划研究所的项目专家格罗韦将学校自我评价与外部评价关系区分成五种模式①,分别是:

1.学校自评和外部督导评价相互独立

有些国家和地区学校自我评价和外部督导评价独立开展,两者之间几乎没有关联,评价结果可能会出现结论不一致的情况。这种情况通常发生在发展中国家。如尼泊尔的部分学校,在一些国际机构或非政府机构的援助和指导下,开始尝试开展自我评价,对学校的优势与不足进行分析,并在此基础上提出学校发展的愿景和目标,制定与实施学校发展规划。但是这种改革尝试没有受到教育督导部门的重视与鼓励,督学在督导过程中仍然按照原有的督导体系实施外部评价,并未理会学校自我评价及其结果。学校和督导部门使用不同的评价体系和标准,使得评价结论也存在差异。这种状况造成的分歧,致使校长和教师无所适从,迫使学校最终又回到改革前的老路上,学校自评逐渐变得有形无实。

2.学校自评代替外部督导评价

在少数国家和地区,学校只进行自我评价,不再接受外部督导评价。芬兰就属于这种类型。在芬兰,学校的自我评价一般分两个阶段实施:第一阶段为战略评价阶段,学校要在自我评价和 SWOT 分析的基础上确定学校发展的使命、愿景和目标,并针对迫切需要解决的重要问题提出具体的举措,形成行动计划;第二阶段为持续评价与发展阶段,学校从员工、家长、过程和经费等多个角度,对学校发展的过程和结果进行全面持续的自我评价,及时发现问题并予以改进。学校除每年向学校委员会提交年度自评报告外,每隔四年还要向政

---

① 赵德成:《学校评估:理论、政策与实践》,华东师范大学出版社,2015 年。

府的教育部门提交一份自我评价报告，分析本校教育的效能。政府教育部门和地方行政机构不再额外开展学校督导评价，他们在学校评价中扮演支持者角色，主要为学校开展自评提供相关培训和技术支持。

3.自我评价作为外部督导评价的准备

在注重学校自治和倡导校本管理的国家，自我评价是外部督导评价的前奏，外部督导评价具有主导作用。他们将学校自评和外部督导都视作保障学校办学质量的重要举措，试图在学校自治和中央监控之间、评价的问责与发展功能之间，以及自我评价和外部评价之间找到一种平衡。而学校自评在整个办学质量评价体系中的权重和作用的大小，在各国表现出一定的差异。在有些国家和地区，带有问责取向的外部评价占据主导地位，学校自评被认为是为外部评价做准备。比如，英格兰的学校要经常采用与督导评价同样的框架开展自我评价，并将自评结果及时记录在英国教育标准局提供的在线自我评价表中。督学在进入学校进行督导之前先仔细审阅学校的自评资料，一方面据此明确入校督导评估的重点，另一方面将此作为评价学校领导与管理质量的重要指标。因此，自我评价结果作为重要的信息，被看作是影响外部评价的手段，是迎接外部评价前的重要准备工作。

4.外部评价作为自我评价的确认

学校自评和外部评价同时存在于一所学校的质量评价体系中，但学校自评处于主导地位，有更大的权重和影响力。无论自评是否基于一个精准的框架，是否遵循标准化的流程，决策者和管理者对学校自评均给予更多的信任。外部评价的过程相对比较简单，通常是对学校的自评结果进行核查和确认。澳大利亚的维多利亚州就属这种情况。维多利亚州的学校每个年度都要在自我评价的基础上提出学校发展宪章，不仅要清晰阐释学校发展的愿景、目标和战略规划，而且要制订具体、可操作的年度计划。每隔三年，学校还要进行一次更彻底的自我评价，对学校办学质量进行深入分析，这时候学校外评也随之跟进。但外评不需要重复开展调研，其主要目的是对自评过程和结果进行确认，通常一个督学用一天时间即可完成。督学在评价过程中充当“诤友”的角色，在认可学校成就和经验的同时，会对亟待改进的问题进行深入分析并提出建议。

5.外部评价作为自我评价的支持

在第三种和第四种模式中,学校需要证明自己是否有效利用了资源,以及是否达到政府设定的目标,外部评价的主要功能在于问责,而不是支持和发展学校。在第五种模式中,外部评价支持学校在内部质量监控方面所做的努力。其出发点是,如果想让学校持续地改进,必须重视和加强学校自评,外部评价的主要任务是为学校自评和自我规划提供支持。外部督导变成了一种支持性服务,而不是控制的。在智利,督学和教师一起准备自我评价并参与到学校改进项目中,帮助学校持续自评和改进。为此,督学要每周一次到校,为学校的自评和改进提供持续的支持。行政问责(主要是财政)由一个特殊的机构来执行,而教学问责则由国家标准化考试或测验负责实施。

(二)自我评价与外部评价关系的发展趋势

虽然自我评价与外部评价在不同国家、不同发展时期各自的定位不尽相同,但是也表现出一种互相融合的趋势,前面几种模式不断整合,使自我评价和外部评价的优势得到充分彰显,各自发挥其优势。

例如在英国,在20世纪90年代初期,许多学校采用全国教师工会支持的优质学校框架实施自评,或者采用英国教育标准局提出的评估标准进行自评,但学校自评和外评一直相对独立,各行其是,属于前面所提的第一种模式(学校自评和外部督导评价相互独立)。到20世纪90年代后期,学校自评开始在政府层面受到重视,英国教育标准局于1999年对学校督导框架进行修订,强烈建议学校采用英国教育标准局评估框架确定自我评价的范围和评判内容,学校自评成为督学入校督导前的准备工作,自评与外评的关系进入前面提到的第三种模式(自我评价作为外部督导评价的准备)。如今,英国教育标准局正试图在学校与督学之间建立新型合作伙伴关系,希望督学成为学校自评和改进的“诤友”。教育标准局认为,一个对自我发展有充分认识并能不断监督和改进发展行动和目标的学校是值得信赖的。外部督导应该更多地帮助这些学校实现其发展目标,而不是对其教育水平作出重复的鉴定,学校自评与外评相互合作的模式正在形成。

加强学校自评及其与外部评估的合作，建立学校自评与外部评估相互合作、内外互动的办学质量评估体系，使两者共同服务于学校发展，已成为学校评价的发展趋势。

第九章　学校外部评价与学校自我评价的互动

一、学校外部评价和自我评价二者不能相互取代

学校自我评价与外部评价是学校评价的两种主要形式,两者各有优势和不足,任何一种方式都不能单独完成促进学校的效能发展与改革的任务。因此将两者有机结合起来、互补长短才是较为理想的评价方式。由于各国政策背景的差异等因素,不同国家与地区在如何定位学校自我评价以及处理学校内外部评价的关系上有所不同。外部评价和自我评价对学校的发展均有重要的作用,学者麦克贝斯(MacBeath)认为一个国家教育系统健康的标志之一就是:学校具备高智力水平并知道如何运用自我评价这一工具来促进自我发展。在健康的系统中,学校内部及学校之间呈现分享型、合作互助型的关系,它们的目的是通过批判性地自我反思推进发展,督导在其中扮演的角色应该是尽量加强学校自我评价的基础并帮助学校在这种基础上获得更有效的改进;而在不健康的教育系统中学校总是要依赖于外部机构的命令和持续监督来保证教育质量。但实际上外部评价和自我评价各自不同的特点以及对学校发展的不同作用,使得二者不可相互取代。

（一）外部评价的价值

1.赢得社会各界广泛的支持

学校外部评价参与主体广泛，尤其是相关社会人员的参与，使其具有明显的公开性和一定的影响力。通过评价结果的反馈，广大社会人员能够知晓学校的真实状况，即明了学校的优势和困难所在，从而可以辨证施治，对症下药。

2.指导协助学校内部评价的开展

学校外部评价虽是由学校外部人员参与开展的，但是它并非完全独立于学校之外，而是与内部评价相结合进行的，在一定程度上还可以弥补内部评价的欠缺，协助学校内部评价的开展，促进学校内部评价的有效性。“经验表明，如果学校面临外部评价的要求，他们很可能更倾向于开展内部评价以帮助他们应对外部评价。”①这在一定程度上，会扩展内部评价的范围，调整和提升内部评价的标准，促使内部评价的效度更加合理化，提升、促进学校的内部评价水平。

3.督导有关教育法规、政策的贯彻

当前学校的各项教育教学活动，都是基于国家的法律法规和方针政策而展开的，在一定程度上是国家意志的一种体现。因此，学校评价也必须以国家的意志为核心而开展。学校外部评价在以教育行政部门作为评价主体之一的情况下，能够更加精确地领悟和传达国家或上层教育部门的精神，从而督促、引导学校更加合理地贯彻执行国家有关教育的法规、政策，使学校朝着更加科学的方向发展。

4.促进学校教学管理工作的优化

基于学校外部评价开放性的特点，学校在改进、发展自己的同时，总是力求通过外部评价提高自己的社会地位和社会知名度，因此，外部评价能促使学校把压力变为动力，有利于激发学校的竞争精神和发展欲望，有助于优化其教育教学工作。

---

① 杨海燕：《美国中小学评价的一个新视角——内部评价与外部评价共存》，《教学与管理》2002 年第 25 期。

（二）自我评价的意义

近年来，自我评价越来越受到评价者的重视，因为它可以帮助学校自主发现自身的优点和问题，也有助于学校提升自我评价、自我反思、自我改进的能力。在评价过程中，学校可以通过自我评价将自己的管理过程进一步优化，将以前的办学经验重新梳理固化为学校的办学特色，甚至在过程中可以将一些问题及时矫正，并将其及时消灭在萌芽之中。同时，在经验提炼的过程中，学校可进一步厘清管理思路，明确未来发展的可行路径。应该说，在评价过程中引进自我评价有助于学校评价系统的进一步完善，对学校及教师、学生都有很大的帮助。因为在学校进行自我评价的过程中，学校中的领导、教师、学生就是自我评价的主体。学校领导需要对管理的各环节及其管理效果进行自我分析、自我评价，要引导教师对教学过程及教学效果进行评价，帮助教师主观上理解一些教学目标、教学形式及判断为达到目标而采取的教学手段是否有效，这其中也包括一些对教学效果的自我评价。

自我评价对学校的发展具有以下意义：

1.有利于增强学校在评价方面的自主权

强化学校自我评价是一种增权行为，使学校更多地成为评价的主体。如英国教育标准局将学校自评确定为督导评价前的必需环节，在很大程度上将评价权力让渡给了学校，以此达到促进学校提升能力的目的。

2.有利于提高学校的管理水平

学校自评在一定程度上增强了学校的自主性，学校因此可以了解自身的发展状况，明确优势和需要改进之处。学校自我评价过程也为学校管理者们提供了提高管理水平及不断创新的环境，尤其是对新任中小学校长来说，学校自我评价可以使其较快且较全面地了解学校情况，特别是把握学校组织机构的变革机制。

3.有利于促进教师的专业发展

外部督导机构的评价与学校自我评价最本质的区别在于目的相异。前者在于通过外部督导评价了解学校的教育质量水平和学生发展水平；后者则是通过自评促进自身发展和提高管理能力，这主要体现在，经过专业培训，学校管理人员和教师能够科学地评价自己的教育绩效，通过这一途径，教师和管理人员获得专业发展。

4.有利于促进学校与其他利益相关者的沟通

学校自我评价提供了一个让学生、家长和其他社会相关群体参与学校管理的机会。在学校自评过程中，学校能够获取外部的建议和反馈信息，同时学校自我评价以教学评价为重心，学生也因此了解了能帮助他们取得进步的措施与方法，家长在参与评价的过程中对学校的各项工作也有了新认识，增强了对学校的信任和理解。

二、学校外部评价和自我评价的融合

20 世纪 80 年代以后，西方部分国家进入教育制度的激烈变革时期。权力下放、目标管理、市场取向、多元文化等成了理解这场教育改革的关键词。在这一改革背景下，出于不同的发展和管理需求，学校的自我评价与外部评价都得到强调和发展。但由于二者都具有自身难以解决的缺陷，因此促使学校自我评价和外部评价的结合成为 20 世纪 80 年代以来西方学校评价改革的一个重要趋势。

相关的国际研究表明，只有满足以下条件，学校外部评价与自我评价的有效联系才会产生。①

●外部评价组织与学校共同讨论学校外部审核的重点。

●对学生成绩的质量及标准达成一致的意见。

●外部评价的标准对外公开，并获得广泛的理解。

●对评价的执行过程、参与主体要充分了解、达成统一的认识。

① 唐铭蔓：《新西兰中小学教育评估体系研究》，华东师范大学硕士学位论文，2014 年。

●在利益相关者的眼里，评价过程能有效地促进学校的发展。

●外部评价重视学校自我评价的质量、改善的方法及应对变化的能力。

●评价小组非常熟悉学校内部环境及外部环境。

另外，所有的教育评价应遵循以下原则：教育机会与结果公平，重视实地调查，积极回应各种信息，实施过程透明，评价相关者之间协作，基于证据进行判断。

从时间看，目前虽没有学校外部评价与自我评价二者较好融合的典型范例，但是很多国家也在努力朝向这个方向发展。以英国为例，英国目前虽然还未形成内、外部评价浑然一体、共同促进学校发展的体系，但也正在尝试不断完善二者关系，明确各自的角色和任务，同时将它们紧密联系起来。2009 年英国教育标准局出台的文件《与学校建立一种新型关系——通过学校自评提高学校效能》，对学校、政府和督导部门三者之间的关系进行了调节，使督导评价方式发生了一些转变。例如：以自我评价的结果为督导依据，在学校开展为期不超过两天的简短、紧凑而高效的评价；缩短提前告知学校的时间以避免为应对督导而做形式上的准备、缓解学校与督导人员之间的紧张氛围；督导评价的频率提高，由以前的每六年一次变为每三年一次等。这些转变既是吸取过去督导评价不能很好地帮助学校发展的教训，也是为了更加突出学校自我评价的作用，强调它在学校发展的核心位置并保证其与督导评价相对接而做的努力。

学校自我评价与督导评价呈现的关系是：自我评价为学校的规划、改进与发展奠定基础，督导要充分考虑并帮助学校实施自我评价，最后学校向督导提供自我评价报告。在这一新型关系中，尽管外部督导仍未尽量使自身显得多余以建构健康的教育系统，但明显已从沃克的“平行模式”发展到“顺接模式”，督导将自我评价当作判断学校质量保证体系的重点，标志着一种进步。

三、外部评价与自我评价相互促进

可以说，自我评价和外部评价同时得到强调和关注是教育改革和实践的必然结果。二者并不是非此即彼、相互对立的关系，而是有着各自发挥作用的领域，可以相互促进。斯塔弗尔比姆对《教育评价研究》（*Studies of Educational Evaluation*）期刊进行整理后认为，在学校评价中有八项重要的趋势，其中一项即为内、外部评价的结合。①

内伏②在论及将内部评价与外部评价相结合的问题时认为，关注于问责和设置标准的外部评价能够：

●通过对个人和组织的推动来激励学校的内部评价。

●通过提供评价基准和比较数据扩展学校内部评价的范围。

●确保学校内部评价的有效性。

此外，内部评价又可以以下列方式促进外部评价：

●扩展评价范围以及对独特因素的测量。

●改善对评价结果的解释。

●增强对评价结果的利用。

内伏认为，要想实现二者的沟通，人们需要在涉及观念、方法、交流三个层面做到以下几点。

第一，在观念层面，评价应作为理解的手段，而不是评判的手段。评价（包括内部评价和外部评价）必须有所节制，评价者要了解评价的局限性，即评价不是万能的，虽然评价可以促进学校的改变，但学校的改变是一个复杂的过程，需要整体设计、分步实施，且可能会经历较长的时间才能看到成效。因此，评价（包括内部评价和外部评价）应避免在整体上作出判断，而应提供有效的建议，以促进学校在现有条件下能够通过努力作出改变。

第二，在方法层面，评价应是一个长期的过程，而不是一次性完成的活动。评价必须集中关注相应的问题和相关数据，针对某一个具体问题进行长期关注和改进，收集过程性的数据，通过对数据的分析检视问题的改进程度。

第三，在交流层面，评价各方必须相互尊重且相互信任。对于以各种方式

---

① 徐昌和：《中美学校评价比较研究：组织、标准与实施》，华东师范大学博士学位论文，2014 年。

② David Nevo："School Evaluation：Internal or external?"，*Studies in Educational Evaluation* 2（2001）.

参与内、外部评价对话的各方来说，评价都应是公平的，无论是专业的评价者还是业余的评价者，在学校评价的过程中目标是一致的，因此具有平等的发言权。内、外部评价双方共同应对评价的结果。

因此，校外评价并非完全独立于学校之外。将校外评价与校内评价相结合，使校外评价成为学校发展战略的一部分，成为对学校评价研究的重点。对于学校的发展来说，建立内、外部利益与观点之间的对话，是十分有效而且重要的。

以外部评价的主导督导评价为例，其与自我评价的关系可以概述为：加强对学校的督导与评估，重点在于建立学校自我评价与学校外部评价有机结合、政府督导与社会评价有机结合的评价机制。自我评价其目的在于促进学校建立自我约束、自我发展、不断创新的良性发展机制。政府应提供外部指导和信息，来支持学校自我评价系统的建立。外部评价要加强政府督导的专业性，把督导作为使学校对自己的工作负责的手段。通过督导报告，告知学校家长及地方教育团体，学校教育质量及其标准是否达到要求。把督导作为发展工具，通过评估结果帮助学校根据评价中提到的优势和问题来制订改进计划。通过督导，提供国家教育信息，在知识和信息方面支持学校。加强学校的外部评价，还需要建立学生家长、社区代表等相关各方参与学校评价的机制。这有助于学校克服单方面的利益追求，克服片面发展，更好地考虑学生的利益，更好地安排学校人事与经费等重大事务，更好地协调与整合社区的教育资源，更好地加强与社会各方的伙伴关系，为学校长远发展提供有效的合作机制。

四、校长对两种评价的重要作用

对一所学校而言，要实现自我评价和外部评价的互动，校长可谓是连接的中枢，对两种评价在学校中的实施具有重要的作用。校长要对这两种评价对学校发展的作用有充分的认识，深刻理解两种评价对学校发展的意义和价值，并能够从制度层面建立相关的保障措施，如学校自我评价制度；确保这两种评价在学校顺利推进，使自我评价与外部评价实现良好的对接与互动，通过互动起到促进教师发展、学校发展和提高教育教学质量的作用，发挥这两种评价各自的优势，促进学校和谐发展。

（一）建立学校自我评价制度，确保自我评价的有效落实

现代学校制度的核心就是如何促进教师更好地教与学生更好地学的制度（教学管理制度、校本教研制度、学生评价制度和教师评价制度），以及与其相近的制度（与校本管理相关的学校内部管理制度）。① 自我评价制度属于学校内部管理制度，与其他制度一同构成学校的管理制度体系，而且对于其他制度落实的情况具有监控的作用，如教学管理落实得怎样、教师教得怎样、学生学得如何等，都可以通过校内不同主体的评价获得客观判断，发现问题后进行改进。

学校自我评价制度是基于学校发展的需要，以发展性评价理念为指导，在学校内部建立起来的学校各个评价主体共同遵守的规程和准则。其结构系统包括：规章系统、操作系统、组织管理系统、质量管理系统。四个层次相互依存、相互作用，构成了学校自我评价制度体系。

1.制定规章系统

在学校开展自我评价的过程中，学校建立了自我评价制度，将其作为学校管理制度的一部分。制度中一般包括评价前的培训、具体实施过程、结果分析、结果使用（学校改进）几方面。具体如下：

评价前的培训：在评价前要做好相关人员的培训工作，由学校校长对全体教职工进行培训，中层干部对学生进行培训，班主任对家长进行培训，使师生明确评价的目的、意义及评价的具体操作方法。

具体实施过程：一般由学校教科室负责组织，班主任协同配合，各主体通过北京市中小学学校发展评价服务平台或机读卡作答问卷，学校可以监控到各主体的作答情况。

---

① 张清宁、苏君阳：《现代学校制度下教师制度化参与的内涵及意义》，《现代教育管理》2017 年第 7 期。

结果分析：自评数据由北京市中小学学校发展评价服务平台进行统计分析，形成学校的模板报告。学校根据模板报告完善学校自我评价报告，组织召开各层次人员交流会，分析数据背后的原因后得出基本结论，补充完善报告内容，提出有针对性的建议。报告完成后学校组织各层次的人员进行评议，征求修订意见；之后在校委会中研讨，经过学校教代会组织讨论修订。这种报告撰写程序的价值在于评价结果的公开性，可以让不同主体知道学校发展的现状，能够全面把握不同主体对学校的评价，反思自身工作，形成良好的评价氛围。

学校改进：在完成学校自评报告后，学校还要根据发现的问题制订改进计划，并通过自评（一般一年进行一次），查看问题改进的情况，并再制订或完善学校改进计划。经过评价—改进—再评价—再改进的循环过程，促进学校不断发展。

2.研制操作系统

学校自我评价的实施主要包括以下几个环节：(1)营造自我评价的氛围，包括对评价必要性的分析。(2)依据学校发展规划，集合学校实际确定评价的目标和范围，并在学校内部及时沟通。(3)制定评价指标体系。(4)确定评价的重点。(5)确定评价的方法。(6)搜集信息，分析资料，得出评价结论。(7)制订改进方案。(8)进一步评价，确认学校是否获得了发展。以学校实践为例，其中北京市朝阳区呼家楼中心小学构建了学校自我评价体系。（见图9-1）

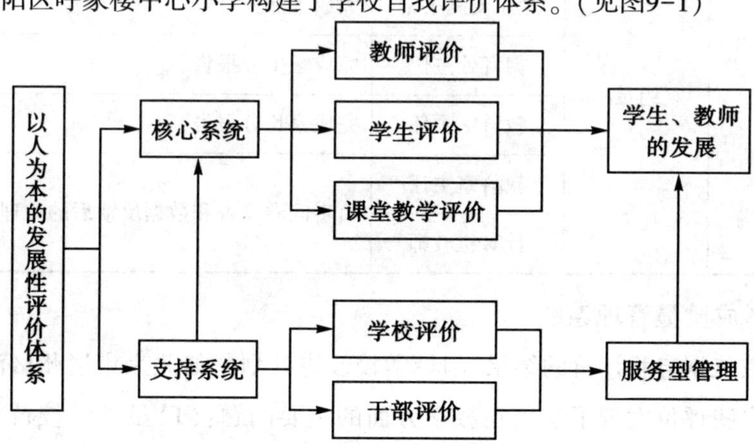

图 9-1　呼家楼中心小学学校自我评价体系

评价体系的核心系统由教师评价、学生评价、课堂教学评价构成，学校评价、干部评价组成评价体系的支持系统，形成服务型管理，进而支持师生发展。学校各级、各部门和人员都细化为“服务网”“评价链”中的一环，为提高教学质量和“人的全面发展”提供保障，让评价体系服务于教育教学和师生的发展，实现评价促进学校自我改进、自我发展的功能。

3.建立组织管理系统

学校自我评价领导小组可以由校长、行政管理人员、教师、家长与社区（在中学还可以包括学生）代表组成，以广泛参与的原则组织评价人员，自我评价方案征求校外专业人员、家长、社区代表不同的观点。如北京市第十四中学建立了学校自我评价领导小组，确保学校自我评价有效实施。（见表 9-1）

表 9-1　北京市第十四中学学校自我评价组织结构

<table>
<tr><th>组别</th><th colspan="2">成员</th><th>分工</th></tr>
<tr><td>领导小组</td><td>组长</td><td>校长</td><td>全面组织与管理此项工作</td></tr>
<tr><td rowspan="7">工作小组</td><td>副组长</td><td>教学副校长</td><td>完成学校的总报告，统领协调此项工作的进度和安排</td></tr>
<tr><td rowspan="6">组员</td><td>德育副校长</td><td>完成教师分报告</td></tr>
<tr><td>党总支副书记</td><td>完成干部分报告</td></tr>
<tr><td>德育处主任</td><td>完成学生分报告</td></tr>
<tr><td>教科室主任</td><td>完成家长分报告</td></tr>
<tr><td>教科室主任</td><td rowspan="2">负责问卷调查和数据反馈后的处理</td></tr>
<tr><td>计算机教师</td></tr>
</table>

4.形成质量管理系统

学校依据自我评价的结果，制订学校改进计划。如北京市通州区潞河中学通过自我评价发现了学校在教学方面的主要问题：(1)虽然学校校本教研制度健全，但教师的积极性和参与度不高。(2)教师教学能力、科研能力需要提高,教师教学主动性有待进一步提高。(3)教师的教学观念、教学方式、教学方法有待进一步转变,学校需要引导教师有效教学、学生有效学习,为教师、学生提供更广阔、自主的发展平台。

基于这些问题,学校采取了七大举措:(1)带领教师学习先进的教学理念。在学校、教研室、备课组等各层面深入开展"十个研究"——研究学科本质、学科价值、学生特点、学习规律、教学内容、教学过程、教学方法、教学手段、教师角色和教学评价;确立正确的学科观、学生观、教学观、教师角色观和教学评价观,不同的观念,决定了不同的教学追求和教与学的方法;明确树立"四个意识"——学生主体意识、全面目标意识、情感激励意识和反馈指导意识;落实课堂教学的"六个重点"——激发兴趣、规范指导、培养习惯、夯实基础、训练思维和塑造人格。(2)倡导多样化的教学方式——把启发与探究、讨论、参与、讲授等多种方法有机结合,加强知识形成过程教学和思维活动过程教学。(3)开展可持续发展教育课堂教学的学习、培训和研讨——突出课前、课上和课后学生的主体探究,突出对知识的"再发现"和"再创造",突出学科基本知识、基本方法、基本思想、基本经验和基本技能的落实。(4)进行深入的"课例研讨"活动——组织特级教师、学术委员和教研室主任随堂听课和反馈;举行各级公开课、研讨课、评优课和示范课。(5)承担各级各类研讨会。教师在准备过程中对教学内容进行深入分析,层层分解知识内容;同时利用丰富的资源支持各种教学方式、教学策略的尝试;展示已有的教学成果;有机会与各层面同行、专家进行面对面的交流和对话;对整个教学过程有深度的反思。(6)开设课程建设的专题论坛。每年寒假和暑假举办学校课程建设春季和夏季论坛,围绕课程和校本课程建设方面实践中的经验和问题进行针对性研讨。(7)坚持每学期开展教学现状的全员调研、分析和反馈,从"教学态度""教学方法""业务能力""教学效果""辅导答疑"等方面实时了解并积极解决教学中存在的问题。

通过制订学校改进计划,完善各项工作,提高管理质量,进而实现学校教育教学质量的提升。

5.以学校内审制度为例诠释学校自我评价制度的组织实施

学校内审制度是指学校内部人员(学校管理者、教师、学生及学生家长)组成内审小组(组长和组员依据内审内容选择适合的人员担任),对学校的常规管理和随时发现的问题进行内部评价,在发现问题后针对问题进行限期整改并进行后续再审核的一种学校自我评价制度。评价内容和标准由学校自主确定。

内审制度源自学校内部管理的需要,是学校教育教学质量不断提升的保障,由学校自己确定学校各项管理是否符合各项规程以及各项规章制度是否得到有效落实。

(1)内审制度的特点。内审制度具有以下五个特点:

第一,评价主体具有多元性、多维性和动态性。参与学校内审的主体是由不同利益群体代表组成的,包括干部、年级组长、教师和学生,体现了评价主体多元性的特点。另外,参与学校评价的主体是由不同知识与经验背景的人员组成的,体现了评价主体多维性特点。由于内审人员组成并不固定,每次内审前会依据内审内容合理选择相关人员,这又体现了评价主体的动态性。具有多元性、多维性、动态性的主体参与学校评价,可以确保学校评价过程的公开性、透明性,评价结果的客观性、科学性与有效性。在内审的过程中能最大限度地采纳各利益方的代表,一方面可以从全局把握学校现状,最低限度地降低决策过程中的有限理性限制,更重要的是,可以降低随后改进行动的风险和反对率。问题是大家一起发现的,改进措施是共同协商的,因此,利益相关者的抵触、消极情绪就会大大减少。

第二,培训引领评价内容和标准的一致性。每一位参与评价的人员在参加每一次内审前都要参加相关培训,只有经过培训方可上岗。培训的目的是使每一名参与者熟知审核的内容、标准、实施流程,确保内审的真实、客观、有效。

第三,常规内审与非常规内审相结合。常规内审内容包括学校德育、教育教学、安全等工作,每学期都要至少开展一次;非常规内审内容(也称机动内容)是基于学校问题或上级要求设计的,每月至少一次。评价内容的一级指标相对稳定,评价内容依据学校发展而调整,部分内容根据年级的不同而有所不同;同一内容在不同学期侧重点也有所不同,评价内容具有动态发展性。

第四,评价结果反馈的及时性。通过内审发现问题后第一时间反馈给相关人员,并在班子会上进行通报,做到及时沟通,问题不留存,及时解决问题。将小问题化解掉就不会积累成大问题,从而使学校始终处于一个健康的良性发展状态。

第五,整改的限时性。内审发现问题后要责成相关部门和人员限期整改。内审不是为了挑毛病,而是为了更好地改进。一般整改时间限期一周,一周后内审小组成员会再进行审核,查看改进的情况,如果整改还不合格将继续限期整改,直至达到要求为止。整改分四个层面:属于学校层面改进的则由校长负责协调整改,属于部门问题的由各部门领导负责整改,属于班级层面的问题由班主任引导班级解决,属于教师个人问题的由教师个人进行解决。正是这种限时性保证了问题的有效解决。

(2)内审制度的实施。内审制度的实施可以分为三个步骤:

第一步,制定评价内容和标准。在制定评价内容和标准之前,首先要确立内审的目的,以学校的教学内审为例,学校将内审目的定位为:①加强对教学基本秩序的监管力度,提高教师的教育教学质量意识。②促进教学工作计划的落实,提高各学科教案、学生作业等工作的实效性,促进各班特殊学生教育计划的落实。③促使教师精心做好教学准备、设计学生作业,关注学生学习效果,提高关注学生差异的意识。④提高教学管理人员分析、梳理工作内容的能力,提高责任意识与指导能力。内审的思路是:以“学生作业检查”为切入点,反馈教师在备课中对学生作业设计的准备情况,采取检查与指导相结合的方式促进教学计划的落实,促进学生个性教育计划的落实,保证日常教学质量。

内审评价内容和标准的制定主要依据学校管理的各项规程和相关文件。以常规内审教学工作为例:由于任课教师对如何提高教学质量,并将其落实在日常的备课、作业等教学工作中,还存在认识的偏差,各班制订的计划在教学中落实情况也不同,所以将内审内容确定为教案、作业两大项。备课是教学准备的综合体现,学生作业是教学效果的表现形式之一,是教学工作的重要内容,也是基本的教育教学秩序的具体表现。以对教学部门的内审为例,其内容包括教学文件及资料、教案、授课计划执行情况,教师授课情况,途径为查备课、查课堂、查学生作业。

第二步,组建内审小组。每次内审前依据内审内容选择评价人员,内审人员一般由学校的领导、年级组长、教师以及部分学生组成,小组成员不是固定不变的,是动态变化的。内审小组确立后要进行培训。培训内容包括评价的内容和标准,以及实施的具体流程、职责分工等。培训的目的是使每一名参与者熟知审核工作的规则,使内审工作更有实效,促进所审核的工作。

第三步,实施内审。在实施的过程中,常规内审和非常规内审的流程略有不同,因为常规内审是定期组织进行的,有相对稳定的评价内容和评价标准,而非常规内审来自出现的问题或随时发布的文件要求,因此非常规内审的内容不具有持续性。

常规内审流程:图 9-2 中的确定评价内容和标准是全体教职员工经过讨论后形成的,并借助了校外专家指导;在内容和标准确定后要对全体教师进行全员培训,明确为什么做内审以及内审的内容、标准和实施方式,做到全员明晰内审的意义,为后面实施内审打好基础;组建内审小组后还要再对内审小组成员详细解读内容和标准、实施的具体方式、任务分工等,确保内审标准的一致性和评价结果的客观性;实施内审后要进行现场口头反馈和事后的书面反馈,使被评价主体知晓自己存在的问题,而书面报告反馈到各个部门或相关人员以便于整改的落实;限期整改合格后进入下一个内审周期,不合格则由内审小组监督其再整改,直至合格为止。

非常规内审流程:图 9-3 与图 9-2 不同之处在于先发现问题,这个问题的发现一般是学校领导班子成员或内审组长发现的,然后提交到领导班子会上进行讨论,如果有必要进行内审则进入内审的后续环节,如果没有必要进行内审就直接讨论如何解决问题。

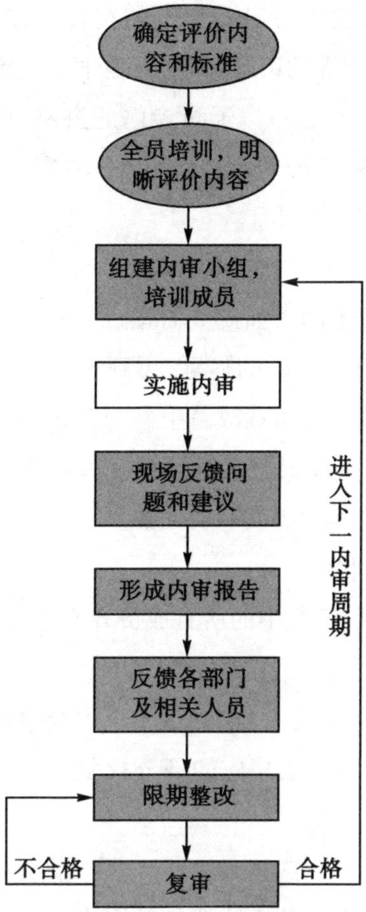

图 9-2 常规内审流程图

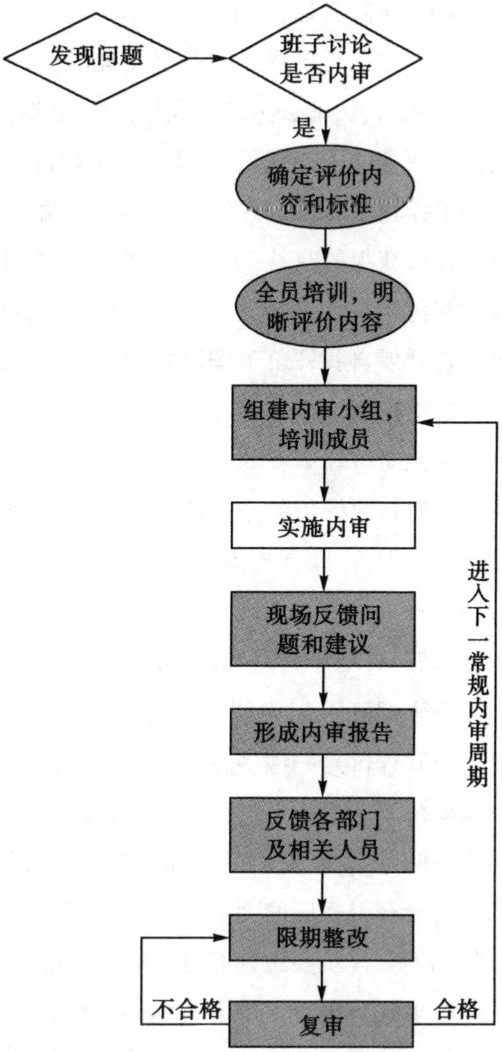

图 9-3 非常规内审流程图

（二）发挥校长对自我评价的推进作用

校长是推行自我评价的发起者、主要带头人，其对待自我评价的态度和领导力在一定程度上也影响学校教职员工，进而影响自我评价的实施。所以，校长在给予鼓励和安排整个进程的实施方面负有特殊的责任。

1.做好自我评价的宣传工作

人们接受新事物是要有个过程的,从一开始的不了解,到逐渐理解,再到最后的接纳、认可。实施自我评价也需要教职员工的理解、接纳和认可,只有这样自我评价才能得以继续实施。因此,校长要做好自我评价的宣传工作。宣传工作包括对自我评价概念、特征、意义、作用等的讲解,以及其他学校实施自我评价获得的收益,可以在教职工大会上谈及,也可以通过专门的讲座、报告。宣传自我评价的人可以是校长本人,可以是学校邀请的校外评价专家,也可以是开展自我评价工作较好的其他学校的相关人员。

2.正视教职员工的态度波动

人们对待新事物的态度在不同时期会有所不同。如挪威 Hovseter 中学教职员工对自我评价的态度从最初的认可到项目启动时的迟疑,再到项目告一段落时的期许、欣喜与困惑并存,这真实地反映了实质性改革中参与者必经的心路历程。校长要正确看待这一态度的波动,在教职员工对自我评价有所迟疑、退缩时要给予解释和适当的鼓励,不要因受其影响而有所动摇。

3.协调好组织中的人际关系,做好权限划分

自我评价是一项多方参与的活动,需要学校组织中的所有成员齐心协力。校长要协调好组织中的人际关系,凝聚大家的力量。自我评价涉及权威、权力等诸多问题,就像任何变革都会涉及权力的重新划分一样,在这个过程当中教职员工会获得相应的部分权限,而学校管理者要下放相应的部分权限。对于权限的划分校长要做好充分的权衡与准备。

4.果断处理自我评价中出现的问题

校长除了要安排好自我评价的系统实施,还要果断处理自我评价中可能会出现的问题,对于所面临的问题要迅速作出决定,不要犹犹豫豫拿不定主意,否则会影响自我评价实施进程和评价结果的真实性。

(三)利用外部评价资源,完善自我评价,共促学校发展

对校内评价及教师评价自主权的强调并不意味着评价完全局限在学校范围内。教师虽然熟悉学校情况,具有评价的热情,但大多不具备专业评价所必

需的知识和技能。因此，有效的学校评价还必须充分利用校外的评价资源。

一般来说，校外评价资源首先包括专家资源，专家可以对校内人员进行关于评价知识和技能的相关培训，还可以直接参与、协助校内评价，并对评价的有效性进行监控。其次，外部评价标准和数据也是一种重要的评价资源。参考和利用外部的评价标准和数据，可以拓宽校内评价的思路，增加评价结果的可比较性。再次，校内评价还需重视校外信息的利用。校内评价主要关注学校教师和学生怎样通过特定的课程或课程标准实现互动；同时，它还关注学校共同体中各类群体的需要和利益。根据评价内容的不同，评价所需的信息来源也就不同，校内评价所需的信息并不都是从校内获得的。例如，关于学校环境的信息可以从家长、社区成员和用人单位那里获得；关于学校中所授科目的信息可以从学校管理人员、校外课程专家、出版社、学校负责人及家长那里获得。

（四）协调自我评价和外部评价的关系

自我评价与外部评价对学校来说都是必不可少的，外部评价是对学校的宏观评价、宏观管理，其评价目的是对学校绩效进行鉴定；自我评价是对学校的微观评价、微观管理，其评价目的是促进学校改进与发展并进行回复问责。学校要在大方向（办学方向、办学目标）正确的前提下对学校进行具体的管理，这需要外部评价对学校大方向的正确引导；上级主管部门对学校绩效的鉴定也要在对学校了解的基础上进行，这需要自我评价为外部评价提供翔实可靠的数据，以利于上级主管部门作出客观的评价。因此，自我评价与外部评价是相辅相成的，在实际运用中校长要处理好二者的关系，使二者共同为学校的发展服务。

1.自我评价要做好为外部评价提供参考的准备

上级主管部门对学校进行的外部评价要了解学校的实际状况并以此作为参照，自我评价正好为外部评价提供了参考。因此，在进行外部评价前学校要做好自我评价的充足准备。由于外部评价一般都有固定的周期，学校可以考虑以外部评价的周期为自我评价的周期，但自我评价的周期起始时间要早于外部评价，以便在外部评价前完成自我评价。当然，如果自我评价已成为学校评价的常规机制，就可以按部就班地进行。

2.外部评价要为自我评价提供服务和保障

自我评价需要在大方向（办学方向、办学目标）正确的前提下进行，外部评价是对学校的宏观评价，以保障大方向正确。所以外部评价要客观地评价学校，可参考多方面的意见、建议，把握好学校的办学方向、办学目标。同时自我评价也需要外部评价中有关人员的积极参与，外部评价要为自我评价提供评价知识、评价工具、评价经验等方面的支持。

第十章 总结

综合前面九章的论述，对自我评价和外部评价的形成与发展、相关概念、结构要素、评价模式以及二者之间的关系作了详尽的阐述，对于学校的发展而言，两种评价都重要，且在学校的不同发展阶段发挥的作用不同。本章将就重要的结论、观点、实例做一小结，希望能够为读者更好地理解这两种评价提供一点帮助。

一、学校自我评价需要外部的支持和内部制度的保障

学校自我评价仅仅依靠学校内部的力量很难做得规范、完善，已有的经验表明学校自我评价需要外部的支持，外部机构或组织为学校提供自我评价相关支持，更有助于学校自我评价的顺利开展。

（一）政府层面要为学校开展自我评价提供政策保障和技术支持

学校自我评价需要良好的外部环境来支持，这种环境的营造需要政府部门通过制定相关政策来实现。政策制定一方面是要求学校开展自我评价，同时也通过政策引导学校自我评价的实施，并为学校提供可操作的自我评价的工具和指导。英国的学校自我评价是政府为学校提供政策保障和技术支持的典范，其经验和做法值得我们借鉴与学习。

如果说政策保障为学校实施自我评价奠定了基础，那么技术支持则是学

校实施自我评价的重要保障，自我评价工具的科学性决定了自我评价结果的可信度，因此为学校提供自我评价的工具或资源包等实用工具，将使学校的自我评价有章可循，收集的数据信息能够反映学校的发展现状并代表学校的水平。不同的国家为学校提供的自我评价的工具虽然不同，但是均考虑到学校操作的便捷性，同时对学校实施自我评价给出具体指导（如自我评价实施指南），选取代表性事件作为证据，同时注重对数据收集过程的监控，确保自我评价的规范实施。

（二）学校自我评价设计要从学校发展的视角出发

第一，在评价理念上要凸显学校管理过程的“增值”。“增值”关注的是学校的起点与发展过程，通过在已有管理基础上的“增值”进行学校效能的评价，学校在发展过程中的进步，有利于实现评价过程中的公平比较。学校自我评价的增值指向学校组织结构的优化，通过学校各项工作的优化实现学校的增值发展。

第二，评价标准彰显个体内差异标准。将学校的发展进行纵向比较，或将学校各项工作进行横向比较，有助于学校看到自己的进步与发展及管理中的短板，更有利于学校进行改进。

第三，评价方法要定量与定性相结合。定量的数据描述现状，定性的数据反映不同主体的诉求。定量与定性的结合立体呈现学校发展的现状。

第四，评价主体要体现多主体参与。多主体参与有利于学校民主管理机制的形成。不同主体对同一问题评价会有差异，可以相互印证，有助于发现问题；不同主体的关注点不同，可以发挥不同主体的优势，参与学校管理，改进工作；评价过程中干部、教师、学生和家长共同参与，提升了学校运作的透明度，为各个利害关系人全方位了解学校提供渠道，保障他们的知情权和参与权。

（三）自我评价的实施需要自我评价制度的保障

在管、办、评分离，学校办学自主权不断扩大的背景下，完善的学校自我评价制度将成为学校完善内部治理体系的重要组成。通过自我评价，学校可对自身的管理工作和教育质量进行价值判断，强化优势，形成学校特色，找出薄弱环节，查清原因，制定改进措施，不断提高自主办学能力，形成自我评价、自我规划、自我改进、增强内部活力的自律机制（见图10-1）。

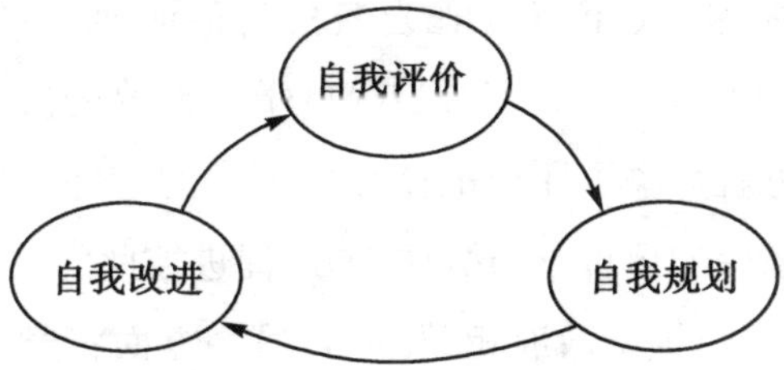

图10-1 学校改进循环圈

学校自我评价是学校自我发展、自我改进的重要机制，有利于学校民主管理制度的形成，有利于现代学校制度的建立。学校自我评价只有在外部支持系统的支持下才能够不断完善与发展，从而使学校自我评价走向科学化、规范化、制度化，促进学校不断发展壮大。

二、外部评价需立足学校的发展需求，助力学校的发展

目前以督导评价为代表的外部评价，基本是自上而下的一种评价方式，学校被动接受的比较多。其实外部评价的最终目的也是希望促进学校的发展与改进，那么在具体的实施过程中可以考虑如何与学校的自我评价以及学校的发展需求相结合，在统一标准的前提下也需要考虑学校的个性化发展需求。目前在实践中也有一些探索和实践，如上海浦东新区的需求督导、北京的协商对话式外部评价都属于基于学校发展需求的外部评价，它们对学校的发展具有积极的促进意义。

（一）外部评价要以学校的发展需求作为评价起点

每一所学校都有自身发展的需求，且发展需求的差异较大，在评价的过程中如何关注学校的需求，是在设计外部评价目的之初就要考虑的。当外部评

价机构在实施外部评价过程中能更加尊重学校，并能就评价的相关事宜，重视与学校平等对话、协商，便能激发学校开展外部评价的积极性和主动性。

外部评价应对“需求”评价，服务于“需求”评价。这样，在满足学校评价“需求”的同时，也能够满足评价工作自身的价值取向——“经评价推进学校发展”。在这一层面上，评价双方获得双赢：学校需要的，正是评价想要的；解决了学校的问题，也就解决了评价工作目标追求的问题。需求评价恰似一座桥梁，连接评价关系中的评价方与被评价方，促进彼此的共同发展。评价中发现的问题一方面可以反馈给政府相关部门，另一方面将学校的问题反馈给学校，引导学校进行改进。

（二）外部评价要将协商对话贯穿评价的全过程

为避免自上而下的评价给学校带来的压力，在外部评价实施的过程中可以采用与学校进行协商对话的方式，通过需求协商、反馈协商、建议协商、回访协商，发挥学校在外部评价中的重要作用。

首先，学校自主决定是否申请外部评价，在学校提出申请后，外部评价机构需要了解学校的自评情况，针对自评中提出的问题设计需求调研提纲。而后，评价机构入校进行需求调研，协商确定学校发展的优势与存在的主要问题，确定学校外部评价的需求，在明确学校的需求后设计学校的外部评价方案，评价机构入校实施评价。

其次，外部评价实施后要将评价结果反馈给学校，可包括现场反馈和报告反馈两种方式。现场反馈主要是针对收集到的问题与学校领导进行沟通，确认问题的真实性；专家组进行讨论后形成现场反馈的意见和建议，并向学校领导和教师代表反馈评价的结果。报告反馈是专家团队离校后依据外评结果撰写的评价报告，评价报告要明确阐述学校发展的优势、主要问题及改进建议。学校依据外部评价报告制订学校改进计划。

最后，追踪回访。外部评价实施一年后学校再进行自我评价，检视学校的问题改进情况，同时外部评价小组成员通过与学校协商回访时间，对学校进行实地回访，了解学校改进计划的执行情况，指导学校继续完善改进计划，再实施自我评价、外部评价，使学校发展步入良性循环，形成学校自我评价与外部评价的结合机制。

三、第三方评价将与自我评价和督导评价形成互动评价体系

在管、办、评分离的背景下，对第三方评价的呼声也越来越高。从性质而言，第三方评价属于外部评价，关于第三方的说法目前也有很多，如作为独立于政府和学校的社会中介机构，与政府和学校的关系受到市场运行机制的调节，如图 10-2 所示。

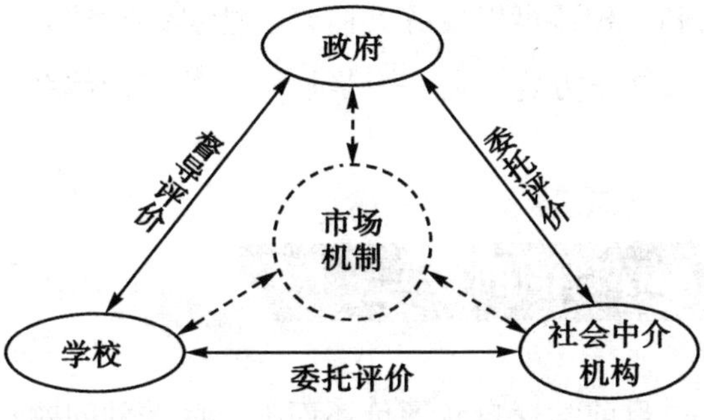

图 10-2 市场经济条件下学校外部评价的关系

也有观点认为教育系统内部的评价都是内部评价，而第三方评价才是外部评价，具体关系如图 10-3 所示。

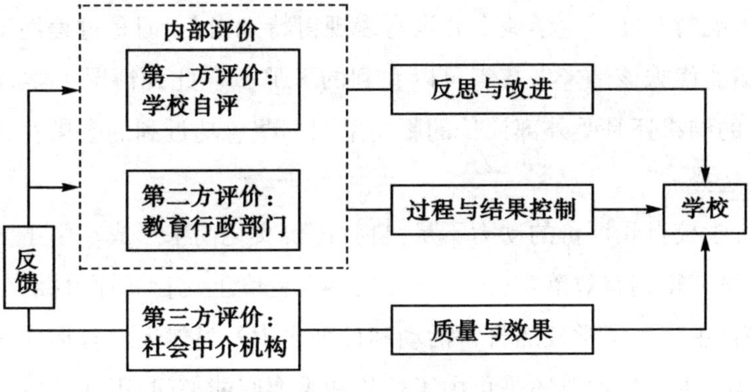

图 10-3 内部评价与外部评价的关系

首先,内部评价包括学校自评和教育行政部门的评价。其中学校自评主要在学校内部进行,与教育行政部门的联系较少。学校自评的主要目的是反思和改进,可以是正式评价,也可以是非正式评价;而第二方评价的主体主要是教育行政部门,对学校教育教学的开展产生重要的导向作用,其目的主要是进行过程和结果的控制,保证义务教育阶段的素质教育能够按照国家相关政策推进。其次,第三方评价主要是对质量和效果的评价,其评价结果一方面会对学校教育教学产生重要影响,可以通过约束机制来实现其规范功能,通过反馈机制来实现其监督功能,通过激励机制来实现其改进功能;另一方面能够为教育行政部门的教育决策提供依据,是诊断性评价、形成性评价和总结性评价的统一。再次,第三方评价可以以其评价结果来影响第一方评价和第二方评价,教育行政部门和学校还可以发挥其监督功能,形成对第三方评价机构优胜劣汰的竞争机制,最终三方建立起一个良性互动的评价体系。

四、值得进一步探讨的问题

值得注意的是,目前学校自我评价还面临一些新的问题和挑战:

首先,当自我评价和外部评价结论出现矛盾的时候,学校该采纳哪一方的结果?如何协调二者之间的差异?如外部评价关注学校学生的学业成就,关注学校的成绩,而学校自我评价更加关注教育的过程,由于教育成效的延时性,学校可能暂时在学生学业上并没有表现得特别出色,但是过程性工作做得很好,成绩的优秀该是未来几年可以看到的。那么在此种情况下学校是坚守自我评价的结果还是受外部评价的影响采取一些急功近利的举措?这就需要学校作出选择。

其次,学校自我评价的动力不足,自我评价文化尚未形成。由于学校办学自主权并没有得到有效落实,因此学校在多大程度上对自我评价拥有自主权,并将这些自主权用于学校的日常活动和计划之中?显然还没有形成民主自觉的自我评价,主动权主要还是集中于校长和主要职能部门,因此学校自我评价文化未能形成。如何充分发挥利益相关者的能量，为学校自我评价作出贡献，是学校面临的又一主要问题。

从区域层面看，如何调动学校自我评价的积极性和主动性，为学校自我评价提供更好的指导和帮助，使存在差异的学校通过自评获得发展，是需要在区域层面进行探讨的问题。

最后，如何避免自我评价给教师带来负担？在自我评价的过程中，一定程度上会增加教师的负担，如接受与评价相关的培训、准备评价资料、听课等。这与优化自我评价理念和自我评价模式直接相关，如何做到在自我评价过程中既提高教师的素质和能力，同时又不给教师带来太多的负担，是值得探讨的问题。